학생 앞에 선 그리스도의 증인

어떤 교사가 될 것인가?

필립 메이 지음

정애숙 옮김

한국기독학생회출판부 (IVP)

한국기독학생회 (IVF : Inter Varsity Christian Fellowship)는
대학 캠퍼스 및 지성 사회 복음화를 목적으로
전도,제자도 그리고 선교를 주요 목표로 삼고 있는
초교파적,복음적인 신앙 운동체입니다.

IVF는 전국 각 대학에서 활동하고 있으며
이에 대한 자세한 사항은
100-619 서울중앙우체국사서함 1960호 IVF
(전화 558-1726~7)로 문의해 주시기 바랍니다.

IVP는 Inter-Varsity Press의 약어로
한국기독학생회 (IVF)의 출판부를 뜻합니다.

Originally published by Inter Varsity Press-England
as *Confidence in the Classroom: Realistic Encouragement for
Teachers* by Philip R. May ©1988 by Philip R. May
Translated by permission of Inter Varsity Press
38 De Montfort Street, Leicester LE1 7GP, England

Korean edition
©1992 by Korea Inter Varsity Press
C.P.O. Box 1960, Seoul, Korea

CONFIDENCE
IN THE
CLASSROOM

Realistic encouragement
for teachers

PHILIP R. MAY

CONFIDENCE IN THE CLASSROOM

Realistic encouragement for teachers

PHILIP R. MAY

차 례

서론

얼마 전 나는 한 그리스도인 학생과 신앙 생활에 대한 이야기를 나눈 적이 있다. 대화를 통해 나는 그의 학창 시절이 어떠했는지 알게 되었다. 그는 그 시절을 그다지 즐겁게 지내지 못했다. "우리들 대부분에게 학교 생활은 별로 중요하지 않았어요."라고 그가 말했다. 휩쓸리기 쉬운 전형적인 사춘기를 대변해 주는 말이라고 생각한다. 학교는 그에게 커다란 영향을 끼치지 못한 것 같다. 그렇다면, 교사들 특히 그리스도인 교사들은 학교에서 실제로 학생들에게 얼마나 영향을 끼치고 있는가? 나는 키스(Keith)의 오래된 학교에 계신 두 그리스도인 선생님을 알고 있다. 그들은 자신의 신앙과, 정말 학생들에게 중요하다고 생각하는 것을 어떻게 증거해 왔는가?

물론 교사가 하는 일은 말씀을 전하는 일이 아니라, 교과목과 기술을 가르치는 일이다. 교사는 그 일을 하고 보수를 받는다. 그렇다면 그리스도인 교사들은 자신의 삶과 직업이라는 모든 영역에서 그리스도를 선포해야 하는 그리스도인의 소명을 어떻게 수행해야 하는가? 특히 교직의 사기가 저하되고 있을 때, 환멸을 느끼게 하는 동료와 일해야 할 때, 불충분한 시설에서 말썽을 일으키는 학생들을 위해 일하게 될 때, 교육부가 가지고 있는 교육관에 대해 회의와 불신이 생길 때, 그리스도인 교사들은 어떻게 이 소명을 감당해야 하는가?

교직에 여러 해 동안 몸담고 있었지만 나는 전혀 이런 문제를 생각해 보지 못했다. 교회에서 자랐음에도 불구하고 나는 대학을 졸업하고 교직에 있은 지 2년이 넘어서야 비로소 그리스도인이 되었다. 그러나 그 엄청난 회심의 사건 이후에도 나의 학교 생활은 예전과 동일했다. 돌아보건대 주님이 나의 직업과 삶의 모든 영역에 믿음—과 그 분의 가르침—을 적용하기 원하신다는 사실을 한동안 깨닫지 못했던 것 같다. 학교 밖의 활동에서는 어떻게 적용할지 알 수 있었다. 그러나 영어를 가르치는 일에 어떻게 영향을 미쳐야 하는가? 나는 알 수 없었다.

그 후 나는 다른 많은 그리스도인 교사들도 똑같은 문제를 가지고 있는 것을 알게 되었다. 그 중 한 교사는 내게 도움이 되도록 그 내용을 아주 잘 요약해 주었다. 좀 길지만 그의 말을 인용하고 싶다. 왜냐하면 그는 교직에 있는 다른 많은 그리스도인 교사들이 들어야 하는 중요한 점들을 제시하고 있기 때문이다. 그의 부인 역시 그리스도인 교사였는데 그들의 집에서 함께 만난 적이 있다. 그 때 우리는 그리스도를 증거하는 일에 대해 이야기를 나누었다. 다음이 그의 이야기이다.

오랫동안 제니(Jenny)와 나는 그리스도인인 우리의 실제 역할이 무엇인지 알기가 어려웠다. 우리는 매우 활동적인 교회에 출석했다. 많은 교인들은 교회 활동으로 바빴고 그 중 일부는 사역과 복음 전도를 위해 교회 밖으로 나갔다. 우리도 교회에서 약간의 봉사를 했지만 많이 하지는 못했다. 우리는 하나님이 우리가 무엇을 하기를 원하시는지 확실히 알지 못했다. 어떤 성도는 우리에게 주일 학교 교사를 함으로써 청소년층을 도우라고 했다. 우리가 바로 교사이기 때문에 그렇게 기대한 것이리라.

그러나 우리는 그 말이 옳다는 생각이 들지 않았다. 그 말은 맞지만 가르치는 일은 고된 일이어서 주말이 오면 변화를 바라고 다른 사람들처럼 쉬고 싶어진다. 일주일 내내 힘을 다하여 저녁마다 학습 준비를 하는데 주말까지 그렇게 하고 싶지는 않았다. 그러나 실제로 우리 마음속에는 교회에서 봉사하고 있지 않다는 죄책감이 들었다.

누구에게나 그렇듯이 우리에게도 교직은 단지 직업이고 교회는 그리스도를 위해 봉사하는 곳이었다. 그러나 하나님은 그와 같은 생각이 얼마나 잘못되었는지를 보여 주셨다. 하나님은 우리가 교회보다는 학교에서 더 많이 그 분을 위해 일하기를 원하셨다. 이제 우리는 다른 어느 곳보다 학교에서 더 많이 그리스도인임을 드러내며 살아야 함을 알고 있다. 따라서 우리는 집 이외의 다른 어느 곳에서보다 학교에서 더 자연스러운 그리스도인의 모습을 하고 있다.

이런 사실을 깨닫기까지 오랜 시간이 걸렸다. 우리는 자기 중심적인 그리스도인이 되기를 원하지 않는다—내 말의 의미는 교회에서 하는 것처럼 이런 활동, 저런 활동을 계속해 나가면서 계획적이며 자기 중심적인 방법으로 증거하는 것을 말한다. 우리는 하나님이 그 뜻과 목적대로 우리를 인도하시도록 그 분을 의지하는 그리스도 중심적인 그리스도인이 되고 싶다. 그리고 우리는 가능한 한 학교에서 매일 우리의 일을 해 나가는 그리스도 중심적인 그리스도인이다. 그런 방법으로 우리는 실제로 학교에서 사역하는 선교사이다.

마침내 우리는 자유로움을 느꼈다. 진정한 모습을 찾음으로 인한 자유이다. 그리스도인 교사들뿐만 아니라 교회 내의 많은 그리스도인들도 이런 면에 대해 교육을 받아야 한다. 우리는 서로서로에 대해 세상적이거나 문화적인 기대를 갖는 것—'당신은 직업이 교사니까 교회에서도 가르치는 일을 해야 하오'—에서 자유로워야 한다. 이제 우리는 이런 압력에서 자유롭다. 교회 성도들 중에는 아직도 이런 태도를 지닌 사람들이 있다. 그러나 우리는 마침내 그리스도를 위해 진정한 모습을 찾았기 때문에 자유롭다.

이 시점에서 우리는 그리스도 안에서 누리는 자유의 의미에 대해 토론하기 시작했다. 그러나 존(John)은 곧 그들의 학교 일로 이야기의 방향을 돌렸다. 그의 이야기를 좀더 소개하고 싶다. 도움이 될 뿐 아니라 공감대가 생길 것이라 생각한다.

이런 사실을 깨닫고 나서야 우리 두 사람은 실제로 학교에서 증거하는 일에서 활력을 되찾게 되었다. 그리스도에 대해 말할 수 있는 상황을 만들려고 애쓸 필요가 없다. 하나님이 우리에게 자연스럽게 그런 상황들을 마련해 주시면 우리는 마찬가지로 자연스럽게 반응할 수 있다. 누구나 그렇듯이 우리도 어떻게 해야 할지 항상 알 수 있는 것은 아니다. 더구나 우리는 상황을 이끌어 내는 법도 알지 못한다.

상황을 억지로 만들어 내려고 할 때 오히려 하나님이 마련해 주신 기회를 놓치게 되는 경우가 있다. 심지어 그 기회가 생기는 것을 방해할 수도 있다. 우리는 언제 속도를 내야 할지, 언제 속도를 늦추어야 할지 알수 없다. 단지 하나님을 의뢰하고 그 분이 우리를 이끄시도록 해야 한다. 우리는 자기 중심적이 되는 것을 그만두어야 한다. 그럴 때만이 하나님이 부지중에 우리를 통하여 그리스도를 드러나게 하실 수 있다. 전에 우리는 우리가 주님을 학교에 모시고 간다고 생각했다. 그러나 이제는 하나님이 이미 그 곳에 계신 것과, 우리는 단지 그 곳에 계신 그 분을 따라가야 한다는 것을 알고 있다.

굉장한 증거라고 생각한다. 내가 처음 그리스도인 교사가 되었을 때 이 말을 들었으면 좋았을텐데―당시에는 그의 말을 완전히 이해하지 못했겠지만. 그러나 나는 그의 말에 100퍼센트 동의한다. 당신이 교직에 있는 그리스도인이라면 하나님은 다른 어느 곳도 아닌 바로 그 곳에서 당신이 하나님을 위해 일하기를 가장 바라신다. 그리고 그것은 우리의 모든 시간을 드려 헌신하는 일이다.

당신은 아직도 매일의 교사 생활에 직접 적용할 것이 무엇인지 알고 싶을지도 모른다. 바로 그 부분이 내가 교직에 있을 때 꼭 필요한 것이었다. 하나님의 말씀은 교사로서 하는 모든 일에 절대적으로 밀접하게 관련이 있다는 것이 나의 지론이다. 그래서 나는 실제적이고 현실적이며 일상적인 교실 차원에서 당신과 의견을 나누려고 한다. 비록 지금까지 대학에서 28년을 재직해 왔지만―놀랍게도 우리 과에서 가장 나이가 많은 교수이지만―나는 기본적으로 교사다. 나는 어린이와 학생들에게 관심이 있다. 나는 동료들에게 관심이 있다. 나는 교직에 있는 동료 그리스도인들이 내가 시도하려는 것(주저하며 고백하건대)—하나님의 말씀을 교실에서 적용하는 일—을 하기를 친심으로 바란다.

당신에게 한 가지 질문을 하고 싶다. 교사로서 당신이 가장 중시하는 우선 순위는 무엇인가? 당신이 지향하는 목표와 희망 중에서 어떤 것이 1순위로 등장하는가? 당신의 답을 종이 위에 적어 보지 않겠는가? 그렇게 하는 것이 이 글을 읽어 나가는 데 도움이 되리라 생각한다. 나는 이 책에서 그리스도인 교사 생활에 필요한 많은 내용을 다룰 것이기 때문이다. 다음에 내가 던진 질문의 답을 몇 가지 적어 놓았다. 당신의 답이 정해지면 다음의 답들을 살펴보라.

자, 준비가 되었는가? 당신의 답은 다음 답들과 비교해 볼 때 어떠한가?

- 채점을 완료하는 것(작문 과제가 너무 많아 늘 점수 매기기가 힘들다고 말하는 국어 교사의 경우)
- 학생들이 시험을 잘 치르도록 도와주는 것
- 국민학교 3학년 학생들을 잘 관리하는 것
- 연극반이 훌륭한 공연을 할 수 있도록 충분한 연습을 시켜 주는 것
- 어린이들을 잘 가르치고 돌보아 주는 것
- 가능한 한 많은 학생들이 내 과목을 재미있어 하도록 만드는 것
- 학기말까지 남아 있는 것

잘 모르겠지만 위에 제시한 답들과 일치하는 것도 있으리라 생각한다. 당신의 답도 확실히 내 마음에 들 것 같다. 그리고 교육에 관한 많은 책들을 들쳐 보면 더 많은 예를 발견하게 될 것이다. 모두 모아 보라. 그것들은 내게 스파게티 교차로라고 알려진 버밍엄(Birmingham)시 외곽의 매우 복잡한 도로를 생각나게 한다. 일단 그 길에 가 보면 모든 방향으로 길이 나 있는 것을 발견하게 될 것이다. 실제로 스파게티와 같다. 당신이 가고자 하는 길을 찾는 데에는 온갖 기지가 필요하다. 마찬가지로 수많은 교육의 목적들을 읽는 일은 똑같은 결과를 가져올 수 있다.

그렇다면 내가 그리스도인 교사들에게 정말 잘못된 질문을 던진 것이 아닐까? 확실히 당신은 당신의 우선 순위를 이미 정해 놓았을 것이다. 그러나 그리스도인 교사에게 진정으로 중요한 질문은 이것이다. 교사인 당신에 대한 하나님의 가장 높은 우선 순위는 무엇인가? 바울은 디모데후서에서 그 답을 잘 가르쳐 주고 있는 것 같다.

네가 진리의 말씀을 옳게 분변하며 부끄러울 것이 없는 일꾼으로 인정된 자로 자신을 하나님 앞에 드리기를 힘쓰라(딤후 2:15)

당신에게는 매우 이상적인 모습이다. 하나님께 인정된 자. 부끄러울 것이 없는 일꾼. 하나님의 말씀을 옳게 분변하는 자. 하나님이 교실에 선 그리스도인인 당신에게 주는 도전을 요약한 것이라고 생각하지 않는가? 당신이 종교 과목을 가르치지 않는다면 수업 시간에 성경을 가르치지는 못할 것이다. 이 성경 구절은 그 이상의 훨씬 더 많은 것을 의미하고 있다. 그리스도인으로서 당신은 지식과 권위를 가지고 하나님의 말씀을 신실하게 분변해야 한다. 당신은 매일 그 말씀대로 살아야 한다. 당신의 모든 생각과 말 속에 말씀의 순수함과 진리가 고루 퍼지도록 해야 한다.

그리스도인 교사는 어느 학교에 있든지 그리스도를 위해서 가장 잘 가르치는 자이다. 바로 그 목적을 위해서 하나님은 당신을 현재 그 자리에 두신 것이다. 따라서 나와 함께 길을 걷도록 당신을 초대하고자 한다. 함께 성경을 찾아보자. 그리고 그 말씀을, 진리 되신 성령님의 인도로 주님을 위해 교사인 우리의 삶과 일에 적용해 보자. 분명 당신을 변화시킬 것이다. 도전이 될 것이다. 흥분하게 될 것이다. 오늘날의 많은 교사들처럼 실패와 패배를 맛보거나 설 곳이 없는 것처럼 느껴진다 할지라도, 당신은 하나님이 당신을 부르셨다는 사실을 새롭게 깨닫고 하나님이 그 일을 하도록 당신을 어떻게 도우시는가를 다시 알게 되는 기쁨을 맛보게 될 것이다. 그 결과 당신은 실제로 교실에서 자신감을 가질 수 있게 될 것이다.

제 1 장

증인이 되는 일

당신은 여러 가지 소송이 제기되고 있는 법정에 가 본 적이 있는지 모르겠다. 피고가 특별히 처음부터 범죄 사실을 인정하면 많은 사건들은 쉽게 해결된다. 그러나 피고인이 범죄를 부인하는 진술을 하면 기소자는 범죄 사실을 입증해야 하기 때문에 재판은 훨씬 길어진다. 범죄 사실을 뒷받침해 주는 한두 명, 혹은 그 이상의 증인을 불러올 수 있다면 재판관, 배심원, 판사들을 확신시키는 좋은 기회가 될 것이다. 변호사도 가능하면 피고의 항변을 지지할 증인들을 불러올 필요가 있다. 그러나 피고인이 법정에서 무죄를 주장하는데도 그를 변호해 줄 사람이 전혀 없는 경우가 자주 발생한다. 그런 사람은 정말 문제이다. 또 때때로 한 쪽에는 여러 명의 증인이 있고 다른 쪽에는 증인이 하나도 없는 상태에서 증인들이 진실을 순수하게 말할 경우에, 그 소송을 해결해야 할 사람도 마찬가지로 문제이다.

이런 장면을 그려 보라. 어느 날 밤 도심지에서 몇 무리의 청소년들의 싸움이 있었다. 그러고 나서 제리 베이커(Jerry Baker)라는 18세의 청년이 경찰에 체포되어 치안 방해로 고소되어 법정에 섰다. 검찰측은 그가 당시 현장에 있었고 실제 그 자리에서 도망치다가 붙잡혔다고 말한다. 더군다나 두 명의 증인이 나와서 그가 싸우는 것을 보았다고 증언한다. 경찰관은 그를 체포

할 때 그의 자켓이 찢겨져 있었고 입에서는 알코올 냄새가 풍겨 나왔다고 증언한다.

이제 제리가 자신의 입장을 말할 차례이다. 그는 죄가 없다고 항변했다. 그가 사건 당시 그 곳에 있었던 것은 사실이다. 그는 친구와 함께 영화를 보았고 집에 들어가기 전에 한 잔 하려고 술집에 들어갔다. 술을 마시고 나왔을 때 한 무리의 청소년들이 싸움을 하고 있는 한가운데 자신이 서 있는 것을 알았다. 그는 도망가려고 하는데 누군가 그를 붙잡고 자켓을 잡아당겼다. 그는 주먹으로 한 대 치지도 않았고 싸움을 걸지도 않았다. 다만 할 수 있는 한 빨리 도망가려고 노력했다. 그는 전에 경찰관에게 체포될 뻔한 적이 있었기 때문에 다시는 이런 장면에서 발견되고 싶지 않았던 것이다.

지금 그는 진실을 말하고 있다. 그러나 검찰측과는 달리, 그 날 친구가 일찍 집으로 갔기 때문에 자신의 이야기를 뒷받침해 줄 만한 증인이 없다. 그가 할 수 있는 말은, 그 날 밤 우연히 이 사건을 본 증인들이 어두워서 실수로 혼돈하기 쉬울 것이라는 말이다. 그는 그 자리에서 그 사람들을 보지 못했다. 그가 한 일은 가능한 한 빨리 그 현장을 떠나려고 노력한 일이었다.

당신은 제리의 문제가 무엇인지 알겠는가? 제리는 똑똑하지 못하거나 말을 분명하게 잘하지 못하기 때문에 일이 더 악화된다. 검사는 반대 심문을 하면서 그를 어리숙해 보이도록 하며 어리둥절하게 만든다. 그렇지만 그는 진실을 말하고 있다. 법정에서는 어떻게 판결을 내리겠는가? 모든 증거가 검찰측을 지지하는 것으로 나타나 있다. 제리의 친구만이라도 그 때 함께 있었거나, 제리가 그 싸움에 연루되지 않았다고 말할 수 있는 당시 그 자리에 있던 누군가를 만날 수만 있다면. 그에게 믿을 만한 증인 한 사람만 있었더라면!

그런 증인은 구두로 증언하든 서면으로 하든 꽤 중요한 인물이다. 그를 증인으로 부른 사람들에게, 혹은 그의 말을 들으러 온 사람들에게 그가 할 말은 이것이다. "이것은 모두 사실입니다", "이 사람이 한 말은 진실입니다. 내가 그것을 입증합니다", "나는 그 곳에 있었고 이 두 눈으로 목격했습니다", "이것이 내게 일어났던 일입니다" 등이다. 그는 어떤 거래가 있었다고

증언할지도 모른다. 혹은 법적인 문서에 서명된 것을 보았거나 누군가의 말
을 들었다고 증언할지도 모른다. 법정에서 그는 진실, 꼭 진실, 오직 진실만
을 말할 것이라고 맹세를 한다. 증인이 증언을 하는 곳에서는 언제나 그 증
언이 옳고 정확하며 믿을 만하다고 믿게끔 되어 있다.

증인은 다른 누군가가 경험하거나 말한 것이 일어났다는 사실을 자세히
이야기하기 위하여 그 곳에 있는 것이 아니다. 그런 정보는 매우 흥미 있을
수도 있다. 그러나 그것은 법정에서 받아들여지지 않는다. 예를 들어 간접
보고라 불리는 전문(傳聞) 증거는 허용되지 않는다. 혹 받아들여진다 할지라
도 진실한 증인의 증거만큼 신뢰성을 보장받을 수 없기 때문에 실제로 많은
도움이 되지 못할 것이다. 증인이란 그 때 그 자리에 있었거나 자신이 말한
것을 개인적으로 경험하여 아는 사람이다.

증거에 대한 성경의 견해

신약 성경을 읽어 보면 누구나 알 수 있듯이, 모든 그리스도인들은 주 예
수 그리스도와 그를 믿는 믿음을 증언하도록 부름받았다. 이 일을, 특별히
훈련받은 사람이나 이 직무를 위해 교회에서 따로 세우심을 입은 전문가의
일이라고 생각하지 말라. 확실히 세상이 그렇게 생각하기 때문에 당신도 그
렇게 생각하고 싶을지도 모른다. 차를 수리하거나 지붕을 고쳐야 할 때 당신
은 어떻게 하는가? 집을 팔고 다른 곳으로 이사해야 할 때 당신은 어떻게 하
는가? 우리들 대부분은 그 일을 처리하기 위해 자동적으로 전문가를 찾아간
다. 우리는 생활 전반에 걸쳐 자연스럽게 도움을 얻을 전문가를 찾는 시대에
살고 있다.

그러나 기독교에서는 그렇지 않다. 증인은 단지 사도나 선지자나 목사나
교사나 교회 지도자들만이 아니다. 당신이 그리스도인이라면 어느 곳에 살든
지, 무슨 일을 하든지, 나이가 많든지 적든지, 어디 출신이든지 그 사실을 증
거해야 한다.

뭐라고? 당신의 믿음을 많은 사람들 앞에서 증거할 수 없다고? 당신은 사

람들에게 호감을 주거나 특별히 개인적인 일을 잘 이야기하는 은사를 받은 것도 아니다. 이런 일을 하는 데 도움이 되는 특별한 신학 교육을 받은 적도 없다. 항상 수줍어하는 성격이다. 당신은 앞에 나서거나 널리 알려지는 것을 좋아하는 사람이 아니다. 어떻든 상황은 다양하기 때문에 무엇을 말해야 하며 어떻게 말해야 할지 항상 알지 못한다. 당신이 보통 하고 있는 학교 일은 완전하게 잘하지만 이 일만큼은 다르다.

물론 나도 알고 있다. 당신이 내게 말하고 있는 모든 것을 다 이해한다. 당신은 눈에 띄지 않게 조용히 살고 싶은 지극히 평범하고 솔직하며 단순한 사람이라는 것을 나도 알고 있다. 물론 당신은 매주 교회에 출석하며 매일 성경을 읽고 기도한다. 단지 당신의 일을 계속하며 좋은 그리스도인이 되려 하고 있을 뿐이다. 오늘날은 사실 이 정도 하기도 어려운 일이다.

당신의 말에 동감한다. 증인이 된다는 것 —내가 증인이 되는 일 —은 우리들 대부분에게 약간은 두려운 일이다. 우리는 무대 중앙에서 돋보이기를 원치 않는다. 우리는 자신에게 너무 많은 관심이 집중되는 것을 좋아하지 않는다. 결국 우리가 중요하지 않은 존재란 말인가? 그렇지 않다. 우리는 최선을 다하되, 제발 무대 뒤에서 하려고 한다. 실제로 꼭 해야 한다면 하녀나 하인장, 심부름꾼 역할에는 동의할지 모른다. 그러나 주연 배우 중의 한 명은? 오, 절대로 그것은 우리의 역할이 아니다.

잠깐 제리 베이커의 경우를 다시 생각해 보자. 그는 죄가 없음에도 불구하고 범죄자로 기소되었다는 사실을 기억하라. 두 사람이 그가 싸우는 장면을 목격했다고 말했지만 우리는 그들이 잘못 증언한 것을 알고 있다. 제리를 위해 올바로 증언해 줄 사람은 하나도 없다. 법정에 나와 그의 편이 되어 줄 사람은 아무도 없다. 여러 사람들이 기소자 편에 서 있는 데 비해 제리는 혼자이다. 내 경험으로 비추어 볼 때 제리가 무죄 선고를 받기는 어렵다고 해야겠다. 자, 당신이라면 그런 경우 어떻게 판결을 내리겠는가?

당신의 상황에 대해서도 생각해 보자. 마찬가지로 주 예수 그리스도가 그곳에서 재판을 받고 있다. 당신은 그를 변호할 것인가? 그가 무죄하다는 것을 당신도 알고 있다. 학교, 교무실, 교실이나 학교 밖에서 어린이, 학생, 교장, 학부형들에게 예수님의 입장을 알려 줄 사람이 필요하다. 지금 현재 어떻게 그의 입장을 알릴지 고민하지 말라. 그 문제는 나중에 다룰 것이다. 이 책은 주로 이 증거의 문제를 해결하는 일을 돕기 위한 것이다. 주 예수님은 당신이 증인으로 나서기를 원하신다. 당신이 침묵을 지키거나 아예 포기한다면, 주님이 성공할 가능성이 있겠는가? 혹 제리 베이커처럼 되지 않겠는가?

아직 이 문제에 답하지 말라. 이 책을 거의 다 읽을 때까지 덮어 두라. 증거에 대해 더 검토할 때까지 이 문제를 덮어 두라. 특히 성경에서 말하고 있는 증거에 대해 알아볼 때까지. 그러기 위해서는 가장 실제적인 관점에서부터 출발하라. 당신의 관점도 아니고 나의 관점도 아닌 바로 하나님의 관점에서부터 출발하라. 이 말은 바로 성경으로 돌아가서, 하나님이 증거의 문제에 대해 어떻게 말씀하시는가를 당신에게 (그리고 나 자신에게) 알려 주겠다는 뜻이다. 하나님은 적어도 그리스도인의 증거를 특징 짓는 네 가지 요소를 강조하고 계심을 알게 될 것이다.

하나님께서 부르심

첫 번째로 그리스도를 전하는 모든 증인들은 그 일을 하도록 하나님이 부르셨다. 예수님의 지상 사역 말기에 그 분이 하신 중요한 말씀은 마태복음 24장에 나타나 있다. 14절에는 이렇게 쓰여 있다.

이 천국 복음이 모든 민족에게 증거되기 위하여 온 세상에 전파되리니 그 제야 끝이 오리라

당신은 주 예수님이 이 내용을 어떻게 표현했는지 주의해 보았는가? 그 분은 장래 어떤 일이 일어날지 우리에게 정확히 알려 주고자 사실을 언명하셨다. 그 일이 일어날지도 모른다가 아니라 일어난다이다. 복음은 전파될 것이다. 그것은 온 세상에 전파될 것이다. 모든 민족에게 전파될 것이다. 증거되기 위하여 전파될 것이다. 그런 다음에 끝이 올 것이다.

그것은 사실이다. 영광의 왕이 그렇게 말씀하신다. 그렇게 결정이 되어

있다. 천국 복음은 전파되도록 되어 있다. 그 말은 누군가 그 일을 하도록 되어 있다는 뜻이다. 그리고 온 세상 모든 민족에게 전파될 것이다.

더 알아야 할 사실이 있다. 모든 그리스도인은 하나님의 만드신 바(엡 2:10)이며 하나님에 의해 선택되고 구별된 자라고 성경은 말한다. "너희의 허물과 죄로 죽었던 너희를 살리셨도다…하나님이…우리를 그리스도와 함께 살리셨고"(엡 2:1-5). "이제는 전에 멀리 있던 너희가 그리스도 예수 안에서 그리스도의 피로 가까와졌느니라"(엡 2:13). 예수님은 다락방에서 제자들에게 이렇게 말씀하셨다. "너희가 나를 택한 것이 아니요 내가 너희를 택하여 세웠나니 이는 너희로 가서 과실을 맺게 하고"(요 15:16). 그 분은 또 계속 "진리의 성령이…나를 증거하실 것이요 너희도 처음부터 나와 함께 있었으므로 증거하느니라"(요 15:26-27)고 말씀하셨다. 이는 단지 성령의 인격과 사역을 통해 하나님 자신이 증언하는 문제만이 아니다. "너희도…증거하느니라." 그 분은 자신을 따르는 자들에게 말씀하신다. 그 분이 어떤 사람들에게 말씀하시고 계신지 잊지 말라. 그 중에는 교육받은 자도 두 명 있었지만 제자들 대부분은 누가가 사도행전 4:13에서 묘사한 것처럼 미천하며 무식한 어부, '학문 없는 범인'이었다.

당신이 말하는 것은 무엇인가? 당신은 이 모든 것을 인정한다. 그러나 예수님은 그 분의 제자들, 특별히 선택받은 열한 명(가룟 유다는 이 때쯤 영원히 그들을 떠났다)에게 말씀하신 것이 아닌가? 그 말은 맞다. 그렇다면 사도행전 1장에 나와 있는 그리스도의 승천에 관한 설명으로 옮겨가 보자. 이 사건은 열한 명 이상의 많은 사람들이 보았으며 예수님의 말씀은 그들 모두뿐만 아니라, 그 후 세대의 모든 그리스도인에게도 해당되었다.

오직 성령이 너희에게 임하시면 너희가 권능을 받고 예루살렘과 온 유대와 사마리아와 땅 끝까지 이르러 내 증인이 되리라(행 1:8)

'너희', 당신들 모두가 예수님의 증인이 될 것이다. 사도들만이 아니다. 우리 모두이다. 여기서 '너희'는 당신을 말한다. 그것은 나를 의미한다. 그것은 지금까지의 모든 그리스도인을 의미한다. 따라서 당신이 그리스도인이라면 이런 사실을 알아야 한다. 하나님이 당신에게 시키시는 일이 어떤 것이든 그 분은 당신이 증인이 되도록 부르셨다. 인생의 법정에서 하나님을 위하여 증인이 되라고 그 분은 당신을 지명하셨다.

지상 과제

그리스도인의 증거에 관해 두 번째로 중요한 것은 모든 그리스도인은 그 일을 하도록 명령받았다는 사실이다. 주님은 단순히 우리에게 증거하라고 요청하시거나, 그것이 우리 중에 일부가 담당할 선택 가능한 일이라는 생각을 갖게 하시지 않는다. 아무도 그 일에 관한 한 선택이란 없다. '이 천국 복음이 온 세상에 전파되리니.' '너희도 증거하느니라.' '내 증인이 되리라.' 법정에 증인으로 나서는 일은 때로 회피할 수 있다. 그러나 하나님의 백성 중 어느 누구도 분명히 증인의 책임에서 벗어날 수 없다. 특히 그 일을 맡기신 이가 누구인가를 생각해 볼 때 우리가 만드는 핑계들은 권위 있는 그 분의 말씀에 비추어 너무 무력해 보인다.

어떤 경우에도 그리스도를 증거하는 일은 각 시대마다 선택된 소수에게 부여된 일이 될 수 없음은 분명하다. 우리에게 주어진 과제를 생각해 보기 바란다. 하나님은 복음이 온 세상, 모든 민족에게 전파되기를 원하신다고 말씀하신다. 그 분을 증거하는 일은 '땅 끝까지' 이루어져야 한다. 세상 모든 구석의 모든 사람들이 예수 그리스도의 복된 소식을 들을 때까지 종말은 오지 않을 것이다. 바울은 로마서에서 "전파하는 자가 없이 어찌 들으리요?"라고 말하지 않았는가? 모든 그리스도인이 가까이 있는 사람들에게 증인이 될 준비가 되어 있지 않다면, 그리고 누군가 그리스도의 말씀을 가지고 먼 지역으로 갈 준비가 되어 있지 않다면, 어떤 사람들은 결코 하나님 나라의 복음을 알게 되지 못할 것이다. 그런 곳에서 주 예수님은 소송에서 지게 될 것이다. 그러므로 우리는 하나님이 우리를 부르신 장소에서 모두 증인이 되어야 한다.

하나님이 준비시키심

내가 알고 있는 어떤 교사는 경범죄로 경찰에게 한 번 걸린 적이 있었다. 그는 그 사건이 법정으로 가게 될 것을 알았고 그래서 어떻게 해야 할지 내게 물으러 왔다. 나는 재판 절차가 어떻게 되는지 그에게 설명했고 그는 내게 자초지종을 말해 주었다. 그는 들치기범으로 지목되어 기소될 판이었다. 그것은 엄청나게 잘못 진행된 일로 자신은 죄가 없다고 말했다. 그가 말한 내용으로 볼 때 무죄로 방면될 소지가 많다는 생각이 들었다. 그러나 그 일은 쉽지 않을 것이며 그는 반드시 증인석에 나가 반대 심문을 받게 될 것이다. 결국 그는 범죄 사실을 인정하여 벌금을 물게 되었다. 그 사건은 신문에 보도되지 않았다. 그것이 그가 가장 두려워했던 일이었다. 그가 범죄 사실을 부인했다면 그 사건이 보도될 가능성이 더 많다는 것을 그는 알았다. 그러나 그가 가장 두려워했던 것은 제시할 증거를 갖고 있어야 한다는 사실이었다. 나는 그가 그렇게 하기를 간절히 바랐다. 결국 자신이 죄가 없다고 믿는 사람이 범죄 사실을 인정한다는 것은 끔찍한 일이다. 그러나 그에게 이 사건은 너무 엄청난 일이어서 바로 대처할 수가 없었다. 그는 내게 줄곧 이렇게 말했다. "내가 교육받은 사람임을 다 알 겁니다. 그러나 저는 증인석에 나가게 될 때 무슨 말을 해야 할지 알 수 없어 정신이 혼미해질 것 같습니다."

성경의 두 가지 예

성경에는 하나님이 증인으로 불렀지만 그 불쌍한 교사처럼 혹은 당신이나 나처럼 마지못해 그 일을 맡은 사람들의 수많은 이야기들이 있다. 가장 유명한 사람으로 모세와 예레미야가 있다. 이들은 둘 다 자신이 하나님을 위하여 일하지 못하는 이유에 대해 자기 나름대로 대단한 구실을 만들었다. 내 생각으로는 하나님이 그들을 어떻게 다루셨는지 잘 살펴보는 것이 당신에게 매우 도움이 될 것 같다. 왜냐하면 그 속에는 그리스도인 증인의 세 번째 특징이 매우 강하게 부각되어 있기 때문이다.

1. 모세

모세는 특별히 그 일을 꺼려 했다. 그는 자기가 왜 하나님을 증거하지 못하는지 많은 이유들을 가지고 있었다. 당신은 출애굽기 3-4장에서 그 내용을 찾아볼 수 있을 것이다. 얼마나 많이 들어 본 내용처럼 보이는가!

그는 자기가 생각하기에 자신이 전혀 적합하지 않다는 사실로 시작했다. "내가 누구관대 바로에게 가며 이스라엘 자손을 애굽에서 인도하여 내리이까?"(출 3:11) 우리들 대부분도 그런 도전에 직면할 때 그처럼 느낄 것이라고 생각한다. 그러나 하나님의 답변을 들어 보라. 그 분은 모세(와 우리)의 주의를 모세 자신에게서 하나님에게로 돌린다. 그 분은 말씀하셨다. "내가 정녕 너와 함께 있으리라"(3:12). '모세야 너는 혼자 있게 되지 않을 것이다. 내가 항상 그 곳에 함께 있을 것이다.' 이 말에 대해서는 할 말이 없다. 그래서 모세는 이유를 바꾸었다. 이제 그는 이스라엘 사람들이 자기를 보내신 하나님을 좀더 구체적으로 알기 원할까봐 두렵다고 했다. 그러자 하나님은 즉시 모세에게, "너는 이스라엘 자손에게 이같이 이르기를 스스로 있는 자가 나를 너희에게 보내셨다 하라"(3:14)고 하시면서 자신의 가장 특별한 이름을 나타내셨다.

"그러나 그들이 나를 믿지 아니하며 내 말을 듣지 아니하고…"(4:1)라고 모세는 다시 대답했다. 이는 또 다른 흔한 구실이다. 당신도 때로 이런 구실을 대 본 적은 없었는가? 나는 그런 경험이 있다. 알다시피 이는 어리석은 일이다. 왜냐하면 이러한 말은 증인이 되는 일의 전반적인 주안점을 간과하고 있기 때문이다. 증인이 할 일은 진실을 그대로, 가능한 한 명확하고 솔직하게 말하는 것이다. 그것이 전부이다. 그 증거를 듣거나 보는 사람들이 그것을 어떻게 받아들이는가에 대해서는 책임이 없다. 분명히 우리는 어떤 내용을 말하고 행하며, 그것을 어떻게 말하고 행할 것인가를 생각해야 한다. 또한 어떤 부류의 사람들 즉 누가 들을지—우리의 청중—에 대해 생각해야 한다. 그러나 증거할 때에는 가능한 한 성실하게 당신의 최선을 다하기만 하면 된다. 다음에 어떤 일이 일어날지 당신은 답할 수 없다. 책임은 들은 사람 편에 있다. 그들이 당신을 믿지 않거나 당신이 전한 내용에 귀를 기울이지 않는다면 그것은 애석한 일이다. 그러나 그것은 그들의 문제이지 당신의 문제가 아니다. 그들은 당신의 반응에 대해서가 아니라 자신이 어떻게 반응할 것인지 답해야 할 것이다. 그렇다면 모세의 이 구실은 어떠한가? 잊어 버리도록 하라.

하나님도 역시 그것을 간과하셨다. 이번에 하나님은 필요하면 모세도 할 수 있도록 능력을 주시면서 기적을 보여 주심으로 그를 계속 격려하셨다. 그러나 모세는 여전히 변명을 그치지 않았다. 이제 그는 또 다른 구실을 내세우려 했다. 자신은 결코 언변에 능하지 않은, 말하는 데에는 아주 부적합한 자라고 말했다. "나는 본래 말에 능치 못한 자라"(4:10)고 했다. 전에 이런 말을 들어 본 적이 있는가? 그런 경험이 있으리라고 확신한다. 이는 많은 그리스도인들이 둘러대는 또 하나의 흔한 구실이다. 그러면 하나님의 대답에 특별히 주의해 보자. 내 생각으로는 모든 그리스도인과, 무엇보다도 모든 그리스도인 교사들이 이 말씀을 외우고 자주 묵상해야 할 것 같다.

> 누가 사람의 입을 지었느뇨 누가 벙어리나 귀머거리나 눈 밝은 자나 소경이 되게 하였느뇨 나 여호와가 아니뇨 이제 가라 내가 네 입과 함께 있어서 할 말을 가르치리라(출 4:11-12)

하나님은 모세에게 하신 말씀을 당신과 나에게도 하고 계신다. 우리 주님을 전하는데 왜 우리가 마지못해 하거나 두려워해야 하는가? 우리를 창조하셨을 때 그 분은 우리에게 언어의 능력을 주셨다. 따라서 어떤 상황에서든지 그 분은 그 분을 위해 우리가 어떤 말과 행동을 할지 가르치실 뿐 아니라 실제 증거하는 일을 도우실 것이다. 그렇다면 두려워할 것이 무엇이겠는가? 우리가 할 일은 오직 그 분을 신뢰하고 순종하는 일이다.

그런데도 모세는 하나님께 다른 사람을 보내도록 간청하고 있다. 하나님은 거절하셨지만 모세의 형 아론이 모세의 대변자가 될 것이라고 그에게 확신시키셨다. 모세는 가야만 했다. 그는 증거해야만 했다. 당신도, 나도 마찬가지이다. 하나님은 우리에게 위험을 무시할 수 있는 소환장을 이미 나누어 주셨다.

2. 예레미야

예레미야의 핑계의 요점은 너무 어려서 하나님이 부탁하시는 일을 할 수 없다는 것이었다. 하나님은 그가 가야 한다고 다시 확신시키셨다. 그러나 주님께서 "내가 너와 함께 하여 너를 구원하리라"고 선언하셨기에 두려워할 필요가 없었다(렘 1:8). 하나님은 곧 그의 말씀을 예레미야의 입에 두시면서 사역을 위해 그를 준비시키셨다. 하나님이 계시는 한, 연소함은 결코 장애물이 되지 않았고 지금도 그렇다. 젊고 겁 많은 디모데를 보라. 바울은 그가 "많은 증인 앞에서 선한 증거를 증거하였도다"(딤전 6:12)라고 말했다. 예수께서 "네가 나를 본 일과 장차 내가 네게 나타날 일에 너로 사환과 증인을 삼으려고"(행 26:16) 임명했던 바울처럼, 디모데는 자신의 나이와 기질에도 불구하고 많은 사람들 앞에서 믿음을 증거했다.

이제 사도행전 1:8로 돌아가 보자. 하나님을 증거하는 데 성공할 수 있는 비결이 분명히 그 말씀에 드러나 있다. 먼저 당신을 잘 준비시키시지 않고서는 하나님은 자신을 위해 일하라고 당신을 부르시지 않는다. 이는 다른 모든 것처럼 증거하는 일에서도 마찬가지로 해당된다. 구약 시대에 하나님이 그분이 선택하신 종들에게 "내가 너와 함께 하겠다"고 거듭 약속하신 말씀을 기억해 보라. 그 말씀은 제자들에게 "내가 너희와 항상 함께 있으리라"(마 28:20) 하신 그리스도에 의해 되풀이되었다. 여기서는 그 약속이 설명되고 있다. 그리스도는 자신을 향한 모든 사람에게 말씀하신다. "오직 성령이 너희에게 임하시면 너희가 권능을 받고."

따라서 우리가 그리스도인이 되었을 때 증인이 되도록 받은 은사가 없기 때문에 주님을 증거할 수 없다고 말하는 것은 아무런 소용이 없다. 그 분은 우리 안에 성령을 부어 주신다. 주 예수 그리스도가 주이심을 고백케 하는 분은 우리가 아니라 그 분의 성령이시다. 우리는 우리 자신을 포함하여 어느 것, 어느 누구도 두려워할 필요가 없다. 우리가 그 분을 신뢰한다면 —이것이 모든 일의 열쇠이다— 하나님은 우리에게 적당한 때에 적합하게 할 말을 주실 것이다. 당신은 그리스도의 이름으로 무엇이든지 구할 수 있으며 그리스도께서 당신을 위해 그 일을 시행할 것을 알고 있다(요 14:14; 16:24). 위세

가 당당한 산헤드린 앞에서 "우리는 이 일에 증인이요"(행 5:32)라고 말했던 베드로의 경우처럼, 하나님의 능력이 어떻게 두려움에 가득 차고 낙심한 제자들을, 겁 없이 확신에 가득 차서 말할 수 있는 담대함과 권위를 지닌 사람으로 변화시켰는가 살펴보라.

엄청난 일이 아닌가? 놀랍지 않은가? 내가 그리스도인의 증거에 관해 가장 격려를 받는 사실 중의 하나는 하나님이 그 일을 위해 항상 우리를 준비시키신다는 것이다. 그러므로 두려워하지 말라. 하나님의 약속을 붙잡으라. 내일 당신이 법정에 들어가게 되면 당신의 믿음을 크게 말하고 행동으로 옮기라. 가만히 앉아서 침묵하지 말라. 전에 CBN 대학에 있었던 돈 페트리(Don Petry)가 워싱턴 시에서 열린 기독교 교육자 협의회에서 한 말처럼 당신은 전제(premises)가 아닌 약속(promises)에 의지해야 한다.

증거는 그리스도를 전하는 것

지금까지 성경이 강조하는 그리스도인 증거의 세 가지 특징을 살펴보았다. 모든 그리스도인은 하나님에 의해 부름받았고 명령받았으며 준비된다. 네 번째 특징은 우리가 무엇을 증거하는가—좀더 정확히 말한다면 누구를 증거하는가—에 관심이 모아진다. 어떤 증인도 무엇보다 먼저 자기 자신에 대해 말하지는 않는다. 법정에서 증인들은 자기 신상에 관한 것—누구이며 어디에 살고 문제의 이 사건에 왜 증인으로 서게 되었는지 등—을 말하게 되어 있다. 그러나 기본적으로 증인은 다른 어떤 사람을 위하여 그 곳에 서 있는 것이다. 그는 그 사람 편에 서서 그 사람의 진술을 지지한다.

그리스도인은 물론 그리스도를 증거하고 있다. "너는 내 증인이 되리라"(행 1:8)고 예수님은 말씀하신다. 그 분은 바울을 '나를 본 일의 증인'으로 임명하셨다. 진리의 성령이 '나를 증거하듯이' 제자들도 증거해야 한다. 우리도 마찬가지이다. 우리의 모든 증거는 그리스도에게 초점을 맞추어야 하며 우리 자신에게서 멀어져야 한다. 그것은 그 분의 복음, 그 분의 가르침, 그 분의 구원 사역, 그 분의 권한과 결정, 심판하시러 다시 오심, 우리가 사람들에게 말하고 제시해야 하는 그 분의 본질과 뜻이다.

그렇더라도 증거는 또한 개인적인 문제이다. 제자들은 '처음부터 그리스도와 함께 있었기 때문에' 그 분에 대해 증거해야 했다. 아나니아는 바울에게 모든 사람 앞에서 그가 보고 들은 것에 증인이 되라고 말했다(행 22:15). 요한은 요한일서에서 "우리가 들은 바요 눈으로 본 바요 주목하고 우리 손으로 만진 바라"고 강조하면서 서신을 시작했다. 이것은 당신과 나에게도 동일하게 적용된다. 그리고 어디에서 살든지 무슨 일을 하든지 다른 모든 그리스도인에게도 적용된다. 증인은 개인적인 경험에서 우러나오는 말을 한다. 개인의 증거의 가치가 바로 거기에 있다.

그리고 능력이다. 당신이 진실하게 자신 있게 증거할 수 있는 이유는 당신이 주 예수 그리스도를 개인적으로 알기 때문이며 매일의 삶 속에서 그 분의 능력과 임재를 경험할 수 있기 때문이다. 당신이 할 일은 당신이 아는 바를 증거하는 것이다. 물론 나처럼 당신도 주님을 더 완전하게 더 깊이 알아야 할 필요가 있음을 나도 잘 알고 있다. 또 아직도 주님은 당신(과 나)에게 자기 자신에 대해 가르치실 것이 많음을 나도 알고 있다. 주님도 이 사실을 알고 계신다. 그러나 주님은 여전히 당신이 그 분에게서 배우고 경험한 바를 생활 속에서 증거하며 말하도록 당신을 부르신다. 당신이 그 분을 신뢰하며 가까이 나아갈수록 당신은 증인으로 서 있는 당신의 일상적인 모습 속에서 더욱더 많은 증거를 하게 될 것이다.

한 인물을 예로 들어 설명해 보자. 만일 내가 당신에게 찰스 황태자에 대해 물어 본다면 당신은 그에 대해 상당히 많은 것을 이야기해 줄 수 있다고 생각한다. 가령 그의 외모는 어떠하며 가족 사항은 어떠하고, 그의 배경, 취미는 이러하다는 등. 그러나 실제 그를 만나 여러 번 대화를 나눈 한 사람을 알고 있다고 하자. 이제 내가 그에게 찰스 황태자에 대해 물어 본다면 당신이 말해 준 내용을 그도 말해 줄 수 있으리라고 확신한다. 그러나 그는 더욱더 많은 내용을 추가하여 말할 수 있다. 마침 찰스 황태자는 그 사람과 동행한 적도 있고 인사를 나눈 적이 있으며 로션 향기까지 맡을 정도로 옆에 가까이 있은 적도 있다. 그와 의견을 나누기도 하며 일상적인 담소도 나누었다. 따라서 그는 당신이 알지 못하는 방식으로 알고 있다. 당신은 내 질문에 대한 그의 답이 얼마나 더 믿을 만한가를 상상해 볼 수 있을 것이다. 그가 황태자와 시간을 보내면 보낼수록 황태자에 대한 그의 증거는 훨씬 더 효과적이며 권위 있는 것이 된다. 우리 그리스도인들이 주님에 대해 말할 때에도 마찬가지가 아니겠는가?

좀더 나아가서 당신은 이 모든 것이 어린 학생들과 함께 지내는 그리스도인 교사들의 일상적인 삶 속에서 어떻게 적용되는가를 물어 볼지도 모른다. 그것이 바로 이 책에서 우리가 살펴보고자 하는 내용이다. 그렇지만 먼저 증인이 되는 일에 관해 일반적인 주안점 세 가지를 언급하고 싶다. 학교 안의 그리스도인을 생각할 때 이 세 가지를 머리 속에 명확히 해 두면 도움이 되리라는 데 동의하기를 바란다.

증인이 알아야 할 세 가지 사실

첫째, 증인은 항상 대중 앞에 노출되어 있는 사람이다. 그는 신원이 확실해야 한다. 법정에서 그가 제일 먼저 할 일은 이름, 주소, 직업을 밝히는 일이다. 어떤 면에서 그는 다른 사람들에게 전시된다고 볼 수 있다. 그리스도인도 마찬가지이다. 그 증거가 말로 이루어지지 않는 경우에도 그렇다. 당신은 고통받는 어떤 개인이나 집단을 위한 관심의 표시로 말 한마디 없이 외국 대사관 주위에서 시위하는 엄숙한 사람들의 무리에 관한 기사를 읽은 적이 있을 것이다. 혹은 어떤 피고인이나 기결수의 무죄를 입증하려고 법정 밖에서 진을 치고 있는 사람을 본 적이 있을 것이다. 심지어 장례식이 끝난 후에도 오랫동안 주인의 무덤 옆에 앉아 있는 개를 본 적도 있을 것이다. 문제는 소리를 내든지 침묵으로 하든지, 행동으로 하든지 말로 하든지 증인은 공개되어 다른 사람들에게 보여진다는 것이다.

어떤 그리스도인도 등불을 켜서 말 아래 두지 않는다. 우리는 등불을 등경 위에 두어 집안 모든 사람에게 비추게 해야 한다(마 5:15). 우리 빛을 사람 앞에 비추지 못한다면 어떻게 저들로 하여금 하늘에 계신 우리 아버지께 영광을 돌리게 할 수 있겠는가? 알다시피 이 말씀은 우리가 말뿐 아니라 착한 행실로 증거해야 함을 상기시켜 준다.

현재 당신의 모습이 또한 주님에 대한 확실한 증거가 될 수 있다. 당신은 그리스도인이 되어 새로운 피조물로 변했다. 당신을 아는 사람들이 실제 변화된 당신의 모습을 보는 일은 중요하다.

여러 해 전에 내가 근무하던 학교에 한 과학 교사가 있었는데 그는 동료 교사들에게 거의 인기가 없는 사람이었다. 그가 교실이나 실험실에서 어떠했는지는 모른다. 내가 알기로 그는 유능한 교사였다. 그는 학생들이 좋아하는 교사였던 것 같고 그가 가르친 학생들 중에 시험 성적이 꽤 좋은 경우가 많았다. 그러나 대부분의 교사들은 그를 좋아하지 않았다. 그의 말은 독설적이었고 그는 다른 사람의 무능함을 참지 못했다. 그보다 더 젊은 우리들은 그를 약간 두려워했다. 학교를 떠난 후 나는 그 교사뿐 아니라 다른 교사들과도 자연스럽게 연락이 끊겼다. 그런데 최근에 그 때 같이 있던 한 동료를 만나 소식을 들었는데 그 과학 교사가 그리스도인이 되어 놀랄 만큼 변했다는 것이다.

하나님이 어떻게 우리를 그리스도의 모습으로 만들어 가시는지 사람들이 볼 수 있도록 하는 것이 좋다. 이는 우리의 인격과 행위 속에서 의식적으로 자아를 과시하는 것을 의미하지 않는다. 오히려 다른 사람은 잘 노출시키지 않는 사생활의 영역뿐만 아니라 공개된 삶 속에서도 우리가 꾸준하며 일관되게 행동해야 한다는 뜻이다.

이런 사실은 모든 그리스도인 교사, 특히 공립 학교나 비기독교적인 사학 재단에 있는 교사들에게는 매우 실제적인 문제를 일으킨다. 전에 내가 가르친 학생으로 현재 중학교에 있는 한 그리스도인 교사는 그 문제에 관해 다음과 같이 내게 요약해 써 보냈다.

저는 설교자가 아니라 교사입니다. 제가 할 일은 특별히 알고 있는 지식과 기술을 학생들에게 가르치는 일입니다. 신앙을 넣어 주거나 회심시키려고 학교에 있는 것이 아닙니다(특별히 기독교 재단에서 가르친다 할지라도 그러할 것입니다). 그렇다면 제가 학교에서 공공연히 그리스도를 증거할 경우 잘 교육받은, 독립된, 책임 있는 젊은이를 배출하는 것이 아니라―그것이 제가 기대하는 것이지만―저의 믿음을 따르는 개종자를 배출하려고 학생들을 조정하거나 세뇌시키는 잘못을 범하는 것이 아닐까요? 또한 공립 학교에서 가르치기 때문에 예수님에 대해 공공연히 말한다면 종교 교육에 관한 법률을 위반하는 죄가 되지 않겠습니까?

이 두 가지 문제에 대한 답은 분명히 '아니오'이다. 먼저 동료 교사나 학생들에게 자신이 그리스도인임을 알게 하는 것은 설교도, 조정도, 세뇌도 아니다. 그것은 단지 솔직하고 정직한 일이다. 당신은 그 일을 법석을 떨거나 지나치게 강요하지 말고 간단히, 조용하게, 간결하게 해야 할 것이다. 어떤 경우에 학생들은 교사에게 항상, "선생님, 어떻게 생각하세요?" 하고 물어본다. 그들이 질문할 때 우리들은 말해 주어야 한다. 진정한 교사라면 자신이 가르치는 내용을 학생들이 유순하게, 비판 없이, 수동적으로 받아들이는 것을 목표로 하지 않는다. 우리는 학생들이 스스로 사고하고 문제를 제기하며 깊이 생각하고 발견해서 자신의 결론에 다다르는 것을 배우게 하고 싶다. 그들을 만드신 창조주를 기억하며 모든 학생들의 존엄성과 최상의 가치를 인정하고 수호하는 사람은 누구보다도 그리스도인 교사들이다. 그러므로 앞에서 말했듯이 단지 당신이 가지고 있는 신앙을 학생들에게 알게 하는 것으로 당신의 믿음이 그들에게 강요되는 것은 아니다. 결코 법을 위반하는 일도 될 수 없다.

모든 시대의 가장 위대한 교사인 그리스도 그 분에 대해 생각해 보라. 세계 역사상 그 분처럼 특별한 믿음과 독특한 삶에 전적으로 헌신된 교사는 없었다. 그 분의 말씀을 들은 자는 모두 그 사실을 알았다. 그러나 그 분은 결코 어느 누구에게도 자신의 사고 방식과 행동에 적응하도록 강요하지 않았다. 그를 받아들이든 거부하든 선택의 자유가 있었다. 그래서 나는 예수님의 본은 어느 교사에게도 큰 위로가 된다고 믿는다.

당신이 어떤 일을 하든지 무엇을 믿든지 당신의 모습을 뛰어넘는 것은 불가능하다. 우리의 현재 모습은 있는 그대로이며 그리스도인 교사도 마찬가지이다. 어떤 교사도 완전히 중립적이지 않으며, 중립이란 불가능하다. 우리는 매일 언어, 몸짓, 얼굴 표정, 행동, 교수 방법을 통해, 수업 시간, 수업 외 시간, 교무실, 운동장에서 우리의 모습을 나타낸다. 아무튼 어떤 그리스도인 교사도 자신의 믿음의 핵심이 되는 기준과 신조에 반대하거나 이를 부인하지 않도록 기대되고 있다. 당신의 경우 수업 시간에 그리스도에 대해 알릴 기회가 전혀 없을지도 모른다. 설사 기회가 오더라도 적당하지 않다는 느낌이 들지도 모른다. 수업이 끝난 후에 개별적으로 대화할 수 있을 때까지 기다리는 편이 더 좋다고 생각할 수도 있다. 그러나 당신이 눈가림만 하여 사람을 기쁘게 하는 자처럼 하는 것이 아니라 '단 마음으로 섬기기를 주께 하듯'(엡 6:5-7) 하여 유능한 교사가 되며, 학생들을 사랑하고 학습 준비를 철저히 하며 일관된 바른 훈계와 옳은 기준을 제시하고 전적으로 믿을 만하며, 가능한 한 성적 처리와 업무를 신속히 하고 필요한 때에 꼭 도움이 된다면 그것도 증거이다.

동료 교사와 학생들에게 당신의 믿음에 대해 알릴 좋은 기회가 있을 것이다. 여기서 나는 결코 당신이 학생들 앞에 서서 설교하는 모습을 그리고 있는 것이 아님을 다시금 강조하고 싶다. 학생들은 어쩔 수 없이 들어야 하는 청중으로 그 곳에 있기 때문이다. 공립 학교건 사립 학교건, 그리스도인 교사가 과학이나 문학, 수학, 음악, 혹은 어떤 과목이든지 수업을 해야 할 때 학생들에게 증거의 수단으로 그런 설교 방법을 사용하는 것에 나는 전적으로 반대한다. 그렇지만 당신은 주님과 이웃을 섬기면서, 사람들에게 부담을 주지 않고 하나님의 자녀인 당신의 현재 모습을 통해 모든 일에서 항상 그리스도를 전하는 증인이다.

나는 앞에서 증인이 되는 일에 대해서 최종적으로 생각해야 할 점이 세 가지가 있다고 언급했는데 그 첫 번째는 이미 살펴본 것으로 증인은 대중 앞에 노출된 인물이라는 것이었다. 두 번째는 증인은 결코 연극의 주연 배우가 아니라는 사실이다. 우리는 결코 그런 생각의 덫에 빠지는 일이 있어서는 안 된다.

그런 유혹은 언제나 현존하며 또한 매우 넘어가기 쉽다. 당신이 거리의 사고를 목격하여 법정의 증인으로 출두할 것을 요청받았다고 가정해 보자.

드디어 그 날이 가까워진다. 그 동안 당신은 무슨 말을 해야 할지, 질문에 어떻게 답해야 할지 생각하면서 잠깐 동안 준비해 왔다. 그 시간이 점점 더 가까워짐을 의식하면서 그 날 아침에는 일찍 일어나 조심스럽게 좀더 준비한다. 10시까지 법정에 나가야 하기 때문에 직장에 갈 수도 없고 일상적인 다른 일도 할 수 없다. 이제 법정에 가서 이름이 불리기를 기다린다. 갑자기 내 이름이 불린다. 당신은 안으로 들어간다. 모든 관심의 대상이 된다. 당신이 선서를 하고 말할 때 모든 사람이 당신을 주시한다.

그런 긴장된 분위기에서는 자기 자신이나 말해야 할 내용에 대해 지나치게 의식한 나머지 자신이 주인공이 아니라 단지 증인일 뿐임을 잊기가 매우 쉽다. 당신은 전에 어느 가정이나 교회 혹은 수련회에 가서 간증을 해 본 적이 있는가? 그렇다면 당신은 그 때 자기 자신과 믿음의 결과, 혹은 간증 내용의 전달 방식에 집중하려는 유혹을 받았을 것이다. 어쨌든 이야기의 실제 주체인 주님에게 관심을 두지 않게 된다. 절대로, 절대로, 결코 잊어 버리지 말자! 그리스도야말로 그리스도인이 항상 증거해야 할 유일한 인물이다.

마지막으로, 증거에 대해 최종적으로 생각할 세 번째 요소를 살펴보기 위해 신약 전체에 걸쳐 '증인'으로 번역된 단어를 알아보자. 그 말은 헬라어로 '마르티스'(martys)인데 여기서 영어의 순교자라는 단어 'martyr'가 나왔다. 순교자의 사전적 의미는, 위대한 명분을 위해 죽음이나 고통을 겪는 사람이다. 그리스도의 증인이 된다는 것은 고통을 수반할 수 있음을 실제로 일깨워 주는 말이다. 사실 그리스도의 권위의 측면에서, 또 그 분이 이 땅에서 끊임없이 겪었던 일을 볼 때, 증거의 일을 하는 모든 그리스도인은 조만간 고난과 고통을 겪어야만 할 것임을 우리는 잘 알고 있다. 왕 중의 왕이며 주(主) 중의 주(主)인 그 분을 위해 말하고 행동할 수 있다는 것은 너무 놀라운 특권이며, 그런 공공연한 증거에 수반되는 불안과 핍박을 압도하는 특권이다. 그러나 증거에는 고통과 자기 부정이 포함된다는 사실을 잊지 말고 그러한 결과에 대해 우리는 미리 준비해야 할 것이다.

법정에서는 보통 어떤 증인도 기소자나 변호사 양쪽의 반대 심문을 받게 된다. 그것은 결코 쉬운 일이 아니며 끔찍할 수도 있다. 당신이 증인이 되는

편은 친절하며 당신을 격려할 것이고, 가능한 한 당신이 효과적으로 내용을 잘 설명하도록 도울 것이다. 그러나 반대편은 당신이 하는 모든 말에 의심을 하거나, 당신을 혼란스럽게 해서 당신이 믿을 만하지 않거나 어리석게 보이도록 노력할 것이다. 많은 증인들은 법정에 설 때 꽤 정직한 편이다. 그러나 증인으로 선다는 것은 시험 거리가 되며 유쾌하지 못한 경험이다.

만일 이러한 생각이 당신을 두렵게 만든다면—나 역시 썩 좋아하지 않는데—우리가 즐겨 부르며 힘을 얻는 찬송 가사들이 우리에게 우리의 시선을 예수님께 돌리라고 호소하듯이 예수님께 우리의 시선을 돌려야 한다. 그 분 또한 하나님 아버지와 천국의 복음을 전하는 증인이었음을 기억하라. 요한계시록에 나타나 있듯이 그 분은 과거에도 '충성된 증인'(계 1:5)이며 '충성되고 참된 증인이시요 하나님의 창조의 근본'(계 3:14)이셨고 현재도 그러하다. 우리도 이처럼 할 때 '묘하게도 땅의 일들은 점점 희미해지고' 용기가 북돋워져서 우리의 주이자 구세주이시며 영광의 왕인 그 분을 위하여 증인의 임무를 강화해 나갈 것이다.

기도와 토론을 위하여

1. 히브리서 11:1-12:3을 읽어 보고 그 곳에 나타난 증인들의 본을 묵상해 보라.

2. 당신의 믿음을 밖으로 드러내어 증거하고 싶지 않은 이유를 모두 들어 보라. 각각의 이유를 놓고 기도하면서 왜 그런 느낌을 갖고 있는지 스스로 살펴보라. 가능하면 다른 그리스도인과 나누고, 이 어려움을 극복할 수 있는 방법들을 의논해 보라.

3. 최근에 그리스도에 대해 증거한 적은 언제인가? 최근에 당신이 예수님을

개인적으로 만난 경험을 다섯 가지(혹은 열 가지) 정도 적어 보라. 당신이 이 경험을 1)그리스도인, 또 2)비그리스도인과 어떻게 나눌 것인지 혼자서 혹은 다른 사람들과 함께 결정해 보라.

4. 증거할 때 그리스도인이 부딪칠 수 있는 여러 어려운 반응들을 다른 사람과 함께 토론해 보라(예를 들어 흥미, 오해, 반감, 경멸, 관심, 무관심 등). 앞으로 증거하는 일을 준비할 때 그것이 어떤 도움을 주겠는가?

제 2 장

그리스도인 교사의 모습

미국 위스콘신(Wisconsin) 주의 그린 레이크(Green Lake)에 있는 기독교 수련회 센터 밖에서는 몇 명의 교사들이 아름다운 초저녁의 햇볕을 쐬며 둘러앉아 있었다. 그들은 호수의 잔잔한 물 위에서 춤추듯 비추이는 햇빛을 바라보며 편안히 앉아 한담을 즐기고 있었다. 그 중 한 사람인 조우(Joe)가 자신이 교사가 되기 전에 근무했던 건설 회사에서의 일들을 다른 사람들에게 말하고 있었다. 그는 회사 일이 재미있었고 보수도 괜찮았다고 했다.

"그런데 왜 그 회사를 그만두고 교사가 되셨어요?" 누군가 물었다.

"음, 저는 항상 어린이들을 좋아했어요. 제가 다니던 교회에서는 동네 어린이들을 위한 여름 캠프를 여는데 그 때마다 제가 돕곤 했지요. 목사님은 제가 천부적으로 어린이들에게 적합한 사람임을 알고 교사가 되는 것에 대해 진지하게 고려해 보라고 제안하셨어요. 한동안 생각하다가 하나님이 저를 어린이들과 함께 일하라고 부르신다는 확신이 들었어요. 그래서 교직을 이수하고 이 곳에 온 것이지요."

한 젊은 여교사가 말했다. "참 재미있군요. 나나 우리 집에서는 교직 이외에는 다른 일을 생각해 본 적이 없어요. 고등학교를 졸업한 후 대학에 가서 교직을 이수하고 그 때부터 줄곧 국민학교에서 가르쳤어요."

"짐, 당신의 경우는 어떠한가요?" 또 다른 사람이 물었다.

"음, 제 경우는 조우와 약간 비슷해요." 짐(Jim)이 대답했다. "해군으로 외국에 나가 있을 때 저는 가르치는 일을 많이 했어요. 그만두려 했는데 상급자가 제 말을 들어 주지 않더군요. 그러다가 가르치는 일이 좋아졌어요. 그래서 복무 기간이 끝나고 바로 그 곳에서 계속 가르치게 된 것이에요."

사람들이 어떻게, 왜 그 직업을 갖게 되었는지 들어 보는 일은 매우 흥미 있다고 생각한다. 자연히 나는 교사들에게 관심을 갖게 된다. 대부분은 그 여교사처럼 대학을 나와 곧바로 교직에 들어간다. 극히 일부는 어쩌다가 교직으로 오는 경우도 있다. 일부는 공부를 좋아해서 다른 사람에게 그것을 가르치고 싶어 오기도 한다. 많은 교사들은 어린이들을 좋아하기 때문에 교사가 된다. 내가 알아본 대부분의 그리스도인 교사들은 교직으로 부르심을 받거나 인도되었다고 했다. 몇 백 년 동안 영국에서는 교직이 소명, 즉 특별한 부르심으로 여겨졌다. 일부는 아직도 그렇게 생각하지만 요즈음 영국에는 교직을 소명으로 생각하는 교사가 흔하지 않다.

나는, 대부분의 그리스도인이 알든지 모르든지 간에 하나님이 그를 그 곳에 두셨기 때문에 그가 현 위치에 있다고 생각한다. 분명한 사실은, 하나님은 자기 백성이 현재 일하고 있는 곳을 기뻐하시지 않는다면 그로 하여금 깨닫게 하여 하나님이 원하시는 곳으로 옮기도록 단계를 밟으실 것이라는 사실이다. 성경은 그러한 예로 가득 차 있으며 모든 그리스도인에게도 마찬가지로 적용된다.

이 말로 인해 안심이 되지 않는가? 나는 그렇다. 특히 교사들에게 안심을 주는 말이라고 생각한다. 당신이, 교직이 얼마나 책임 있는 일인지를 생각하고 성경이 그 직분에 대해 말한 내용을 기억한다면 더욱 그러하다.

내 형제들아 너희는 선생 된 우리가 더 큰 심판받을 줄을 알고 많이 선생이 되지 말라 우리가 다 실수가 많으니 만일 말에 실수가 없는 자면 곧 온전한 사람이라 능히 온 몸도 굴레 씌우리라(약 3:1-2)

크게 격려가 되지 않는 말씀이 아닌가? 이 말씀을 전혀 들어 본 적이 없었다면 당신은 마땅히 신약이 많은 그리스도인들을 교사가 되도록 부추겨서 예수 그리스도의 복음이 효과적으로 전파되게 할 것이라고 생각할 것이다. 그것은 확실히 증거에 적용된다. 그러나 교사가 되는 일은 모든 그리스도인에게 해당되는 직업을 뜻하지 않고 특별한 의미를 함축한다. 교사들이 다른 그리스도인보다 훨씬 더 엄격하게 심판받는다는 사실을 깨닫는다면 그 일에 계속 종사하기를 결정하기에 앞서 우리 모두는 잠깐 멈추어 서서 생각해 보게 된다.

책임 있는 직무

그리스도인은 어디를 가든지, 무슨 일을 하든지 그리스도의 대사이며 그리스도가 주님이심을 증거하는 자이다. 그러나 앞에서 본 것처럼 야고보는 많은 사람이 가르치는 일을 직업으로 받아들이도록 권하고 있지 않다. 물론 그는 근본적으로 기독교의 믿음과 교리를 가르치는 교사를 염두에 두고 있다. 이 문맥에서 그가 교사로 사용한 단어 '디다스칼로스'(didaskalos)는 교회에서 기독교의 진리를 가르치는 사람을 말한다. 그 일은 커다란 책임이 있는 직무이다. 하나님의 말씀을 선포하는 일, 또 다른 사람이 그 말씀을 이해하도록 도와주는 일은 교회에서 부여하는 가장 중요한 임무이다. 따라서 전혀 놀랄 것 없이 교회에서 다른 누구보다 더 엄격하게 심판받을 사람은 교사이다.

야고보가 지적했듯이 문제는 우리 모두가 여러 면에서 넘어질 수 있다는 것이다. 다른 번역으로 하면 우리 모두는 실수를 한다는 말이다. 이 사실은 당신에게 어떤 영향을 주는가? 단지 냉담한 태도의 표현으로 어깨를 한 번 으쓱하며 그 일을 계속하면 되는가? 아니면 이 사실이 당신에게 많은 것을 시사하는가? 나는 이렇게 말하고 싶다. 이 사실은 보통 교사들보다도 오히려 교사 지망생들을 일깨워 준다고. 나는 많은 교생들이 교실에서 실수한 사실을 깨닫고 매우 낙심한 경우들을 알고 있다. 다행히 그들 대부분이 그 일로 교직을 떠나지는 않는다. 그들은 실수를 통해서 배우며 점점 향상된다. 그렇지만 교직을 직업으로 생각하는 사람이라면 누구든지 야고보의 이 경고에 직면해야 한다. 우리 모두는 때때로 일을 잘못하기도 한다. 따라서 우리 스스로 이 사실을 받아들일 수 없다면 교사가 되는 일을 서둘러서는 안 된다.

나는 야고보를 정말 좋아한다. 그는 아무 생각 없이 말하고 있지 않다. 그는 꽤 솔직한 편지를 쓰고 있다. 그는 매우 실제적인 사람이다. 그는 혼잣말을 해 본다. '교사가 가장 잘 넘어지는 경우는 언제인가? 어디에서 그들은 가장 실수를 많이 하는가?' 대답은 분명하다. 우리의 말이다. 그래서 그는 우리에게 이야기한다. 말에 결코 실수가 없다면 우리는 온전하며 자기 절제가 100퍼센트 이루어지는 사람이다. 이 말은 어떤 위치에 있는 그리스도인에게든지 똑같이 적용된다.

그는 좀더 자세히, 그리고 약간 다른 방법으로 더 설명한다. 그는 사람의 마음에서 나오는 것은 사람을 더럽히는 것이라고 생각했다(마 15:18-20). 그러므로 교사로 서는 일에는 더 세심한 주의가 필요하다. 교사들의 중요한 의사 소통 방법은 말이다. 교사의 일은 바른 의사 소통을 중심으로 이루어지며, 잘못된 의사 소통의 결과는 야고보가 지적한 것처럼 대단히 심각하다.

자세한 내용은 나중에 '6장 의사 소통인인 교사' 단원에서 다루도록 하겠다. 지금 내가 질문하고 싶은 것은 바로 이것이다. 야고보의 이 말씀은 교회 주일 학교 교사뿐만 아니라 학교 교사에게도 해당되는 것인가?

전통적으로 이 질문에 대한 답은 '그렇다'이다. 교직이 항상 특별한 소명으로 여겨진 이유가 바로 여기에 있다. 나도 그 말이 맞다고 생각한다. 교회에서 하나님의 진리를 가르치는 교사가 말씀을 바르게 가르쳐야 하는 엄청난 책임을 지닌다면, 학교에서 어린이들과 청소년을 가르치는 교사들도 수행해야 할 중대한 의무를 지니고 있다. 청소년들의 지적, 도덕적, 영적 건강과 행복이 어느 정도 중요한 부분까지는 그들의 손에 달려 있는 것이다. 사람들은 일반적으로 교사들에게 많은 기대를 하며, 교사들의 인격과 가르치는 내용이 매우 중요하다고 믿고 있다.

그러므로 당신의 모습과 교직의 의미를 확실히 알지 못한다면 교직을 맡지 않도록 하라. 그리스도인 교사는 당연히 자신의 결점과 혀를 길들이는 문제를 다루는 데 지혜롭고 통찰력이 있어야 한다. 이 모든 것은 교사가 학생들을 어떻게 대할 것인가 하는 문제로 연결된다.

교육 방식 : 근원

우리가 어떤 교사인가는 우리의 전반적인 교육 방식으로 드러난다. 야고보가 지적했듯이 그것은 우리가 알고 있는 지식의 내용보다는 인격의 소산물이다. 모든 교육 방식에는 근원이 있다. 지식은 그것과 관련이 있다. 인격도 마찬가지이다. 교수법도 그렇다. 그러나 근원은 그 중 어느 것보다도 더 깊이 들어간다. 확신하건대 야고보는 그것을 한 단어 즉 지혜로 요약한다. 그렇다면 당신의 지혜는 어디에서 오는가?

서양의 어린이들이 자주 부르는 옛 노래를 들어 본 적이 있는지 모르겠다. '일찍 자고 일찍 일어나면, 건강하고 부요하며 지혜로운 사람이 된다.' 한마디로 대답하면 좋은 개인 습관이다. 나는 전에 도덕 시간에 중고등 학생들에게 이 노랫말을 가르쳐 준 적이 있다. 그들은 완전히 이해가 안 된다는 듯이 비웃으며 그 중 한 명이 그 요지를 고쳐 썼다. 그는 그 말이 이렇게 바뀌어야 한다고 했다. '일찍 일어나고 일찍 자면, 건강하고 부요하며 죽은 사람을 만든다.' 아무튼 교직이란 사람을 매우 기진맥진하게 만드는 일이다. 나는 풍요로움을 느끼는 교사를 별로 알지 못한다. 자, 다시 한 번 물어 보자. 당신의 지혜는 어디에서 오는가?

많은 교사들은 그들의 학문 연구에서 온다고 한다. 그들은 가능하면 자신이 선택한 전공 분야에 대해 많이 알려고 대학 시절에 실제로 열심히 공부했다. 그들은 많은 내용을 깊이 있게 알기 원했다. 지식을 더 깊이, 더 광범위하게 알면 알수록 그들은 교육을 더 잘할 것이라고 믿었다. 이 말이 합리적이라고 생각되지 않는가? 그러나 그 주장을 잠깐 살펴보면 잘못되었다는 것을 알 수 있다. 왜냐하면 지혜는 우리가 소유하는 지식의 양보다는 지식의 적용과 관련되어 있기 때문이다.

지혜를 철저한 지식의 연구로 보는 교사들은, 학문의 우수성이라는 거짓된 평가에 오도(誤導)되고 있기 때문에 그런 것이다. 많은 사람들이 이런 오류에 빠진다. 이런 사람들은 학문을 연구하는 기관에서 가르치는 사람들을 보면서 그들은 자신의 연구 분야에서는 다른 누구보다도 더 지식이 많은 전문가이기 때문에 훨씬 더 지혜로울 것이라고 생각한다.

이런 사고 방식은 라디오나 텔레비전의 프로그램에 의해 대중에게 조장되기도 한다. 영국에는 '영국의 두뇌'(Brain of Britain)라는 오래 지속된 라디오 프로그램이 있다. 텔레비전에서도 '뛰어난 두뇌를 가진 사람'(Mastermind)이라는 연속물이 많은 인기를 누리고 있다. 두 프로그램에서는 제기된 질문에 대해 광범위한 일반 상식, 정보의 재빠른 기억과 일종의 행운이 성공을 보장해 준다. 이 성공 그리고 승리를 가져다 준 이 지식에 사람들은 대단히 감탄한다. 존경받을 만하다. 그렇다고 승자들이 반드시 지혜로 가득 찬 사람이냐 하면 그렇지 않을 것이다.

그런 전문적인 지식이 지혜를 보장하는 것이 사실이라면 얼마나 좋을까? 그러나 그렇지 않다. 분명히 풍성한 지식은 매우 유용하다. 그것은 현명한 교사의 지혜의 원천이다. 그러나 위대한 지식과 지혜는 결코 동일하지 않다. 우리는 모두 학자를 존경해야 하며 기꺼이 그에게서 배워야 한다. 그러나 그 지식에는 한계가 있다. 그것은 야고보가 말하고 있는 영적이며 실제적인 지혜가 아니다.

그렇다면 다시 한 번 그 질문으로 되돌아가 보자. 당신의 지혜는 어디에서 오는가?

교사들에게서 나올 수 있는 아주 흔한 또 하나의 대답은 경험에서 온다는 것이다. 한번은 내가 가르치는 교생들에게 어느 교장 선생님을 모셔 와 이야기를 듣게 한 적이 있다. 교생들은 그 분의 학교와 교육에 대해 많은 질문을 던졌다. 마지막으로 그 교장 선생님은 이렇게 간추려 말씀하셨다. "이 모든 것의 요점은 경험이에요." 그는 콧등을 쓰다듬으며 말했다. "여러분들은 인내해야 합니다. 여러분은 자신이 가르치는 학과목에 대해 모두 알고 있을지도 모르지만 지혜는 경험에서 옵니다. 그것은 하루 아침에 얻어질 수 없습니다. 앞으로 알게 됩니다. 10년 이상 교사 생활을 하고 나서 여러분의 과거를 돌이켜 보면 그 때 내 말이 얼마나 맞는 말인지 알게 될 것입니다."

이 말은 매우 그럴 듯한 대답이다. 교생들은 그 말을 받아들였고 많은 교생들이 그것을 지향하여 가는 듯했다. 당신이 몇 년 동안 교직에 있어 보면 결국 처음 시작할 때처럼 미숙하지는 않을 것이다. 처음 시작할 때의 불안과 서투름은 시간이 지나면 자연히 사라진다. 당신은 학생들과 그들의 필요, 또 그들이 교사인 당신에게 기대하는 것에 대해 훨씬 더 많이 알게 된다. 당신이 여러 학교에서 가르친 경험이 있다면 교직에 대해 더 깊은 통찰력과 지혜를 얻게 될 것이다. 실제적인 기술도 더 세련되고 자신이 생기는 것이 마땅하다.

학교의 교무실을 둘러보라. 그 곳에는 오랫동안 교직에 몸담은 교사들이 있을 것이다. 그들은 매우 유능하여 매일매일 가르치는 일을 훌륭하게 해낼지도 모른다. 그렇다고 그들이 지혜로운가? 아니다. 아마 당신도 그들 모두가 다 지혜롭다는 생각은 들지 않을 것이다.

그럼에도 불구하고 많은 교사들은 자신의 교육 방식을 학과목에 대한 지식이나 교육 경험, 혹은 이 두 가지 모두를 근거로 만들어 가려고 한다. 그러나 야고보는 이것보다 더 깊이 들어간다. 그는 지혜가 인격, 한 개인의 전반적인 영적, 도덕적 모습과 밀접하게 연관된다고 본다.

두 종류의 지혜

야고보는 기본적으로 두 종류의 지혜가 있다고 제안한다. 하나는 참 지혜이며 다른 하나는 인용 부호를 친 거짓 '지혜'이다. 이 두 가지는 교육 과정에서 분명히 존재한다. 그러므로 참 지혜가 무엇이며 그것이 어떤 내용을 포함하는지 명확하게 해주는 것이 그리스도인 교사에게 실제로 도움이 된다. 이 주제에 관해서는 야고보의 말씀을 들을 가치가 있다.

1. 이 세상의 지혜
먼저 거짓 지혜를 살펴보자. 이 '지혜'는 위로부터 내려온 것이 아니요 세상적이요 정욕적이요 마귀적이다(약 3:15). 이 말이 실제로 의미하는 바는 무엇인가? '세상적'이라는 말은 단지 하늘의 반대인 '세상의 혹은 세상에 속하는'이란 의미이다. 이 '지혜'는 완전히 이 세상에 기초를 두고 있다. '정욕적'(unspritual)—다른 성경에서는 '관능적'(sensual)으로 표현되기도 하며 '자연적'(natural)으로 번역할 수도 있다—이라는 말은 인간의 마음과 관련이 있다. 그것은 영적 분별력과 반대되는 말로 자연적인 인간의 부패된 욕망과 애정에서 나오거나 그것과 일치된 지혜이다. '마귀적'이라는 말은 문자적으로 '마귀에게서 나오는'을 의미하며, 이 말은 우리에게 어떤 '지혜'는 어둠의 능력에서 나온 것임을 상기시켜 준다.

따라서 이 지혜는 거룩한 것이라든지 그리스도인과는 무관하다. 이것은 이 세상의 가치와 사고 방식에 기초를 두며 이기적인 욕심과 육체의 욕망으로 결정된다. 이것은 모든 것에 앞서 개인적인 이익과 만족을 확보하고자 애쓰는 추진력이다. 놀랄 것도 없이 이것은 왜곡된 태도와 잘못된 행동으로 자신의 모습을 드러낼 것이다.

야고보는 구체적인 예를 들어 강조한다. 그는 마음에 숨겨져 있는 독한 시기심과 이기적인 야망을 이야기한다. 다른 모든 삶의 영역처럼 교직에서도 이와 같은 것들이 있다.

다른 사람이 갖고 있는 것을 소유하거나 그가 갖고 있는 소유물, 자질, 명예를 빼앗고 싶어하는 시기심을 볼 수 있다. 그러한 시기심은 매우 독한 것이라고 야고보는 말한다. 당신은 손가락이 바늘에 찔리거나 칼에 베어 본 적이 있는가? 아니면 아주 신 레몬이나 키니네, 혹은 알로에 식물의 쥬스같이 몸서리가 쳐질 정도로 너무 시거나 이상한 음식을 맛본 적이 있는가? 그런 경험이 있다면, 야고보가 사용한 '독한'(bitter)의 의미를 잘 알 수 있다. 마찬가지로 그가 말하는 '이기적인 야망'(selfish ambition)은 싸움, 싸움을 좋아하는 것, 자기 주장대로 하기 위해 또 다른 사람을 희생하여 자신의 이익을 도모하기 위해 열심히 싸우는 분쟁들을 포함한다.

그런 '지혜'는 어쩔 수 없이 무질서라는 결과를 가져온다. 그것은 늘 동요, 걱정, 불안을 가져온다. 설상가상으로 인격을 불안정하게 만든다. 이것이 그런 '지혜'의 문자적 의미이며 이 말은 변혁, 혼란이라는 것과도 연관이 된다. 시기와 다툼은 또한 '모든 악한 일'을 낳는다. 여기서 '악'에 사용된 단어는 '파울로스'(*phaulos*)이다. 이 단어는 원래 하찮은 것을 의미하는데 '중요하지 않은', 또 무가치하다는 뜻으로 '나쁜', 심지어 '경멸할 만한'의 뜻으로까지 사용된다.

그렇다면 이것을 교사들에게 어떻게 적용할 수 있는가? 내 생각은 이렇다. 만일 교사의 교육 방식이 이 세상의 지혜에 근거한 것이라면 한 가지는 확실하다. 진정한 영적 분별력과 덕성이 부족하다. 그렇다고 그런 부류의 교사들이 모두 독한 시기심과 다툼으로 가득 차 있거나 그런 것들을 자랑하며 진리를 거스려(14절) 이상한 방향으로 나간다는 말은 아니다. 그러나 실제로 질투와 이기적인 추구의 위험성이 도사리고 있으며 그것은 쉽게 혼란과, 악하고 하찮은 행위, 선과 진실의 억제를 불러일으킨다. 세상적이며 자연스러운 기준에 근거한 교육 방식은 세상적 기준으로 볼 때 매우 성공적일 수 있다. 그러나 그것은 항상 한계가 있고, 다른 면을 보지 못하며, 이기적인 방면으로 위험한 모든 것에 개방될 것이다.

2. 위로부터 난 지혜

야고보는 "오직 위로부터 난 지혜는 첫째 성결하고 다음에 화평하고 관용하고 양순하며 긍휼과 선한 열매가 가득하고 편벽과 거짓이 없나니"(약 3:17)라고 말한다. 이것은 여덟 가지 특성이다. 즉 위로부터 난 지혜는 여덟 가지의 특별한 방법으로 드러나게 된다. 각각의 특성을 차례로 살펴보자. 그런 과정 속에서 잠깐 멈추어서 이 특성들이 당신의 교육 현장에 얼마나 적합하게 연관될지 자문해 보라. 나중에 다른 그리스도인 친구와 함께 나눌 수 있도록 간단하게 당신의 생각을 적어 놓으면 도움이 될 것이다.

1) 성결(pure, *hagnos*)

이 단어는 문자적으로 '순결한' 혹은 '순수한'이란 뜻이다. 이는 원래 '하기오스'(*hagios*—거룩한, 더럽혀지지 않은, 오염되지 않은)에서 나온 말이며 하나님께 가까이 있다는 의미가 있다. 어떤 학자들은 이 단어가 원래

'예배 드릴 준비가 된'이란 뜻이라고 밝혀 냈다. 따라서 위로부터 난 지혜는 흠이 없이 깨끗하고 더럽혀지지 않았다.

2) 화평(peace-loving, eirēnikos)

이 단어는 '평화로운' '전쟁을 하거나 공격을 하지 않는'이라는 뜻이다. 그러므로 이 특징의 주요 관심은 조화를 이루고 좋은 관계를 증진하며 적과 화해를 이루는 데 있다. 18절에 "화평케 하는 자들은 화평으로 심어 의의 열매를 거두느니라"고 말하는 것도 당연하다. 그리고 의(righteousness)는 무엇이든지 하나님의 계시된 뜻과 부합하는 것으로 요약할 수 있다.

3) 관용(considerate, epieikēs)

이 단어는 문자적으로 '양보' 혹은 '고분고분한'이란 뜻이며 '친절한'으로 번역되기도 한다. 지혜의 이 특성은 개인의 이익을 도모하려고 원리 원칙을 고집하기를 원치 않으며, 다른 사람을 충분히 고려하여 결과적으로 인내하며 절제한다. 공평하고 정당하며, 편벽됨이 없이 재판한다는 개념도 있으며, 특히 아이들이 교사에게서 보기를 원하는 자질이기도 하다.

4) 양순(submissive, eupeithēs)

성경의 다른 번역판에서는 '부탁하기 쉬운' 혹은 '이성으로 판단하기 쉬운'으로 번역되는데 이 번역이 단어의 의미를 좀더 정확히 전달하고 있다. 뚜렷한 주관의 부족이나 의지의 박약이 아니라 오히려 동정적이며 또 강요되지 않고 들을 준비가 되어 있다는 의미에서 '쉽게 설득되는' '고분고분한'이란 뜻이기도 하다.

5) 긍휼(full of mercy, eleos)

이 단어는 친절, 친절한 행위, 인내를 나타낸다. 이는 동정심과 자비가 나타나는 행위 속에서 보여진다. 이 단어의 강조점은 감정 상태보다 오히려 행동에 있다. 따라서 지혜로운 교사는 학생들과 말하고 행하는 모든 일에서 참고 인내하며 이해할 뿐 아니라 동정심과 친절을 나타내야 할 것이다. 그리고 야고보가 말하는 '긍휼로 가득하다(full of)'는 말을 기억하도록 하자.

6) 선한 열매가 가득함(full of good fruit, *carpoi agathoi*)

선한 열매, 선한 말과 행위, 선한 결과는 분명히 그런 결과를 낸 사람의 내면적인 인격이 가시적으로 표현된 것이지만, 여기서는 다시 특정한 개인의 인격보다는 행한 일에 강조점이 주어진다. 위로부터 난 지혜는 그리스도인 교사가 선하고 건전한 행동을 하며, 가장 적극적이고 가치 있는 일에서 성공하도록 도와준다.

7) 편벽 없음(impartial, *adiakritos*)

이 단어는 원래 '나누어지지 않은', 따라서 '편벽됨이 없는', '변덕이 없는'이란 뜻이다. 이 말은 이리저리, 모호하게 판단하지 않는다는 의미이다. 따라서 이 말은 사람의 판단과 행위가 공평하고 의롭다는 개념을 '동정'(앞에서 열거된)이란 단어보다 훨씬 더 분명하게 강조하고 있다.

8) 거짓이 없음(sincere, *anypokritos*)

이 단어의 문자적 의미는 '위선이나 가장이 없는'이란 뜻이다. 이는 배우와 무대에 사용된 단어와 연결되어 연극 행위나 가장(假裝)의 개념과 연결된다. 위로부터 난 지혜는 연극이 아니다. 그것은 순수하며 가장되지 않으며 전혀 거짓이 없다.

이런 식으로 자세히 살펴보는 것이 내 경우에 꽤 도움이 되었다. 당신도 마찬가지이기를 바란다. 성경은 이런 식이다. 성경은 결코 우리에게 일반적으로 모호한 개념을 남기지 않는다. 우리가 알아야 할 것을 항상 정확하게 알려 준다. '세상의 지혜'처럼 위로부터 온 지혜도 두 가지 방식으로 나타난다. 자기 자신에 대해 가져야 할 태도와 다른 사람에 대해 가져야 할 태도인데, 이 태도에서 행동이 결정된다.

요약

이런 말씀의 관점에 비추어 볼 때 그리스도인 교사에 대해 어떤 결론에 이를 수 있겠는가? 마지막으로 점검해 보는 것이 도움이 될 것이다.

내 친구 중에 시간만 나면 늘 자기 차를 손질하는 친구가 있다. 그는 차를 깨끗게 하고 점검하기 위해서 언제나 차의 세세한 부분까지 뜯었다 붙였다하는 것처럼 보인다. 나는 내 차에 아무 이상이 없으면 다행이고 이상이 있을 때에는 즉시 고치러 나간다. 그러나 이 친구는 그렇지 않다. 그는 차 내부의 엔진을 좋아한다. 그는 차를 작동시킬 때마다 항상 차 수리 기계가 하는 것과 같은 수리 방식을 조심스럽게 따라한다. 그에게는 어떤 때에 어떻게 해야 할지 잘 적혀 있는 자동차 전문 교재가 있다. 차에 대해 대단히 많이 알고 있음에도 불구하고 그는 항상 그 책에 쓰여 있는 점검표를 사용한다.

내 아내도 그 친구와 약간 비슷하다. 아내는 매우 요리를 잘한다. 특히 새로운 요리를 위해 요리책 보는 일을 좋아한다. 그녀의 경우, 요리할 때마다 항상 책을 옆에 놓아 둘 필요가 없다. 확신하건대 그녀는 눈을 감고도 사과 파이를 맛있게 만들 수 있다. 그러나 그녀는 전에 요리했던 것뿐만 아니라 어떤 요리를 만들 때에는 제대로 잘 만들기 위해 요리책을 옆에 두기를 좋아한다.

모든 사람이 다 그렇지 않다는 것을 나는 잘 안다. 우리는 모두 점검표를 좋아하지 않는다. 그러나 성경은 때때로 우리에게 그것을 제공한다. 그리스도인 교사를 위한 지침을 마련하기 위해 야고보의 말씀을 요약해 보자.

그리스도인 교사는

1. 교육이라는 특별한 직무로 부르심을 받았다.
2. 성결하고 화평하며 진실하다.
3. 관용하며 다른 사람들에게 마음이 열려 있고 편벽됨이 없으며 긍휼이 많다.
4. 열매 맺는 삶을 산다.

이런 표준에 못 미친다고 낙심해서는 안 된다. 하나님은 알고 계신다. 하나님이 당신을 교사로 부르셨다면 하나님은 당신이 그 분의 은혜의 능력을 따라 위로부터 난 지혜와 총명으로 자랄 수 있도록 하여 점검표의 모든 항목에서 점점 더 성공할 수 있게 하실 것이다. 야고보가 말한 것처럼 당신은 여전히 실수를 할 것이다. 그러나 하나님의 지혜의 열매는 여전히 하나님의 힘 안에서 맺힐 것이다.

13절은 이 모든 것을 요약한다. 지혜와 총명이 있는 교사들은 위로부터 난 지혜가 창출하는 기본적인 겸손을 특징으로 하는 행동 가운데서 훌륭한 삶을 산다. 이 말에 힘센 사람의 자기 절제와 지혜로운 사람의 겸손을 나타 내는 헬라어의 온유를 덧붙여도 된다. 유대인은 친구들 사이에서 점잖게 처 신하는 사람을 지혜로운 사람으로 생각했다. 성경에서는 이 두 가지 견해를 다 지지하는데 이미 앞에서 다루었던 것처럼 훨씬 더 상세히 설명하고 있다. 화평으로 심을 때 성공에 다다를 수 있다(18절). 바울의 경우, 각 사람을 권 하고 모든 지혜로 각 사람을 가르침은 각 사람을 그리스도 안에서 '완전한 자' 즉 성숙한 자로 세우려 함이었다(골 1:28).

기도와 토론을 위하여

1. 당신은 어떻게, 왜 교사가 되었는가? 교사가 된 이래 지금까지 하나님이 당신을 어떻게 인도하셨는지 곰곰히 생각해 보라. 당신을 인도하거나 당신 대신 중재하시는 하나님의 임재를 느껴 본 특별한 사건이나 순간이 있었는 가?

2. 그리스도인 교사는 어떤 다른 교사와도 달라야 한다고 생각하는가? 당신 이 개인적으로 알고 있는 사람들은 무엇이 다른가?

3. 바울은 교사들 중에 더 많은 지식과 재능으로 우월하며 그 지식이 무오하 다고 생각하는 사람들에게 아주 솔직하게 말한다. 로마서 2:17-21을 보라. 이 말은 교직에 있는 그리스도인에게도 해당이 되는가? 당신은 바울이 왜 그 런 태도에 대해 그렇게 비판적이라고 생각하는가?

4. 골로새서 1:9-14을 묵상하면서 잠깐 동안 기도하라. 당신의 교직 생활과 관련하여 하나님이 당신에게 구체적으로 어떤 분야의 지혜와 지식을 주시기를 원하는가?

5. 교사인 우리의 삶을 솔직히 평가해 보자. 우리는 어떤 실수를 하기 쉬운가? 실수한 것을 알았을 때 당신은 어떻게 반응하는가? 당신의 교육 방식은 세상의 '지혜'에 너무 많은 근거를 두지 않았는가? 이 부분을 생각해 보고 다른 그리스도인 교사와 함께 나누라. 어떻게 하면 점점 더 위로부터 난 지혜가 지배하는 방식으로 발전될 수 있겠는가?

7. 특별히 성경적 관점에서 볼 때 지혜와 지식의 차이를, 다른 교사와 함께 나누어 보라.

8. 그리스도인 교사가 되는 것은 어린이들의 지적, 사회적 발달뿐 아니라 영적, 도덕적 성장에 관여하는 것을 의미한다. 어떻게 하면 학생들에게 가까이 가서 그들을 좀더 적극적으로 도울지 잘 생각해 보라. 특정한 학생이나 그룹에 대해 하나님이 당신을 구체적으로 인도해 주시기를 기도하라.

9. 당신이 가르치는 학생과 동료 교사들이 모두 주님 앞에 나오도록 기도와 찬양의 시간을 갖도록 하라.

제 3 장

예수님의 3R 정책(1)

영접(Receiving)과 반응(Responding)

어느 토요일에 슈퍼에서 물건을 고르다가 두 명의 부인이 하는 이야기를 듣게 되었다. 한 부인에게는 다섯 살 가량의 남자 아이와 두 살 가량의 여자 아이가 있었다. 한 사람이 상대방의 아이에 대해 물어 보는 것으로 보아 그 부인들은 서로 잘 아는 것 같지는 않았다. 어쩔 수 없이 나도 그 대답을 듣게 되었다. 아이의 어머니는 안고 있던, 포동포동하며 불그스레한 빰을 가진 예쁘장한 자기 딸을 가리키며 말했다. "우리 줄리(Julie) 좀 보세요. 작은 천사예요. 얼마나 착하다구요. 그런데 피터(Peter)는요(다섯 살짜리 남자 아이는 이미 거기 서 있는 것에 싫증이 나서 그녀의 치맛자락을 잡아당기고 있었다), 쟤는요, 정말 작은 악마예요. 너 거기 가만히 서 있지 못하겠니?" 그녀는 날카롭게 소리쳤다.

당신은 이런 일을 많이 보게 될 것이다. 그 어머니가 한 말도 낯설은 것은 아니다. 한 가정에서조차 어린이들을 대하는 방식이 얼마나 다양한지 알고 보면 재미있다. 당신의 집에는 작은 천사나 작은 악마가 있는가? 아마 많은 교사들이 자기 반에 그런 학생들이 있다고 생각할 것이다. 그리고 작은 천사보다는 작은 악마들이 훨씬 더 많을 것이 분명하다. 내가 가르친 반에서도 항상 천사들이 부족했던 것 같다.

그러나 그런 식으로 생각하는 교사나 부모들이 잘못되었다는 것을 곧바로 이야기하지 않을 수 없다. 비유적으로 말해서, 이 둘을 설명하려면 신학적 진리의 가장 작은 낟알 한 개 정도가 필요할지 모르겠는데, 어린이들은 착한 일과 악한 일을 둘 다 할 수 있다. 어린이 개인을 한 가지 특별한 방식으로 구분 짓는 일은 쉽다. 우리 모두 그렇게 하기 쉽다. 그러나 일단 지적을 받으면 우리는 기껏해야 과장하거나, 잘못 인도하고 있었다는 것을 인정해야 할 것이다.

모든 어린이에게는 양면성이 있다. 어린 줄리는 사랑스러우며 순종적이고 귀여움으로 가득 차 있을 수 있다. 피터는 때때로 물건 사러 나갈 때뿐 아니라 집안에서도 완전히 귀찮은 존재가 될 수 있다. 그러나 어린이에 관한 성경적 가르침에 나타나 있는 것처럼, 둘 다 그 반대의 경우도 가능하다. 피터를 포함한 모든 어린 아이들은 솔직함, 교활하지 않은 순진함, 남을 기쁘게 하고 싶어하는 열망을 갖고 있다. 누구든지 사랑, 존경, 신뢰, 칭찬이 가능하다.

그들은 똑같이 순진하며 미성숙하다. 그들은 모두 이해와 분별력이 부족하다. 그들 모두 인간의 기본 질병인 죄에 오염되어 있어서 대부분 자기 자신을 모든 사람이나 모든 것 앞에 놓고 싶어한다. 따라서 모든 어린이에게는 동시에 작용하는 두 힘이 있다. 하나는 부모와 교사들의 소원과 일을 돕고 발전시키는 것이다. 또 하나는 시험하며 도전하고 심지어 파괴시키기까지 하는 것이다. 다른 사람들과의 관계에서도 그들의 행동은 본성을 그대로 나타내고 있다.

그렇다면 당신은 어떻게 어린이들과 청소년들에게 접근해야 하는가? 어느 때에 당신이 이 책을 읽게 될지 모르나 새 학년 첫 학기가 시작될 때를 생각해 보라. 당신은 수업 시간표를 받고 어느 반을 맡을지 알게 된다. 당신이 가르칠 수업 내용을 준비한다. 새 학년에 대해서 교장 선생님이나 다른 교사와 함께 이야기도 나눈다. 이제 모든 것은 당신에게 달려 있다.

꼬리표 달기

먼저 경고할 것이 있다. 앞에서 말한 슈퍼마켓의 그 어머니를 기억하라. 이 말은 어린이들에게 꼬리표를 붙여 그 꼬리표가 개인이나 그룹을 대표하는 것으로 생각되지 않도록 조심하라는 뜻이다. 내 친구 부인은 국민학교 1학년 반을 맡아 신참 교사 생활을 시작했다. 누구나 그렇듯이 처음에 그녀는 아이들을 잘 알려고 노력했다. 한 남자 아이가 그녀에게 곧바로 다가오더니 이렇게 말하는 것이었다. "나는 말썽꾸러기예요." 그녀도 그런 사실을 곧 알았다. 그는 낙인 찍혀 있었으며, 이미 부정적인 꼬리표를 쉽게 받아들이고 있었다. 겨우 일곱 살 나이인데.

문자적으로나 비유적으로나 어떤 어린이도 결코 작은 천사나 작은 악마가 아니다. 어떤 부류의 학생도 돌대가리라거나 쓸데없는 자로 표현되어서는 안 되며, 은연중에 가망 없는 자인 것처럼 정죄받아서도 안 된다. 나는 교사들이 어떤 학급을 일컬어 '쓰레기들', '낙제생들', '게으름뱅이', '병신들'이라고 하는 것을 들은 적이 있다. 학습 부진아이거나 훈육하기 어려운 아이들이기 때문에 가르치는 데 무척 힘든다 할지라도, 어떻게 자기와 똑같은 사람을 그렇게 무서운 말로 표현할 수 있을까?

어떤 학생들을 일컬어 '수재', '엘리트', '일류'라고 부르는 것도 들은 적이 있다. 물론 그들은 가르치기 즐거우며 다루기 쉬운 학생들일지도 모르나 그 꼬리표는 똑같이 그들을 잘못 인도하고 있다.

긍정적인 꼬리표는 항상 부정적인 꼬리표보다 더 좋다는 것을 염두에 두라. 어린이를 어떤 식으로 부르느냐에 따라 그 아이는 재빨리 그 방향으로 자라난다. "나는 네가 나를 특별히 도와주는 사람이면 좋겠어." 내가 가르친 어느 교사가 한 학생에게 한 말이었다. 매번 그 어린이는 교사를 돕는 일을 했고 그 때마다 그 꼬리표를 사용하여 교사는 그를 칭찬했다. 머지않아 그는 귀찮게 하던 입장에서 벗어나 정말 교사를 돕는 학생이 되었다.

꼬리표를 붙이는 것의 문제는 당신이 알아야 할 학생의 또 다른 강점과 약점, 재능, 필요를 보지 못한 채 기대와 반응을 하게 된다는 점이다. 그것이

편할지 모르나 종종 편견을 갖거나 마음을 닫게 만드는 데 첩경이 된다. 그리스도인이거나 아니거나 교사가 그 일을 한다면 비참한 일이다.

예수님의 접근

그렇다면 교사들은 학생들에게 어떻게 접근해야 하는가? 적극적인 답으로 주 예수 그리스도 그 분을 향하는 일보다 더 좋은 방법은 없다. 마태복음 18장에서 예수님은 그 주제에 관해 매우 교훈적인 가르침을 주신다.

[1]그 때에 제자들이 예수께 나아와 가로되 천국에서는 누가 크니이까 [2]예수께서 한 어린 아이를 불러 저희 가운데 세우시고 [3]가라사대 진실로 너희에게 이르노니 너희가 돌이켜 어린 아이들과 같이 되지 아니하면 결단코 천국에 들어가지 못하리라 [4]그러므로 누구든지 이 어린 아이와 같이 자기를 낮추는 그 이가 천국에서 큰 자니라 [5]또 누구든지 내 이름으로 이런 어린 아이 하나를 영접하면 곧 나를 영접함이니 [6]누구든지 나를 믿는 이 소자 중 하나를 실족케 하면 차라리 연자 맷돌을 그 목에 달리우고 깊은 바다에 빠뜨리우는 것이 나으니라 [7]실족케 하는 일들이 있음을 인하여 세상에 화가 있도다 실족케 하는 일들이 없을 수는 없으나 실족케 하는 그 삶에게는 화가 있도다 [8]만일 네 손이나 네 발이 너를 범죄케 하거든 찍어 내어버리라 불구자나 절뚝발이로 영생에 들어가는 것이 두 손과 두 발을 가지고 영원한 불에 던지우는 것보다 나으니라 [9]만일 네 눈이 너로 범죄케 하거든 빼어 내버리라 한 눈으로 영생에 들어가는 것이 두 눈을 가지고 지옥 불에 던지우는 것보다 나으니라 [10]삼가 이 소자 중에 하나도 업신여기지 말라 너희에게 말하노니 저희 천사들이 하늘에서 하늘에 계신 내 아버지의 얼굴을 항상 뵈옵느니라 [12]너희 생각에는 어떻겠느뇨 만일 어떤 사람이 양 일백 마리가 있는데 그 중에 하나가 길을 잃었으면 그 아흔 아홉 마리를 산에 두고 가서 길 잃은 양을 찾지 않겠느냐 [13]진실로 너희에게 이르노니 만일 찾으면 길을 잃지 아니한 아흔 아홉 마리보다 이것을 더 기뻐하리라 [14]이와 같이 이 소자 중에 하나라도 잃어지는

것은 하늘에 계신 너희 아버지의 뜻이 아니니라(마 18:1-14)

먼저 예수님이 어린이들, 특히 소자에게 어떻게 접근할 것인지를 말씀하시기 위해 사용하신 문맥을 잘 주의해 보라. 제자들이 지위에 관해 질문하고 있었다. 마가복음에는 갈릴리에서 가버나움으로 오는 도중에 누가 크냐는 문제로 다투고 있었다고 쓰여 있다. 이것은 그들에게 대단히 중요한 문제였다. 그 때 예수님은 제자들에게, "아무든지 첫째가 되고자 하면 뭇사람의 끝이 되며 뭇사람을 섬기는 자가 되어야 하리라"(막 9:35)고 가르치셨다. 누가의 경우, 베드로, 야고보, 요한이 예수님의 변화산상에서의 모습을 본 후에 이와 비슷한, 거의 같은 일이 있었다고 기록하고 있다(눅 9:46-48).

위에 인용한 마태복음에서는 제자들이 천국에서 누가 가장 큰가 하는 구체적인 질문을 하고 있다. 이것은 많은 유대인들, 특히 바리새인과 사두개인의 생각 속에 자주 떠오르는 질문이었다. 그 당시 대표적인 질문이기도 했다. 그런데 예수님의 대답은 매우 특이하다. 그 분은 그 당시, 또 그 이후 아무도 꿈꾸지 못할 일을 하신다. 그 분은 소자에게 관심을 가지신다. 당신도 알다시피 어른이 아니라 아주 작은 아이이다. 2, 3, 4, 5절에 사용된 헬라어 '파이디온'(*paidion*)은 어린 나이의 작은 아이를 가리킨다. 따라서 예수님이 무리 가운데 불러 세운 아이는 유치원 나이를 넘어가지는 않는 것 같다.

그 당시 어린이들은 성년이 될 때까지는 별로 중요시되지 않는 것이 일반적인 태도였다. 그들에 대한 양육, 특히 남자 아이에 대한 양육은 중요했지만 어린 시절에 한 개인으로서의 권리는 거의 중요하게 여겨지지 않았다. 따라서 예수님이 어린이에 관해 말씀하시면서 특히 지위, 천국과 연관된 지위의 문맥 가운데 말씀하실 때, 듣는 사람들을 깜짝 놀라게 하는 효과가 있었을 것이다. 그 문맥은 분명히 예수님의 말씀과 태도에 중요한 의미를 더해 준다.

아이들을 어떻게 생각하고 다루어야 할지 의문이 생기는 부모나 교사가 있다면 마태복음의 말씀이 바로 그 의문점들을 모두 없애 줄 것이다. 예수님의 눈으로 볼 때 모든 어린이의 중요성은 그 분이 제자들에게 분명하게 말씀하신 내용 첫머리에 잘 나타나 있다. "진실로 너희에게 이르노니" 그 분은 즉시 제자들에게 자신이 누구이며 어떤 권세로 말씀하시는지 상기시키면서 "너희가 돌이켜 어린 아이들과 같이 되지 아니하면 결단코 천국에 들어가지 못하리라"고 하신다.

나는 이 말씀이 모든 일에 전적으로 새로운 시각을 부여하고 있다고 생각한다. 누가 가장 큰 자인가 하는 모든 쟁론은 이제 무의미해 보인다. 뿐만 아니라 제자들이 자기 자신에 대해 갖고 있는 태도의 문제가 날카롭게 대두되었다. 이 말씀은 우리로 하여금 그리스도의 방식으로 어린이들을 다시 보게 한다. 실제 이 말씀의 중요한 점은 우리가 자기 자신에 대해 올바른 태도를 지니고 있지 못하면 어린이나 청소년들에게 바르게 접근하지 못한다는 것이다.

어떤 그리스도인이든지 겸손을 강조해야 한다. 4절의 '누구든지 자기를 낮추는 자'에 사용된 단어는 '타페이노'(tapeinoō)인데 문자 그대로 '낮춘다'는 뜻이다. 내가 예전에 살던 지방은 탄광과 탄갱으로 둘러싸여 있는 곳이었다. 땅에서 파헤친 거대한 탄 더미가 도처에 널려 있었다. 만일 당신이 이 지역을 방문한다면―많은 관광객들이 이 곳 더럼(Durham)에 오는데― 이 곳이 옛날에 그런 지역이었다고 믿지 못할 것이다. 탄갱들이 있던 곳에 지금은 푸른 초원과 방대한 목장이 펼쳐져 있다. 탄갱들은 없어졌고 언덕들은 낮아졌다. 성경은 우리가 그 언덕과 같이 낮아져야 한다고 말한다. 우리는 어린이처럼 자신을 낮추고 겸손한 마음을 가져야 한다.

어린이들이 알고 있는 것은 그들이 주위 어른들에게 의존할 수밖에 없다는 사실이다. 그들은 자기 자신에 대해 거의 잘못된 환상을 갖지 않는다. 그들은 자기를 부양하거나 스스로 생계를 꾸려 갈 수 없음을 잘 알고 있다. 그들은 매일의 삶을 우리에게 의존하며 우리가 그들을 돌볼 것이라고 믿는다. 그들은 단순한 의존심으로 자신을 우리에게 내어 맡긴다. 하나님 나라에 들어갈 수 있는 사람을 가장 분명하게 구분 짓는 것은 바로 이 공개된 헌신이며 기꺼운 신뢰이다.

모든 그리스도인, 특히 어린이, 청소년과 연결되어 있는 사람들에게는 소자가 갖고 있는 이 겸손한 수용성이 필요하다. 자신의 지위와 평판(권위 있는 지위에 오른다 할지라도)에 대해 이기적 관심이 없으며, 마음이 온유하고 겸손하며 예수님처럼 어린이들을 생각하는 그리스도인 교사는 주님의 능력 있는 증인이 된다. 그것이 그리스도가 여기서 주장하고 있는, 자기 자신과 학생들에 대한 접근 방법이다.

마태복음의 이 말씀과 마가복음, 누가복음의 관련된 내용을 묵상하면 유익할 것이라고 확신한다. 그 중 어린 아이들을 어떻게 생각하고 다룰 것인가에 대해 그리스도가 강조하는 점을 자세히 적어 보면 도움이 될 것이다. 어린이들이 학교에 가면 흔히 '세 가지'(three Rs) 즉 읽기, 쓰기, 산수(reading, [w]riting, 'rithmetic)를 배운다고 말한다. 주 예수님도 모든 어른이 주의해야 할 세 가지(three Rs)를 제안하고 계신다. 그것은 어린이들을 영접(receiving)하고 어린이들에게 반응(response)하며 어린이들을 존중(regard)하는 것이다. 먼저 두 가지를 살펴보고 세 번째는 다음 장에서 다루도록 하겠다.

어린이들을 영접하기

예수님은 당신에게 어린이들을 환영하는 태도로 대하여야 한다고 말씀하신다. 여기에 사용된 단어 '데코마이'(dechomai)는 주어진 것을 사려 깊게, 준비된 마음으로 받아들인다는 뜻이다. 신약에서 자주 사용되었는데 예를 들어 손님으로 온 사람을 영접하는 것, 다른 사람을 환대하는 것, 선물을 받는 것, 가르침이나 증거를 좋게 받아들이는 것이다. 이 특별한 예에서 강조점은, 집에 초대한 친구나 손님에게 반갑게 인사하는 접대라는 것에 있다.

최근에 당신의 집에 머물렀거나 함께 식사했던 사람의 경우를 생각해 보자. 그들이 도착하기 훨씬 전에 당신은 그들을 맞을 준비를 하기 시작했다. 식사를 하기로 한 경우 당신은 메뉴를 짜서 음식을 만들고 상을 차렸다. 사용할 방을 깨끗이 치워 기분 좋은 초대가 되도록 만들었다. 그리고 분명히 당신은 가능하면 보기 좋은 옷으로 예쁘게 갈아 입었을 것이다.

손님들이 도착하자 당신은 기쁘게 인사를 하며 악수를 했다. 당신은 그들이 편하게 지내기를 바랐고 그들이 온 것을 반가워했다. 그들이 머무르는 동안 필요한 모든 것을 공급하며 돌봄으로 확실히 그들은 편하게 지냈다. 돌아갈 시간이 되자 당신은 그들을 황급히 떠나 보내기는커녕 오히려 떠나는 것이 섭섭함을 나타냈다.

이것이 바로 예수님이 당신에게 말씀하신, 어린이들을 영접하고 환영하는 방법이다.

이제 새 학년 첫날 당신의 학급으로 돌아가 보라. 분명히 학생들은 빈 상태로 오지 않는다. 그들은 각자의 배경, 자신의 생각과 편견, 필요와 문제, 희망과 두려움을 안고 온다. 나이가 많아질수록 더 많이 갖고 온다.

떼지어 몰려오는 그들을 보라. 그들 모두는 여전히 당신에게 의존해 있다. 그들은 아직도 당신이 자기들에게 필요 적절한 것들을 제공해 주기를 바란다. 그들은 아직도 당신을, 또 선하고 옳은 것을 신뢰하며 헌신할 수 있다.

당신은 그리스도에게 하듯 그들에게 인사하고 그들을 환영해야 한다. 어린이들에게 그렇게 하는 것이 실제 주님을 환영하는 것이라고 예수님은 말씀하신다. 어린이들이 얼마나 중요한가! 그 전에도 주님은 제자들에게 이렇게 말씀하셨다. "너희를 영접하는 자는 나를 영접하는 것이요 나를 영접하는 자는 나 보내신 이를 영접하는 것이니라"(마 10:40). 이것은 같은 말이며 같은 종류의 영접 ―사려 깊고 준비가 되어 있는, 기쁨의 영접―이다.

예수님이 어린 아이에 대해 말씀하신 사건에서 좀더 할 말이 있다. 그것은 바로 이 질문이다. '그 어린 아이가 어떤 아이였는지 생각해 본 적이 있는가?' 그 상황을 다시 상상해 보라. 여기 아주 중요하고 인상적인 교사가 있다. 그 분은 대단한 존경심을 갖고 귀를 기울이고 있는 어른들에게 둘러싸여 있다. 우리는 어린 아이가 어디에 있었는지 ―청중 가운데 있었는지, 아니면 옆에서 놀거나 뛰어가던 중이었는지 ―정확히 알지 못한다. 어쨌든 그 아이는 예수님이 지체하지 않고 사람들 가운데로 데려올 만큼 충분히 가까운 위치에 있었다.

어린 아이는 예수님이 왜 자기를 데려왔는지, 자기를 데려와 무엇을 하려고 하는지 알지 못했다. 그러나 그는 즐겁게 따라갔다. 그는 자기가 무슨 일로 왔는지 궁금했을 뿐 아니라 기뻤을 것이다. 예수님 옆에 서서 그는 예수님이 청중에게 말하는 소리를 들었다. "너희가(어른들) 돌이켜 어린 아이들(내 옆에 있는 이 아이)같이 되지 아니하면 결단코 천국에 들어가지 못하리라." 이것으로 끝나지 않았다. 계속 말씀하셨다. "누구든지 이 어린 아이와 같이 자기를 낮추는 그 이가 천국에서 큰 자니라 또 누구든지 내 이름으로 이런 어린 아이 하나를 영접하면 곧 나를 영접함이니."

그 때 어떠했겠는가? 어린 아이는 예수님이 말씀하신 의미를 정확히 이해하지 못했을지도 모른다. 그러나 그는 천국에 들어가려면 어른들이 자기와 같아야 한다는 말을 들었다. 더군다나 천국에서 가장 큰 자는 자기와 같이 낮고 의존적인 사람이다. 그의 사기가 얼마나 올라갔으며, 자기 자신에 대한 이해와 자신을 생각하는 방식이 얼마나 달라졌겠는가! 예수님은 그의 자아상에 도움을 주었을 뿐만 아니라 그가 누구이며 어디 출신인가 등 아무 조건도 달지 않고 그를 영접했다. 왜 그렇게 하셨는가? 그를 무조건적으로 사랑했기 때문이다. 그 아이는 그 날 정말로 편안하며 안정감을 느끼며 자신이 필요한 존재임을 알았으리라. 학생들을 이같이 환영하는 교사는 바로 주님을 환영하는 것임을 반복해 말할 필요가 있다.

한번 생각해 보라. 교실에 들어오는 학생들을 환영할 때 당신은 실제로 그리스도를 환영하고 있는 것이다. 그리스도인 교사로서 당신은 그리스도의 이름으로 그들을 환영하고 있다. 이것은 실로 엄청난 생각이다. 이것이 당신에게 충격으로 다가오는가? 내가 처음으로 이 사실을 알았을 때 나는 충격을 받았다. 여기에 따라오는 다음과 같은 질문들을 생각해 보라.

그것이 정말로 교실에 들어오는 학생들을 영접할 수 있는 방법인가? 그것이 당신이 학생들을 환영하는 방법임을 그들이 아는가? 당신은 그들을 위해 특별한 메뉴를 짜 놓고 각 사람에게 유익하도록 방을 정돈해 놓았는가? 그들은 당신이 가르치는 영역에서 편안함을 느끼는가? 그들은 당신이 수업에 들어올 때 기뻐하는가? 끝나는 종이 울리면 아쉬워하는가?

이 모든 글을 쓰자니 나는 부끄럽다. 교사로 있었을 때 나는 솔직히 학생들을 가르치는 일을 무척이나 기대했다. 그들 모두를 위해 열심히 수업 준비를 했다. 그러나 실제로 수업할 때는 일부 학생들만을 더 열심히 가르쳤다. 나는 내가 가르친 모든 학생들을 환영하지 못했다. 사실 전혀 가르치고 싶지 않은 학생들이 있었다. 그들이 수업에 전혀 관심이 없는 것도 당연하다. 그들은 아마 나에게도 관심이 없었던 것 같다. 그러나 만일 내가 그리스도가 원하셨던 것처럼 그리스도의 이름으로 그들을 환영할 생각을 했더라면 상황은 달라졌을 것이다. 오, 주님, 저를 용서해 주십시오!

예수님이 부르셔서 무리 가운데 세우신 그 소자에 대해 당신이 발견한 것이 있는가? 예수님이 이 가르침에 앞서 어느 특정한 아이를 선택하러 나가셨다는 이야기는 어디에도 없다. 그 분은 특별히 눈에 띄거나 옷을 잘 입은, 잘 양육받은, 혹은 더 똑똑하거나 행동이 바른 아이를 선택하지 않으셨다.

결코 그렇게 하지 않으셨다. 그 분은 찾다가 단순히 바로 가까이 있던 아이를 불러냈다. 다시 말해 그 분이 "내 이름으로 이런 어린 아이 하나를 영접하면 곧 나를 영접함이니"라고 말씀하실 때 그 분은 모든 어린 아이를 의미했다. 따라서 우리가 특별한 민족, 인종, 신앙, 배경, 능력, 외모, 행동을 가진 특정한 어린이만을 영접하고 환영한다면 당신이나 나나 그 어떤 그리스도인 교사라 할지라도 변명할 것이 없다. 그리스도의 말씀은 예외없이 모든 어린이에게 적용된다. 따라서 당신은 모든 사람을 하나하나 고려하는 진실한 태도를 지녀야 한다.

여기에는 어려운 문제가 있는 것을 안다. 우리들 대부분은 솔직히 그런 요구가 얼마나 수행하기 힘든 것인가를 고백하지 않을 수 없다. 지금은 이 정도만 인정하고 다음 장에서 마태복음 18:1-14의 남은 부분을 다룰 때 다시 살펴보기로 하는 것이 어떻겠는가? 이 장에서 그리스도의 가르침의 나머지를 생각한 후에 살펴보는 것이 더 쉬울 것이라고 생각한다.

어린이들에게 반응하기

교실에 들어온 학생들을 환영하면 다음 문제가 발생한다. 그들이 교실에 있는 동안 당신은 그들에게 무슨 일을 할 것인가? 여기서 그리스도의 세 가지 태도 중 두 번째를 말하고자 한다. 당신은 그들에게 어떻게 반응해야 하는가? 그 답으로 예수님은 아주 심각한 경고의 말씀을 하신다. 그 말씀을 들어 보라.

누구든지 나를 믿는 이 소자 중 하나를 실족케 하면 차라리 연자 맷돌을 그 목에 달리우고 깊은 바다에 빠뜨리우는 것이 나으니라(6절)

마가복음(9:42-48)과 누가복음(17:1-3)에도 똑같은 경고가 실려 있다. 따라서 이 말씀은 더욱 중요성을 띄고 있다. 당시는 어린이들이 중요하게 생각되지 않던 상황임을 거듭 말할 필요가 있다. 따라서 그리스도의 이 말씀은 그들에게 더 큰 충격으로 다가왔을 것이다. 우리도 마찬가지로 그 말을 듣기 좋아하지 않는다. 당신은 교회 목사님이 하나님의 진노에 대해 성경 강해하는 것을 얼마나 자주 들어 보았는가?

우리에 대한 하나님의 사랑과 관심에 대해 말씀을 듣는 일은 정말 좋다. 그러나 우리 모두는 위와 같이 단호한 말씀은 피하는 경향이 있으며, 조용히 잊어 버린다. 그러나 이 말씀도 똑같이 피조물에 대한 하나님의 사랑에서 나온다. 아무라도, 악하거나 잔인하거나 타락한 사람은 물론 아무라도 소자로 하여금 죄를 짓도록 하면 정죄받을 정도로, 어린이들은 대단히 중요하다. 그런 행동에는 무서운 결과가 뒤따른다.

이 구절에서 '나으니라'로 번역된 말은 더 유리하거나 더 유익하다는 의미를 지니고 있다. 따라서 소자로 하여금 죄를 짓도록 하는 사람이 있다면 바다 깊숙이 빠뜨려지는 것이 그에게 이익이 된다는 말이다. 이익이 된다! 다음에 나오는 세 구절은 그리스도께서 산상수훈(마 5:29-30)에서 이미 하신 말씀을 더 강조하여 말씀하신 것이다. 즉 죄를 무서워하는 것과, 다시 죄 짓는 일을 피하기 위해 받아들이면 좋을 강력한 행동을 말씀하신다.

7-9절에서 그리스도는 불구자나 절뚝발이, 외눈으로 영생에 들어가는 것이 온전한 몸으로 지옥에 들어가는 것보다 더 낫다고 말씀하신다. 이 구절의 '낫다'로 번역된 단어는 그리스도께서 6절에서 사용한 '낫다'와 같지 않다. 9절의 '낫다'는 더 영광스러우며 가장 좋은 일이란 의미를 지니고 있다. 따

라서 당신의 (손이나 발에 의한) 행동이나 (눈을 통한) 생각이 당신을 범죄케 하면, 비록 이 말의 의미가 당신이 불구자로 영생에 들어간다는 뜻이라 할지라도, 그것들이 당신을 잘못 인도할 수 없는 상태가 되도록 하는 것이 훨씬 나을 것이다.

'이것을 내가 가르치는 학생들에게 어떻게 적용할 것인가?'라고 물을 수 있다. 이 질문을 하면서 당신은 예수님이 믿음을 얼마나 강조하셨는지 주의해 보았는가? 그 분은 '나를 믿는 이 소자'라고 말씀하셨다. '믿는'으로 번역된 단어는 '들러붙다, 믿다, 의지하다, 신뢰를 두다'라는 뜻이다. 그렇다면 어떻게 실족케 하는 일을 피할 수 있을까? '실족케 한다'는 말은 헬라어 '스칸달론'(*skandalon*)에서 파생된 '스칸달리조'(*skandalizō*)로 길에 덫이나 거침돌을 놓아 '걸려 넘어지게 하는 것'을 의미한다.

이 단어를 볼 때마다 나는 휴일이면 아내와 함께 자주 가던 스코틀랜드의 한 작은 집이 생각난다. 처음 그 곳에 갔을 때 우리는 정원 주위에 단단하며 평평한 오솔길을 만들고 싶었다. 그러기 위해서는 크고 작은 많은 돌들을 수없이 파내야 했다. 어떤 돌들은 정말 걸려 넘어지기 쉬운 것들이었다. 그 일을 하는 데에는 두 가지 작업이 필요했다. 먼저 장애가 되는 돌들을 제거해야 했고 그 다음에는 포석을 깔아야 했다. 그 일을 끝내고 나서야 우리는 정원을 쉽게, 기분 좋게 드나들 수 있었다.

당신이 어린이들을 만나면서 그들을 실족케 하지 않으려면 그와 같은 행동이 필요하다. 우리 모두는 생각이나 말, 행동으로 죄를 짓게 된다. 따라서 모든 교사는 이 세 가지 영역 모두에서 어떻게 하면 진실하고 적극적으로 어린이들을 도울지 연습할 필요가 있다. 물론 학생들이 학교에서 생각하고 말하며 행동하는 모든 것에 당신의 책임이 있다는 말은 아니다. 그러나 당신과 동료 교사들이 학생들이 하는 일의 대부분을 통제하고 있으므로, 그들의 생각과 말도 많은 부분이 교사의 지도 아래 있게 된다. 이 작업은 교실에서, 수업 준비에서 시작된다. 그 곳에서 많은 돌들이 파헤쳐지고 제거되어야 하며 부드러운 포석 재료가 선택되어 깔려야 한다.

나는 이 문제를 아주 심각하게 생각한다. 교사들은 어린이들로 하여금

악의 모든 양상을 직면케 함으로써 현실 세계에 나갈 준비를 시켜 주어야 한다는 이야기를 요즈음 더 자주 듣는다. "그들은 언젠가 현실 세계에 직면하게 된다. 그렇다면 왜 그들이 학교 다닐 동안에 세상이 실제 어떠한 것인지 알도록 하지 않는가?" 이렇게 말하는 사람들은 대개 삶의 거칠고 부패한 양상을 생각하고 있다. 그들은 어린이들이 언젠가 직면해야 할 것에 무지한 상태에서 학교를 졸업하게 되지 않기를 바란다.

나는 그것이 전혀 쓸데없는 일이라고 생각한다. 특히 더 어린 학생들일 경우 그러하다. 대부분의 어린이들이 어렵고 악한 일이 많은 인생살이를 견뎌야 하는 현실은 그렇다 치고, 나는 학생들에게 질적으로 문제가 되거나 도덕적으로 의심 나는 내용을 가르치기를 거절하는 데에 주저하지 않을 것이다. 많은 교사들이 교과서나 다른 교재에 실린 내용을 다 받아들이는 것 같다. 책에서는 어떤 내용이 국민학교 1학년, 혹은 국민학교 6학년에 적합하다고 하며, 교사는 그 내용이 무엇이든지 그것을 가르친다. 책에 그렇게 쓰여 있으니까 그 내용은 틀림없다.

그러나 내게는 그 방법이 상당히 좋지 않다. 나는 국어(영어) 교사로서 많은 교과서에 저질의 글과 수업하기에 의심스러운 주제들이 많이 실려 있는 것을 보았다. 나는 그런 내용을 학생들에게 가르치지 않는다. 나는 학생들에게 재미있고 잘 이해될 수 있는 가장 좋은 내용을 가르치고 싶다. 교장이며 대학 교수인 내가 그리스도인의 증거의 본질적인 한 부분으로 하는 일은, 내가 가르치는 학생들이 바르고 진실된 방법으로 성장해 나가는 데 도움이 될 교육 내용과 활동을 선정하는 것이다.

따라서 나는 항상 교과서에서 거친 '돌'을 찾아 파헤쳐 버리고, 오직 참되며 경건하며 옳으며 정결하며 사랑할 만하며 칭찬할 만한 내용만을 선택하려고 최선을 다한다. 이는 사도 바울이 빌립보 교인들에게 생각하라—숙고하고 중요시 여기며 주의를 집중하라—고 한 내용이다. 빌립보서 4:8의 말씀은 수업 내용을 준비하는 모든 교사에게 훌륭한 지침이 된다. 가르치는 내용이 바른 것인지 의심이 생길 때에는 이 기준에 비추어 비교해 보라.

이 부분을 읽으면서 이것은 너무 비현실적이거나 완전을 바라는 불가능한 제안이라고 일축하는 사람도 있을 것이다. 결국 어린이들이 학교에 다니는 동안 거짓된 것, 불순한 것, 악에 접하게 되는 일 등을 막을 수는 없다. 정말 어린이와 청소년들이 참된 것을 알려면 이런 것들에 직면해야 한다.

사실 나는 이 점에 동의하지 않는다. 어린이들이 좋지 않거나 저질스러운 내용을 올바로 분별하도록 가장 확실하게 도와주는 방법은 국민학교, 중학교 시절 내내 가능한 한 아름다운 것들로 둘러싸이게 해주는 일이다. 그들이 참되고 선하며 아름다운 것의 올바른 기준을 실제로 이해하게 되면 그 때 참된 것에 반(反)해 나쁘고 거짓되며 추한 것을 진정 인식할 수 있는 위치에 있게 된다.

나는 교사가 학생들이 실족하는 것을 방지할 수 있다고 믿는다. 학생들이 유익한 내용을 배울 수 있도록 돕고, 그들을 밝고 아름다우며 좋은 환경에서 가르침으로써 그렇게 할 수 있다. 교실 환경을 고려할 때, 일부 학교는 건물이 오래되고 우중충한 경우가 있다. 그러나 국민학교 교사라면 누구나 경험하듯이, 학생의 도움을 받아 그들이 그린 그림, 도표, 창작물로 교실에 활기를 띠게 할 수 있다.

수업 내용의 경우 어린이들이 배울 모든 자료를 항상 미리 살펴볼 수는 없다는 것을 잘 안다. 예를 들면 라디오, 텔레비전, 비디오, 슬라이드 등이다. 어린이들은 때때로 이미 다른 곳에서 오염된 생각을 갖고 온다. 한 예를 들면, 내가 가르친 교사 한 명이 학급에서 국민학교 1학년 학생들이 서커스에 대해 쓴 글을 읽고 아주 기겁을 했던 기억이 난다. 학급의 반 이상이 그네를 타던 곡예사가 떨어져 죽거나 사자가 조련사를 물어 뜯은 잔인한 장면에 관심을 갖고 있었다. 학생들은 그런 장면이 더 재미있다고 했다. 그들은 텔레비전에서 그런 장면들을 본 적이 있고 그것이 다른 어느 것보다 '더 흥미진진하다'고 생각했다.

그럼에도 불구하고 모든 교사들은 항상 학생들이 생각하고 공부하기에 좋은 내용을 선택할 수 있다. 당신은 당신이 가르치는 내용과 방법이 올바른 것임을 확신할 수 있어야 한다. 또한 언제든지 올바른 표준과 기준을 설정하여 학생들이 학업에 적용하도록 도울 수 있다. 이것에 대하여는 뒤에 가서 의사 소통자인 교사에 대해 다룰 때 생각해 보겠다. 여기서는 학생들의 생각과 행동뿐 아니라 말에서도 그들이 넘어지지 않도록 도와야 한다는 사실을 덧붙이겠다. 당신은 가르치고 설명하고 예증하고 질문하고 답하고 훈육하는 과정 속에서 유익하고 긍정적인 말만 사용하여 그들의 언어를 교정해 줄 수 있다.

이상 예수님의 세 가지 태도 중 두 가지를 살펴보았다. 당신은 예수 그리스도의 이름으로 학생들을 영접한다. 그 분의 이름으로 그들에게 반응한다. 다음 장에서는 세 번째 태도 즉 어린이들을 존중하는 일에 대해 다루도록 하겠다.

기도와 토론을 위하여

1. 당신이 현재 가르치고 있는 학급에 대해 생각해 보라. 각 분단으로 나누어 다음 몇 주 동안 돌아가며 각 개인을 위해 기도하라. 당신도 하나님이 접근하시는 방법대로 학생들에게 나아갈 수 있도록 기도하라.

2. 마태복음 18:1-14을 다시 읽어 보라. 그 말씀에 비추어 볼 때 당신은 현재 학생들을 어떻게 영접하고 학생들에게 어떻게 반응하는가? 특정한 학생이나 그룹을 대하는 태도를 어떻게 변화시켜야 하겠는가?

3. 빌립보서 4:8에 비추어 당신이 가르치는 내용을 살펴보라. 하나씩 차례로 점검해 보라. 그 내용이 참된 것인가? 경건한가? 옳은가? 정결한가? 사랑할 만한가? 훌륭한가? 우수한가? 칭찬할 만한가? 이 기준에서 벗어나는 내용이라면 어떻게 더 좋은 내용으로 대신할 수 있을지 다른 그리스도인 교사와 의논해 보라.

제 4 장

예수님의 3R 정책(2)

어린이에 대한 존중(Reganding Children)

내가 하는 일 중 하나는 학생들이 교생 실습을 하러 학교 현장에 나갔을 때 그들을 방문하는 일이다. 나는 최근에 어느 국민학교에 가서 늘 하던 대로 교실 뒤에 앉아 있었다. 내 앞에 앉아 있는 어린이는 정말 문제가 되는 학생이었다. 그 아이는 자제력이 거의 없었고 수업 시간 내내 일어났다 앉았다 하며 종종 틀린 대답이나 엉뚱한 말을 하곤 했다. 교생뿐 아니라 모든 교사들도 그 학생을 문제시했다. 다른 아이들은 그 학생의 행동에 익숙해 있어서 끝까지 잘 참고 있었다. 그러나 수업 중에 나라도 그 아이를 타일러야 할 것 같았다. 그 때 교생이 나를 돌아보며 약간 격앙된 어조로 말했다. "선생님, 신경 쓰지 마세요. 그 애는 좀 모자라는 애예요."

앞 장에서 우리는 꼬리표 다는 문제를 이미 언급했다. 그 교생은 예수님이 나무라신 그 태도를 나타낸 것이다.

삼가 이 소자 중의 하나도 업신 여기지 말라 너희에게 말하노니 저희 천사들이 하늘에서 하늘에 계신 내 아버지의 얼굴을 항상 뵈옵느니라(마 18:10)

예수님이 사용하신 말은 문자적으로 '어떤 사람을 낮추어 생각하거나 좋지 않게 생각한다'는 뜻이다. 그러므로 사람을 경멸하거나 적어도 무시하고 있다는 뜻이 함축되어 있다. 예수님은 산상수훈에서 두 주인을 섬기는 문제를 말씀하시면서 똑같은 단어를 사용하셨다. 사람이 혹 이를 중히 여기며 저를 경히 여길 것이라고 말씀하셨다(마 6:24). 바울은 로마서 2:4에서 같은 단어를 사용하여 말했다. "(하나님의) 길이 참으심의 풍성함을 멸시하느뇨?" 또 디모데전서에서 바울은 믿는 상전이 있는 자들에게 "그 상전을 형제라고 경히 여기지 말고"(딤전 6:2)라고 가르치면서 이 단어를 사용했다.

앞 장에서 살펴보았듯이 당시에는 어린이들이 일반적으로 하찮게 여겨졌기 때문에 예수님의 경고는 특히 그의 청중에게 적합한 내용이었다. 분명히 하늘의 관점은 매우 다르다. 천사들은 항상 하나님 얼굴을 뵈며 그 분 앞에 서 있다. 이것이야말로 왜 우리가 어떤 어린이라도 존중하며 귀히 여겨야 하는지를 설명하는 중요한 이유가 된다고 본다. 이 말씀은 모든 어린이가 하나님에게 얼마나 특별한 존재인가를 보여 준다.

그러나 교사라면 누구나 학교에는 이런 사실을 결코 들어 보지 못한 학생들이 많이 있음을 알 수 있을 것이다. 그들은 자신이 창조주 하나님에게 얼마나 중요한 존재인지 전혀 깨닫지 못하고 있다. 그들이 특별한 존재임을 믿도록 격려해 준 사람이 아무도 없다. 반대로 너무나 많은 사람들이 그들을 스스로 쓸모없는 실패자, 혹은 전혀 가치가 없는 자로 믿게끔 만들었다. 그들을 '천하거나' '모자라는' 아이로 생각하게 만드는 것은 그들의 자아상에 부정적인 면을 심어 준다. 예수님이 어떤 어린이라도 업신여기지 말라고 명령하신 일은 결코 놀라운 일이 아니다. 이 명령은 그리스도인 교사에게 더 중요한 의미를 부여한다.

그렇다면 이를 당신의 교육 상황에 어떻게 적용하겠는가? 당신이 어린이에게 접근할 때 이 경고의 말씀을 얼마나 고려할 수 있는가? 답은 간단하다고 본다. 문제는 시간의 부족이 아니라 실천이다. 모든 교사는 두 가지 방법을 채택할 필요가 있다고 나는 생각한다. 하나는 관점을 재검토하는 일이다. 또 하나는 실천 여부를 재검토하는 일이다. 두 가지 다 묵상이 필요한데 우리 모두는 이 일에 익숙하지 못하다. 그것은 시간을 필요로 한다. 그러나 그러기에 우리는 너무 바쁘다. 또한 자기 훈련이 필요하다. 그러나 나는 당신이 '기꺼이 이것들을 생각한다면', 교직 생활에 언제까지나 도움이 되리라 장담할 수 있다. 그렇다면 새 학기가 시작되기 전에 당신의 견해와 활동을 점검하기 위해 왜 잠깐 동안의 시간을 할애하지 못하겠는가?

첫 번째는 관점이다. 내가 알고 있는 한 그리스도인 교사는 학교에서 그리스도를 증거하지 못해 낙심하곤 했다. 그 여교사는 교무실에서 유일한 그리스도인이었는데 증거에 실패하고 있다는 느낌을 갖고 있었다. 그런데 갑자기 학생들이 찾아와서 자기들의 문제를 도와 달라고 호소하기 시작했다. 그녀는 한두 명의 학생에게 왜 다른 교사를 찾지 않고 자기에게 왔느냐고 물었다. 그리스도인 학생 중에 누군가가 그 교사에 대해 말해 주었다고 했다. 그리스도인 학생들이 자기를 도와주리라고는 미처 생각지 못한 일이었다. 이 일로 그녀는 도움이 필요한 학생들을 도왔을 뿐 아니라 쉬는 시간에 그리스도인 학생들과 교제할 수 있는 기회를 갖게 되었다. 그녀의 관점은 넓어졌다. 더 이상 '외로운' 처지가 아니었다. 그녀는 자비의 하나님이 그 분의 백성을 위해 모든 일이 선하게 되도록 역사하시는 것을 똑똑히 보았다.

예수님의 말씀으로 돌아가 보자. 그 말씀은 당신이 학생들을 하나님의 관점으로 다시 생각할 수 있게 해준다. 그 즉시 당신은 학생 개개인의 가치와 존엄성을 다시 상기한다. 그들은 모두 중요하다. 모두 하나님의 피조물이다. 하나님은 개개인 모두를 너무나 사랑하신다. 그렇다면 그 사실을 알면서 어떻게 그 중의 누군가를 업신여길 수 있겠는가? 예수님의 이 말씀은 모든 어린이들이 갖고 있는 두 가지 중요한 필요를 기억나게 해준다. 첫째, 어린이들은 사랑받고 존중받아야 할 필요가 있다. 둘째, 그들은 하나님이 지으셨고 사랑하신다는 사실을 알고 자아를 실현해야 할 필요가 있다.

'지나친 친분은 경멸을 낳는다'는 옛 속담이 있다. 실제로 학생들을 비웃거나 경멸하는 교사는 많지 않을 것이라고 생각한다. 그러나 가까이 지내다 보면 쉽게 무관심해지고 소홀히 여기거나 인내가 없어진다. 알다시피 이런 것들이 바로 많은 어린이들이 교사와의 생활에서 견뎌 내야 하는 문제이다. 또 그런 식으로 대우받는 어린이들이 학교 생활을 잘하기란 거의 드문 일이다. 그런 아이들이 바르고 진실되게 자라 올바르고 합당한 자아상을 갖기란 쉽지 않다.

전에 한 남자 아이가 시(詩)에 이런 내용을 적어 놓은 적이 있다. '나는 학교를 아주 싫어한다. 학교의 모든 것이 싫다.' 왜 그렇게 썼는지 그 이유를 물었더니 그는 '여기는 아무도 사랑해 주는 사람이 없다'고 했다. 모든 것(everything)의 철자를 'everythink'로 잘못 썼지만 그 단어가 오히려 더 적합한 것 같았다. 적어도 그에게는 모든 '생각'(think)이나 태도가 잘못된 것이었다. 그가 학교를 그토록 싫어한 것도 별로 놀랄 일이 아니다. 그리스도의 관점으로 보았다면 얼마나 달라졌겠는가?

올바른 관점은 이에 적합한 실천을 하게 한다. 이것은 규칙적으로 재검토할 필요가 있다. 한 어린이의 가치를 기억하는 그리스도인 교사라면 어떤 학생들은 용납하고 어떤 학생들은 배척하는 방법으로 교실 배치를 하지 않을 것이다. 좌석 배치를 할 때 그렇게 할 수 있다. 영국에 있는 국민학교에서는 학생들의 영어, 산수 학습 능력에 따라 분단을 나누는 일이 아주 흔하다. 결과적으로 각 개인에 대한 교사의 평가—어떤 학생은 똑똑하고 어떤 학생은 뒤지거나 지진아로 여겨지는—가 다른 모든 학생들 앞에서 분명해지는 것이다. 분단 활동이 이루어지는 방법도 다른 학생을 희생하면서 일부 학생들을 편애하는 식이 될 수 있다.

누가 잘하고 못하고가 아니라, 누구나 할 수 있는 능력을 갖고 있을 뿐 아니라 그렇게 하도록 교사가 기대하고 있다는 것을 모든 어린이가 알아야 한다. 그들은 자신의 가치를 드러낼 기회가 주어질 것을 알고 있어야 한다. 극소수의 학생만이 성취할 수 있는 기준에 의해서가 아니라 그들의 실제 재능과 수준에 따라 평가받을 것임을 알고 있어야 한다. 그런 사실을 알고 있음으로써 그들 모두는 자신이 사랑받고 있고 중요한 존재라는 사실을 더욱 잘 깨달을 것이다.

어린이들을 대하는 방식을 경히 여기지 말자. 당신은 학생들을 어떻게 대하는가? 당신은 그들 모두를 칭찬하는가, 아니면 잘한 사람만 칭찬하는가? 낙제하거나 실수한 사람에게 어떻게 반응하는가? 잘못한 학생을 어떻게 나무라는가? 당신이 더 좋아하는 학생들이 있는가? 당신은 학생들을 대하는 태도에서 진정으로 동정적인가 아니면 단지 감정적인가? 당신은 학급의 모든 학생들에게 똑같은 사랑, 희락, 화평, 인내, 자비, 온유, 양선, 충성, 절제를 보여 주는가? 이런 것들은 교직의 중점적인 요소인 남을 대하는 방식이다. 또한 성령의 열매이다(갈 5:22).

그러므로 이 소자 중 하나라도 업신여기지 않도록 주의하라. 당신의 관점과 실천을 갈라디아서 말씀에 비추어 규칙적으로 재검토해 보라. 그렇게 한다면 어느 곳의 어떤 어린이도 업신여기지 않을 것이다.

하나님의 태도

그러므로 우리에게 오는 모든 어린이들을 우리는 환영하고 용납해야 한다. 앞 장에서 고백했듯이 이 기대가 얼마나 어려운 일인가를 잘 알고 있다. 잭(Jack)과 피터(Peter)라는 두 아이가 생각난다. 잭은 어떤 말을 들어도 가만히 앉아서 아무 말도 하지 않는 아이였다. 그는 내 수업 시간에 기여하는 바가 아무것도 없었다. 그는 언제나 공부를 하지 않았는데 그 아이의 말로는 읽을 줄도, 쓸 줄도 모르기 때문이라고 했다. 문제는 그의 아버지가 아주 부자라서 그의 장래가 보장되어 있는 것이었다. 학교 공부를 더 할 필요가 없었다. 그는 학교를 졸업한 후에 아버지가 하는 사업에 동참할 것을 알고 있었다. 그래서 그는 수업 시간에 아예 관심을 기울이지 않았다. 그의 흥미를 끌고 그를 도울 수 있는 여러 방법을 다 동원해 보았지만 헛수고였다. 그는 푸줏간 주인이 되기만을 바랐다. 고기 거래에 얽힌 온갖 사례도 정말 그를 즐겁게 하지 못했다. 결국 내 수업 시간에 그가 없기를 바랄 정도였다. 그에 대해 나는 완전히 실패했다.

피터를 처음 만났을 때 그는 키가 크고 잘 생긴 아이로 대단히 건방져서 수업 시간 내내 뒤에 앉아 다리를 쭉 뻗고 비아냥거리곤 하였다. 그 누구라도 그런 말 없는 무례한 태도를 감지할 수 있을 정도였다. 보통 어른들의 공격적이거나 어리석은 행동보다 이 아이를 다루는 일이 훨씬 더 어려웠다. 나는 여러 번 그와 정면 충돌해서 그를 나무랄 수 있었다. 그가 새 과정으로 옮겨 다른 반으로 가게 되었을 때 나는 얼마나 기뻤는지 모른다. 그러고 나서 나는 성경을 펴고 이 말씀을 읽게 되었다. "누구든지 내 이름으로 이런 어린 아이 하나를 영접하면 곧 나를 영접함이니."

"주님, 저는 할 수 없습니다. 노력하지만 할 수가 없습니다. 주님을 위하여 그렇게 해야 하는 것을 압니다. 그리고 많은 학생들에 대해서는 성공할 수 있다고 생각합니다. 그러나 그들 모두를 항상 환영하라니 저 같은 사람에게 너무 무리한 요구가 아닙니까? 더군다나 잭이나 피터 같은 아이들까지도요? 주님도 아시다시피 저는 인간일 뿐입니다."

당신도 주님께 이렇게 말해 본 적이 있는가? 당신 학급에도 실망스러운 학생들이 있을 것이다. 그들은 잭이나 피터 같지 않을지도 모른다. 그들은 전혀 다른 문제를 일으킬지도 모른다. 그러나 여전히 그들은 당신에게 고통거리이다. 어떤 교사에게는 모든 학생이 다 그런 경우도 있다. 그래도 주님은 우리가 그들 모두를 환영해야 한다고 말씀하신다. 도대체 어떻게 그럴 수 있는가?

나는 마태복음에서 이 문제에 대한 답을 찾았다. 학생들에 대한 나의 느낌과 특별 학생에 대해 갖고 있는 나의 문제 의식에 초점을 맞추지 않고 하나님의 태도에 초점을 기울였을 때 답을 발견했다. 그것은 바른 관점을 다시 한 번 적용하는 일이었다. 잭과 피터를—당신이 담당하고 있는 문제아나 문제 학급을—10절에서 14절의 말씀대로 하나님의 관점으로 바라보자.

어린 아이를 업신여기지 말라는 경고를 하시면서 곧바로 예수님은 백 마리 양을 갖고 있다가 한 마리를 잃은 사람의 이야기를 하신다. 그는 잃은 양을 찾으러 나간다. 무슨 일이 일어났는가? 예수님이 말씀하시기를 그 양은 길을 잃었다고 했다. 아마 그 양은 특별히 자기를 손짓하는 초원을 발견하고 그 곳을 알아보러 갔다가 나머지 양들과 헤어졌을지도 모른다. 최선이 무엇인지 스스로 안다고 믿고 있는 그 양은 호기심이 많고 용감하거나 고집이 세었는지도 모른다. 아니면 다른 어떤 것으로부터 유혹을 받았을지도 모른다. 이유야 어떻든지 간에 그 양은 다른 양들을 떠나 아주 위험한 상황에 놓여 있었다.

이제 잭이나 피터 같은 아이들을 그렇게 생각하는 것이 가능하지 않겠는가? 우리가 환영하기 어려운 아이 모두에게 이 비유가 적합하지는 않을 것이다. 그러나 어떤 면에서, 잃은 양은 그리스도인이 되기 전의 당신이나 나의 모습을 부분적으로 묘사하고 있는 것이 사실이다.

그 이야기로 되돌아가 보자. 그 사람은 잃은 양에게 어떻게 하는가? 그는 양을 찾아 우리로 데려올 생각을 한다. 이 일에는 많은 노력이 필요하다. 그 양을 찾기 위해 먼 거리를 가야 할지도 모른다. 그 양을 찾는 일은 분명히 그에게는 개인적으로 매우 불편한 일이다. 차라리 나머지 양들을 데리고 농장이나 더 편한 목장에 머물러 있는 것이 나을 것이다. 그러나 그러면 안 된다. 그는 찾으러 나섰고, 그 양을 찾을 때까지 쉬지 않았다.

이 이야기가 성공으로 끝났는지 확실하게 명시되어 있지 않은 점을 당신이 파악했는지 모르겠다. 이는 매우 고무적인 일이다. 예수님은 '만일 찾으면'이라고 말씀하신다. '찾았을 때'가 아니다. 나는 이 말에서 힘을 얻는다. 방황하고 있는 학생이나 다루기 어려운 학생들에게 거의 시간을 쓰지 않으면서 그 구실로 이 말에서 위안을 받는 것이 아니라, 내가 아무리 열심히 노력해도 어떤 학생들에 대해서는 실패한다는 것을 알기 때문이다. 하나님은 당신과 내가 신실하기를 바라신다. 성공을 요구하시는 것이 아니다. 그 분은 결코 우리가 가르치는 모든 학생들에 대해 승리하리라고 장담하시지 않는다. 예수님조차 많은 사람들이 예수님과 그 가르침에서 돌아서는 모습을 보았다.

실제로 이 사실을 파악하는 일은 중요하다. 나는 일부 학생들이 교사를 배척하고 교사가 내 준 과제를 거부할 때 그것을 본인의 탓으로 돌리고 불필요한 고통을 일으키는 그리스도인 교사들을 여러 명 알고 있다. 그럴 때 자신이나 자신의 교수법에 무슨 잘못이 있나 돌아보는 일은 옳다. 그러나 학생 한 명이 학교를 등지거나 실패할 때마다 그것을 항상 자신의 탓으로 돌릴 수는 없다. 이 이야기의 요점은 그 사람이 잃어 버린 양을 찾는 데 많은 수고를 한다는 점이다. 이를 당신의 교육 상황에 적용하면 하나님의 태도-하나님이 당신에게 있기를 바라시는 것-는 상당한 희생을 하면서까지도 찾으러

갈 만큼 잃은 자를 돌보는 것이다. '잃어 버린' 모든 어린이를 다 찾지는 못할 것이다. 그러나 어린이를 위해, 주님을 위해 당신은 최대한의 노력을 기울여야 한다.

만일 성공하면 그 보상은 엄청난 것이다. 그 사람은 '길을 잃지 아니한 아흔 아홉 마리보다 이것을 더 기뻐했다.' 당신에게 적용시켜 본다면 많은 어려움과 인내를 겪은 후에 한 학생의 문제를 해결한 경험이 바로 이런 것이 아니겠는가? 좀더 솔직해 보자. 솔직히 말해 대부분의 학생들은 가르치기가 매우 쉽다. 그들은 실제로 어떤 문제도 일으키지 않는다. 그러나 문제 학생이나 특별히 어려운 문제를 안고 있는 학생과의 관계에서 좋은 진보를 이룰 때 당신은 얼마나 만족스러우며 격려를 받는지 모른다. 몇 주일 동안 당신 옆에 오려 하지 않던 국민학교 1학년 어린이가 마침내 당신을 신뢰하고 가까이 왔을 때를 기억해 보라. 당신이 가르쳐 준 수학 문제를 붙잡고 몇 달 동안 끙끙거리다가 어느 날 갑자기 푸는 방식을 터득한 중고생의 경우는 어떠한가? 신체 장애아가 당신의 설득으로 마침내 반 친구들과 함께 공동체 게임에 동참하게 된 경우 어떠했는가? 이러한 성공 사례들은 당신에게 지속적인 기쁨을 안겨 주지 않았는가? 이런 사실들이, 잃은 학생을 찾는 일에 대한 동기를 더 크게 부여해 주지 않았던가?

모든 그리스도인에게 가장 큰 박차를 가해 주는 말은 바로 예수님의 마지막 말씀이다. "이 소자 중에 하나라도 잃어지는 것은 하늘에 계신 너희 아버지의 뜻이 아니니라." 그들 중 하나라도 잃어 버리면 안 된다. 그 분은 어느 누구라도 '잃어지거나 멸망하거나 쓸모없게 되는 것'을 바라지 않으신다. 여기에 사용된 단어는 모두를 의미한다. 하나님의 뜻을 강조하고 있으며 그 분이 우리 아버지라는 사실에 강조점을 두고 있음에 유의하라. 그 관계는 우리와 학생의 관계를 설명해 준다. 하늘에 계신 너희 아버지가 한 명의 어린이도 잃기를 원하지 않으신다면, 하나님의 자녀이며 하나님을 의지하고 있는 당신은 어떤 어린이도 잃기를 원하지 않아야 한다.

어린이에 대한 예수님의 또 다른 태도는 예수님이 유대 땅의 요단강을 건너가서 사람들을 가르치실 때 나타난다. 마가와 누가는 사람들이 자기 자녀들을 축복해 달라고 예수님께 데려온 사실을 기록하고 있다. 그런데 제자들이 그들을 꾸짖어 돌려 보내려 했다. 마가는 예수님이 이 사실에 분개했다고 기록한다. 그 때 사용된 단어는 '아가낙테오'(*aganakteō*)인데 '슬퍼하는 것', '신체적으로 격렬한 분노를 느끼는 것', '대단히 불쾌한 것', '분개하는 것'이라는 뜻이다. 매우 강한 느낌을 나타내는 단어이다. 예수님은 "어린 아이들의 내게 오는 것을 용납하고 금하지 말라 하나님의 나라가 이런 자의 것이니라"(막 10:14)고 명령하셨다.

그러고 나서 예수님은 우리가 이미 마태복음 18:3에서 살펴본 내용을 반향하는 말씀을 덧붙이셨다.

> 내가 진실로 너희에게 이르노니 누구든지 하나님의 나라를 어린 아이와 같이 받들지 않는 자는 결단코 들어가지 못하리라 하시고 그 어린 아이들을 안고 저희 위에 안수하시고 축복하시니라(막 10:15-16)

나는 이 가르침에 한마디 덧붙이지 않을 수 없다. 다른 나라는 모르겠는데 영국의 국민학교 교사는 교사 중에 가장 낮은 위치에 있다고 느끼는 경우가 많다. 그들은 자신이 대학생을 가르치는 교수보다 못하다고 생각한다. 그러나 성경의 가르침은 그들의 일이 가장 중요함을 나타내고 있다고 생각한다. 어린 아이들에게 강조점이 있다. 분명히 고등학교나 대학의 모든 교사들은 국민학교, 중학교에서 쌓은 기반에 의존하고 있다. 어린 아이를 가르치는 교사들은 예수님이 하신 이 말씀에서 자신을 가져야 한다고 확신한다.

마지막 결론

어떤 어린이를 만나든지 그리스도의 이름으로 환영해야 한다는 주님의 말씀으로 돌아가 보자. 어떤 의미에서 '어떻게 그럴 수 있는가'라는 의문을 제기하기 전이나 지금이나 그것은 여전히 어렵다. 왜냐하면 항상 당신이 쉽게 다루기 어려운 한 명, 혹은 한 그룹의 아이들이 있을 것이기 때문이다. 그렇더라도 잠깐 멈추어 기도하는 마음으로 그들을 생각하며, 아무리 그 형상이 일그러진 것처럼 보일지라도 그들도 하나님의 형상으로 창조되었다는 사실을 기억하라. 또한 그리스도가 마태복음과 마가복음에서 말씀하신 관점으로 그들을 본다면, 당신은 곧 하나님의 도움으로 성령의 열매에 해당되는 성품들을 그들에게 보여 줄 수 있음을 기억하라.

그리스도인 누구에게나 이 문제는 실제적이기 때문에 각 단계를 되풀이할 가치가 있다. 당신이 가르치는 모든 학생을 위해 다음 사항을 기억하라.

1. 누가 그들을 창조했는지 기억하라.
2. 각 사람은 하나님의 형상으로 창조되었음을 기억하라.
3. 그리스도가 그들을 어떻게 생각하시는지 기억하고 그들을 위해 이 땅에 오신 주님을 찬양하라.
4. 그들을 가르치는 순간마다 하나님의 도우심을 위해 구체적으로 기도할 것을 기억하라.

이런 관점을 가질 때 분명히 당신은 문제 학생 ―또 가르치는 모든 학생 ―을 좀더 자신 있게, 연민의 정을 가지고 대하게 될 것이다. 어린이와 청소년에 대한 전반적인 접근 방식이 변하게 되는데, 그 이유는 그 방식이 차츰 새로워지기 때문이다. 그러면 더 많은 학생들에 대해 성공할 수 있는 기회가 증가할 것이다. 할렐루야!

기도와 토론을 위하여

1. 당신은 학생들―전체와 개인―을 현재 어떻게 생각하고 있는가? 어떤 변화가 있어야 하겠는가? 당신이 가르치는 학생들을 몇 명 뽑아 당신이 그들을 대하는 태도를 자세히 분석해 보라. 다른 그리스도인 교사와 함께 나누면 도움이 될 것이다.

2. 잠언 1-9장을 읽으라. 나이가 어린 사람들의 많은 책임이 그 곳에 수록되

어 있다. 당신은 학생들이 그것을 이해하고 실천하도록 어떻게 도울 수 있는가?

3. 하나님이 전에 바사 왕 고레스에게 약속하신 말씀이 있다. "내가 네 앞서 가서 험한 곳을 평탄케 하며 놋문을 쳐서 부수며 쇠빗장을 꺾고"(사 45:2). 이 약속에 근거하여 1)당신이 하나님 앞에 더욱 겸손하게 설 수 있도록, 2) 당신 반 학생들과의 관계를 해결하는 일을 도와주시도록 간구하라.

제 5 장

순종의 문제

나는 전에 플로리다(Florida)에서 일주일 동안 열린 기독 교육자 대회에 참석한 적이 있다. 그 때 한 워크숍 세미나가 참석자들의 가장 큰 관심을 끌었다. 그 세미나에 너무 사람이 많이 몰려서 주최측은 더 큰 방을 찾아야 했고, 나머지 다른 세 가지 워크숍은 사람들이 원하는 때로 재조정해야 했다. 그토록 관심을 끌었던 주제는 무엇이었겠는가? 그것은 '교사의 탈진'이라는 주제였다. 대회 첫날 저녁, 나는 많은 참가자들이 그 세미나에는 빠지지 않겠다고 말하는 소리를 들었다. 그들은 정말 그 시간에 빠지지 않았다. 정말 얼마나 잘 경청하던지! 마침내 한 여교사가 사람들에게 말했다. "아, 정말 나에게는 그 세미나가 큰 도움이 되었어요."

왜 그렇게 많은 교사와 강사들이 이 시간에 참여했는가? 그것은 요즈음에는 교사가 되는 일이 전보다 훨씬 더 어려운 일이기 때문이다. 교직은 결코 쉬운 소명이 아니다. 요즈음처럼 불안하고 분열된 시대에, 사기가 저하되고 전통 규범에 대해 도처에서 의문을 불러일으키는 이 때에, 교사의 일은 전보다 더 힘들어진다. 교사의 스트레스, 피곤, 탈진의 가장 큰 원인은 무엇인가? 그것은 훈련(discipline)의 문제이다. 어린이, 청소년들에게 순종과 자제력의 습관을 들여 주는 일은 해마다 학습 위주의 방향으로 나아가는 요즈음의 교육 현실에서 더욱 어려워지는 듯하다.

당신은 어떻게 학생들을 다루고 있는가? 어떻게 그들이 학습하도록 만드는가? 매주, 또 해마다 어떤 식으로 성공을 이루어 나가는가? 이는 대부분의 교사와 교사 지망생들이 가장 흔하게 물어 오는 질문들이다. 그들은 개인적으로 그 문제에 대해 고민한다. 당신도 자문해 보았을지도 모른다. 그러다가 답이 떠올랐을 수도 있다. 교육에 관한 간행물의 목록을 훑어 보라. 아니면 교사 수련회에서 현저하게 부각되는 주제들을 살펴보라. 훈련에 관한 책, 강연 등도 많다. 어느 곳에나 많이 있다. 어떻게 훌륭한 부모가 되는가, 어떻게 성공적인 교사가 되는가에 관한 책들도 있다. 또 '자녀 양육에 관한 새로운 접근', '훈련은 즐거울 수 있다' 등의 책도 있다. 이러한 것은 옛적부터 많은 사람들이 다루었던 것들이다.

이런 책을 쓴 사람들은 우리에게 산더미같은 많은 충고를 한다. 그들은 실제로 어린이를 가르치든 그렇지 않든 대단한 권위와 확신을 가지고 글을 쓴다. 그 내용은 모두 그럴 듯하며 합리적인 것처럼 보인다. 당신이 그 문제를 잘 해결하면, 일종의 개인적인 다양성이 있음에도 불구하고 그들 대부분은 어린이와 양육에 관해 똑같은 가정을 만들어 낸다. 그 중 가장 유명한 다섯 가지 가정을 잠깐 살펴보자. 그러면 당신은 이것이 성경의 가르침과 어떻게 다른지 알게 될 것이다.

1. 어린이들은 원래 착하게 태어난다. 최악의 경우 선하지도 악하지도 않다. 발전을 방해하고 제한하는 것은 그들이 처한 환경이다.
2. 어린이에게는 징계보다 오히려 사랑이 필요하다. 이런 견해를 받아들이는 사람들이 생각하는 '사랑'의 의미가 무엇인지는 알기가 쉽지 않다. 그러나 이 사랑은 진정한 성장을 도모하는 반면에, 징계는 성장을 방해하는 두려움, 죄, 억압을 낳으면서 성장을 억제한다.
3. 부모와 교사들이 나가는 방향은 어린이들의 발전을 제한한다. 이것은 어린이들에게는 마음대로 성장하고 발전할 완전한 자유가 필요하다는 주장이다.
4. 어른들은 자신의 가치와 믿음을 어린이들에게 주입할 아무런 권리가

없다. 부모와 교사의 견해를 채택하도록 어린이를 설득하려는 시도는 세뇌이며 어린이 각자의 권리를 존중하지 못하는 것으로 여겨진다. 어린이의 권리는 어린이가 자기 방식대로, 자기의 때에, 자기의 믿음에 도달할 수 있는 것이다.

5. 어린이들은 자신의 행동을 결정할 필요가 있다. 어린이와 청소년들이 어른의 의지에 속박되지 않고 자기 인생에 대해 스스로 결정을 내릴 자유가 있을 때에만 자유롭고, 자발적이며, 성숙한 성인에 이를 수 있다는 주장이다.

이와 대조하여 제임스 돕슨(James Dobson)은 인기 있는 그의 베스트셀러 「훈련을 감행하라」(*Dare to Discipline*[Tyndale House, 1971])에서 어린이들에게 자제력과 책임 있는 행동을 가르쳐야 함을 주장한다. 그 역시 어린이들이 성숙하고 책임 있는 성인으로 자라기를 바란다. 차이점이 있다면 어린이들이 자제력과 살아가는 방식을 배우는 데 도움이 필요함을 그가 알고 있다는 것이다. 확고하고 합리적이며 일관되고 사랑이 중심이 되는 훈련 자체가 중요한 교사의 역할을 함을 그는 잘 알고 있다.

이런 종류의 교육 이론은 전에 토마스(D. Thomas), 그레카스(V. Grecas), 웨이가르트(A. Weigart), 루니(E. Rooney)가 「가정의 사회화와 성인」(*Family Socialization and the Adolescent*[Toronto: D. C. Health & Co., 1974])이란 책을 냈던 1970년대 연구 조사에 기인하고 있다. 그들은 여러 가정의 자녀 양육을 살펴본 결과, 많이 도와주고 많이 통제한 권위적인 부모들이 가장 높은 자아상과 적응력을 지닌 아이들을 길러 냈다는 사실을 알았다. 또한 이런 배경의 아이들은 청소년적 반문화(反文化) 집단에 어울리지 않고 종교적인 믿음과 실천에 가장 잘 공감했던 아이들이었다. 이 연구가 더 널리 알려지지 않은 것이 유감이다.

혹 이런 생각이 들지도 모른다. '부모만 그 역할을 제대로 감당한다면 이 모든 이론은 다 좋은 것이므로 많은 어린이들의 교육이 잘 이루어질 것 같다. 그러나 너무 많은 어린이들이 그렇지가 않다. 우리 학교에서 X나 Y 같은 아이들은 다루기가 결코 쉽지 않다.' 베리 헤리슨(Barry Harrison)이라는 아이에 관한 이야기를 들어 보라.

전에 치안판사로 있을 때 나는 베리를 만나게 되었다. 그는 열두 살이었는데 학교에 무단 결석을 해서 그의 부모가 기소된 상태였다. 그가 다녔던 다섯 학교에서 모두 그 아이는 가망이 없으며 너무 행동이 난폭하다는 평이 나왔다. 한 보호 관찰관의 도움으로 그는 매일 학교에 가서 자기 같은 아이들만 다루는 어떤 교사의 지도를 받게 되었다. 이 교사와 함께 지낸 지 6개월이 지난 후에 베리는 학교 수업에 진보를 가져오기 시작했고 파괴적인 행동이 훨씬 줄어들었다. 또한 보호 관찰관이 그 부모를 도와준 덕분에 그는 집에서도 점점 인정을 받았다. 교사는 처음에 고생을 많이 했지만 꾸준히 그를 돌보았다. 그는 베리를 믿었고, 그를 잘 돌보면서 일관된 훈련을 했다. 내가 알기로는 이런 것들이 베리에게 계속 만족스럽게 이어진 것이었다.

당신이 가르치는 학생들에게 적절한 훈련을 하는 방법을 좀더 자세히 알고 싶다면 돕슨 박사의 책들을 읽는 것이 좋다. 이 장의 목적은 진정한 순종의 본질과 유익을 살펴보는 일이다. 그러기 위해서는 어린이의 본질과 필요에 대해 성경이 말하는 바를 기억하는 것이 도움이 된다. 그러면 당신은 그것이 앞에서 이미 살펴본 어린이들에 관한 다섯 가지 보편적인 견해와 실제로 대조가 되고 있음을 알게 될 것이다.

우연이지만 나의 저서 「학교로 가는 길은?」(Which Way to School? [Lion, 1972])에 이 주제에 대해 자세히 기록해 놓았다. 따라서 여기에서는 간단히 요약만 할 것이다. 성경에 따르면 어린이들은 선하게 태어나지 않는다. 그들은 자신의 존재 전체에 감염된 죄로 물든 상태로 태어난다. 그들은 순진하며 분별력이 부족하며 이해력에도 한계가 있다. 그들은 쉽게 이끌리며 쉽게 흔들린다. 따라서 그들은 매우 상처를 입기 쉽다. 그렇지만 그들은 모두 사랑과 신뢰를 할 수 있고, 경배와 찬양을 할 수 있다. 그들의 근본적인 필요는 먼저 사랑과 애정이며 개인적인 관심, 악으로부터의 안전과 보호, 훈련과 징계, 교훈과 가르침이다.

이렇게 해서 배경 설명이 이루어졌다. 이제 순종이라는 주제를 직접 다룰 차례이다. 몇 가지 이야기로 시작해 보자.

성경의 두 가지 이야기

성경에서 잘 알려진 이야기 중 구약에서 하나, 신약에서 하나가 우리에게 좋은 본보기가 된다. 사무엘을 기억하는가? 사무엘이 어렸을 때였지만 그는 어느 날 밤 주님이 부르시는 소리를 듣고 잠이 깼다. 엘리 제사장이 불렀을 것이라고 생각하고 그는 세 번이나 일어나 엘리의 방으로 갔다. 마침내 엘리는 무슨 일이 일어나고 있는지 알아차리고 사무엘에게 정확히 가르쳐 주었고, 하나님이 다시 불렀을 때 사무엘은 엘리가 일러 준 대로 하여 하나님의 말씀을 받게 되었다(삼상 3:1-18).

예수님이 두 형제에 관해 하신 말씀은 어떠한가?(마 21:28-32) 아버지는 아들들에게 포도원에 가서 일하라고 말했다. 맏아들은 가겠다 하고 가지 않았고 둘째 아들은 싫다고 하더니 그 후에 뉘우치고 갔다. 분명히 모든 교사들은 학급에서 이 두 가지 유형의 어린이들을 만나고 있다.

학교 이야기

한 가지 이야기를 더하겠는데 이번에는 내가 교생 실습 중에 있는 학생들을 방문했을 때 경험한 것이다. 한 교생이 맡고 있던 학급은 5학년 아이들로 모두 요란스럽게 움직이며 통제하기 어려운 학생들이었다. 그 교생은 계획해 놓은 특별 활동을 할 수 있도록 학생들을 조직하는 일이 어려움을 알았다. 한두 명의 남학생이 특히 어려웠다. 결국 그녀는 수업을 멈추고 말했다. "자, 이런 상태로는 더 이상 계속 나갈 수 없어요. 모두 자기 책상에 앉아 글을 쓰도록 해요. 여러분들이 하기를 바라는 것인데, 아주 중요해요. 여러분들이 쓴 것을 읽어 보면 내게 배운 내용을 여러분이 잘 이해했는지 알 수 있을 거예요." 그녀는 가르친 내용을 일러 주며 학생들에게 그것을 쓰게 했다. 잠시 후에 학생들은 조용해지더니 수업이 끝날 때까지 열심히 공부했다.

수업이 끝나고 학생들이 교실을 나가려 할 때 나는 두 명의 말썽꾸러기 남학생을 각각 따로 불러, 수업 초반에는 그렇게 떠들더니 나중에는 어떻게 해서 조용히 공부를 잘했느냐고 물었다. 그 중 한 명은 이렇게 대답했다. "왜냐하면요, 나는 그 선생님을 좋아해요. 훌륭한 선생님이시거든요." 또 한 명은 이렇게 말했다. "에, 그렇게 하는 것이 옳지 않겠어요? 그것이 중요하다고 선생님이 말씀하셨거든요."

나중에 이 말을 떠올려 보며 나는 두 소년이 말해 준 이유가 성경의 두 이야기와 부합한다는 생각이 들었다. 그들은 생각 없이 순종하면서 교사가 지시한 대로 행동한 것이 아니었다. 분개 섞인 복종으로 그렇게 한 것은 더더욱 아니었다. 그런 식의 접근은 진정한 순종을 낳지 못한다. 진정한 순종은 긍정적이다. 그것은 마음과 의지, 두 가지가 함께 작용하는 행위이다. 마음은 규칙이나 교훈이 합리적이고 올바르며 중요하다는 것을 인정하고, 의지는 그것을 수행하게 한다.

두 학생 중 하나는 그 교사를 존경했고, 순종을 요구하는 교사의 권리, 권위를 인정했기 때문에 순종했다. 사무엘도 마찬가지였다. 그는 엘리가 자기를 책임지는 사람임을 인정했고 엘리가 제사장이라는 사실을 존중했다. 그래서 엘리가 일러 준 대로 했다.

또 다른 학생은 그것이 옳고 마땅히 해야 할 것임을 알았기 때문에 순종했다. 그도 예수님의 이야기에서 순종한 아들처럼 자기 행동을 지도하는 교사의 권한을 인정하고 있었다. 처음에 그 아들은 아버지가 요구하는 것을 하고 싶지 않았던 것이 사실이다. 그러나 좀 생각하더니 그는 순종했다. 그는 아버지가 요구하신 것이 합리적이고 옳은 것임을 알았다. 결국 그 일을 요구한 사람은 아버지였다.

순종의 조건

진정한 순종이 가능하다는 사실을 확인하는 데 필요한 것이 무엇인지 생각해 본 일이 있는가? 필수적인 조건의 목록을 만들어 보는 일은 가치 있다고 생각한다. 여기에는 적어도 여섯 가지 매우 중요한 사항이 있다. 우리가 앞에서 본 이야기가 이 중 세 가지를 제공해 준다. 먼저 그 내용에 대해 언급하고자 한다.

1. 명령하는 사람은 그렇게 할 권리가 있다

성경은 항상 우리에게 합법적인 권위를 행사하는 사람에게 순종해야 한다고 강조한다. 여기에는 사회를 지배하는 사람들, 정부 당국, 또 어린이에게는 그들의 부모와 교사가 포함된다.

2. 명령하는 사람은 존경과 신뢰받을 가치를 지니고 있어야 한다

권위를 지닌 모든 사람이 신뢰받고 존경받는 것은 아니다. 그러나 어린이에 관한 한 이 조건은 결정적이다. 그들은 자기를 가르치는 사람이 공인된 가치와 수준을 갖고 있으며 믿을 수 있는 인격적인 사람임을 확신해야 한다.

3. 명령, 규칙, 교훈은 합리적이어야 한다

우리는 지금 진정한 순종의 필수적인 조건에 대해 생각하고 있음을 기억하라. 학교에서 학생들은 때때로 합리적이지 않은 규칙에 순응해야 한다. 어떤 교사들은 불필요하거나 실제로 교육적 명분이 없는 교훈을 하기도 한다. 그 학생들은 아마 교사가 하라는 대로 하기는 할 것이다. 마지못해 아니면 시무룩한 표정으로, 혹은 두려움 때문에 순종할 것이다. 그러나 진심에서 우러나오는 순종은, 어린이들에게 주어진 규칙과 지침이 명백하게 공정하며 논리적이고 요점과 목적을 지니고 있어야 가능하다.

4. 명령과 규칙은 이해할 수 있는 것이어야 한다

내가 개인적으로 당신이 원하는 것이 무엇인지 이해한다면 나는 당신이 부탁하는 일이나 어떤 요구를 훨씬 잘 받아들일 것이다. 당신의 학생들도 마찬가지이다. 규칙은 본질적으로 합리적이지만 학생들이 그 의미를 정확히 알지 못하면 그들은 올바로 순종하지 않을 것이다. 이 부분에서의 실패는 흔히 학생의 '불순종'의 원인이 된다.

5. 명령한 것은 순종 가능한 것이어야 한다

규칙과 교훈은 당연히 합리적인 동시에 이해 가능한 것이어야 한다. 또한 그것은 받아들이는 사람의 능력이 미치는 것이어야 한다. 어린이와 청소년들의 능력을 벗어나는 것을 행하라고 말해야 소용이 없다. 그런데 교사들은 때때로 이런 오류를 범한다. 학생들이 당황하며 더 분명한 설명을 요구해 올 때 이런 교사들은 화를 낸다.

6. 경계선이 처음부터 분명하게 정해져야 한다

이것은 좋은 훈련과 실제적인 순종의 절대 필수적인 요소이다. 어떤 관계든지, 특히 교사와 학급의 관계는 처음에, 허용되는 것과 용납될 수 없는 것이 아주 명백하게 구분되어야 한다. 모든 어린이에게 경계선은 중요하다. 그것은 생활에는 구조와 질서가 있으며, 다른 사람에게 관심을 갖는 일이 중요함을 보여 준다. 여러 가지 이유로 그런 경계선을 제거하는 사람들이 있다. 그들은 경계선이 개인의 자유를 침해한다고 말한다. 어떤 사람은 경계선이 없는 삶이 훨씬 민주적이라고 말한다. 혹은 학생의 책임보다는 권리를 더 강조해야 한다고 말한다. 그런 식의 접근은 하나님이 정하신 전체 사회 구조와 모든 개인의 진정한 본질을 손상시킨다.

경계표 제거에 대한 구약의 말씀(예를 들어 신 19:14과 잠 23:10-11을 보라)에 함축된 것처럼, 사람들이 자신의 경계를 설정할 때 실제 일어나는 일은, 개인의 권리를 획득하거나 더 큰 자유를 얻게 되기는커녕 자유와 권리가 손상되며 개인이 희생되거나 악용된다. 어린이와 어른들은 똑같이 그들이 할 수 있거나 할 수 없는 일에 대한 제한이 필요하다. 이 제한은 사람이 기댈 수 있는 안전한 구조를 제공하며, 행동에 대한 지침, 심지어는 도전을 제공한다.

이제 성경이 순종에 대해 말씀하는 바를 들어야 할 차례라고 생각한다. 항상 그러하듯이 성경은 우리에게 그림의 양면을 보여 주어 우리가 의심없이 그 가르침을 받을 수 있도록 한다. 성경은 불순종의 예와 불순종을 다루는 방법을 우리에게 보여 준다. 또한 진정한 순종의 복에 대한 가르침을 준다. 이 장의 끝 부분에 긍정적인 면을 기록하고 싶어서 우선 부정적인 면부터 시작하겠다.

불순종에 대한 성경의 관점

'불순종'은 사전에서 '반역', '규칙 위반'으로 간단하게 정의된다. 이것은 권위에 대한 고의적이며 직접적인 도전이다. 다른 방향으로 가야 할 것을 알면서 자기의 이기적인 목적을 만족시키기 위해 의도적으로 내 길을 가는 것이다. 두 살짜리 자니(Johnny)가 엄마의 요구를 계속 거부할 때 그의 움직일 수 없는 목적에 불가피한 힘이 주어질 때까지 계속 거부하는 모습을 보지 않았는가? 반항적인 청소년이 학교나 청소년 단체의 규칙을 무시하는 것은 또 어떠한가?

성경은 우리에게 몇 가지 교훈적인 예를 제시하고 있다. 아담과 하와야말로 그 첫 번째 예이다. 하나님이 에덴 동산에서 그들에게 질문하셨을 때, 그들이 각각 어떻게 반응했는지 기억하는가? 아담이 대답했다. "하나님이 주셔서 나와 함께 하게 하신 여자 그가 그 나무 실과를 내게 주므로 내가 먹었나이다." 하와가 대답했다. "뱀이 나를 꾀므로 내가 먹었나이다"(창 3:12-13).

가인은 어떠했는가? 그는 대답했다. "내가 (아벨이 어디 있는지) 알지 못하나이다 내가 내 아우를 지키는 자니이까?"(창 4:9)

사무엘은 이스라엘의 첫 번째 왕인 사울에게 아말렉과 싸워 이긴 후 왜 하나님이 명하신 대로 모든 양과 소들을 멸하지 않았느냐고 물었다. 사울은 이렇게 대답했다. "그것은 무리가 아말렉 사람에게서 끌어 온 것인데 백성이 당신의 하나님 여호와께 제사하려 하여 양과 소의 가장 좋은 것을 남김이요 그 외의 것은 우리가 진멸하였나이다"(삼상 15:15).

또 한 예는 게하시에게서 볼 수 있는데 그는 엘리사의 종으로, 엘리사가 나아만의 문둥병을 고친 후에 받기를 거절했던 선물 은과 옷을 몰래 나아만에게서 받았다. 엘리사가 게하시에게 어디에 있었느냐고 묻자 그는 대답했다. "종이 아무 데도 가지 아니하였나이다"(왕하 5:25).

순종과 불순종은 둘 다 각각의 독특한 열매를 맺는다. 위의 예뿐 아니라 다른 예에서도 어떤 행동 유형은 불순종에서 싹튼 것을 볼 수 있다. 그것들은 반복하여 계속 일어난다. 당신은 교실에서도 이런 것들이 있음을 인정할 것이다. 그 중 몇 가지를 뽑아 보자.

은폐가 있는데, 이것은 자신을 변명하는 것이다. 따라서 아담과 하와처럼 우리는 남의 탓으로 돌린다. 아니면 환경을 탓한다. 정말 우리의 잘못이 아니었다고 한다.

시무룩한 표정의 방어가 있다. 가인이 보여 주었듯이 우리가 진리에 맞부딪칠 때 나타난다.

불순종한 행동의 합리화가 있다. 사울이 한 것처럼 자신이 한 행동을 가능한 한 좋은 입장으로 나타내는 것이다.

공개적인 책임 회피가 있다. 아담, 하와, 가인, 사울에게서 볼 수 있는 것처럼 우리 죄와 잘못을 인정하기를 거부한다.

계산된 거짓말이 있다. 가인과 게하시가 그랬던 것처럼 진실과 그 결과를 회피하는 일이다.

이 모든 열매는 썩은 것이며 재빨리 효과적으로 처치되어야 한다. 순종을 장려하는 데 절대적으로 결정적인 한 가지 방법은 불순종을 효과적으로 다루는 일이다. 하나님이 아담과 하와를 다루시는 방식(창 3장)과 사무엘이 사울을 대하는 방식(삼상 15장)을 다시 살펴보라.

각각의 경우에 아주 명백한 명령이 행동의 경계를 정해 주었다. 불순종한 사실이 밝혀졌을 때, 범죄한 자는 그 사실에 직면하였고, 말씀을 듣는 일이 강조되었다. 그들이 이미 받은 명령을 다시 기억하라고 되어 있다. 그들이 왜 불순종했는가에 대한 질문이 구체적으로 주어졌다. 모든 변명은 잘렸고, 범죄한 자는 명령 뒤에 숨겨져 있는 원칙으로 돌아가게 되었다. 예를 들어 사무엘은 사울의 불순종의 실제 모습 즉 거역을 파헤쳤다. 거역은 사술의 죄와 같고 완고한 것은 사신 우상에게 절하는 죄와 같다(삼상 15:23). 마지막으로 불순종에 대한 형벌이 아주 명백하게 언명되었다.

순종의 복

"행위 완전하여 여호와의 법에 행하는 자가 복이 있음이여"라고 시편 기자는 선포했다(시 119:1). 그렇지만 그리스도인의 순종은 값비싼 대가를 치를 수 있다. 전에 우리는 교회의 가족 모임에서, 최근에 레닌그라드에서 언어학을 전공하고 돌아온 한 학생의 이야기를 들은 적이 있다. 그 여학생은 소련에 머무르는 동안 여러 명의 그리스도인을 만났는데 당시 소련의 그리스도인은 그리스도께 순종함으로 얼마나 핍박을 받고 있는지 모른다는 슬픈 이야기를 했다. 내가 알고 있는 한 남학생은 믿음 때문에, 어린 학생들을 위협하여 돈을 빼앗는 학교 친구들과 어울리기를 거절했다. 그는 친구들에게 따돌림을 받았고 여러 번 얻어맞기도 했다.

순종은 때때로 고통스러운 결과를 낳는다. 주 예수님이 그것을 체험하시지 않았던가? 그 분은 역사상 그 어느 누구보다도 더 많은 고통을 당하셨다.

그럼에도 불구하고 순종은 영원한 보상을 가져온다. 성경은 수없이 그것을 강조한다. 예를 들어 순종하는 사람이 불순종하는 사람보다 의사나 병원의 진료 청구비를 훨씬 더 절약할 수 있다는 사실을 알고 있는가? 놀라운 일이라고? 이 사실을 당신은 정말 알고 있어야 한다. 잠언 3:7-8을 읽어 보라.

> 스스로 지혜롭게 여기지 말지어다
> 여호와를 경외하며 악을 떠날지어다
> 이것이 네 몸에 양약이 되어
> 네 골수로 윤택하게 하리라

순종은 좋은 약이다. 불순종하는 사람은 자기 자신과 다른 사람을 긴장하게 한다고 볼 수 있다. 우리가 앞에서 살펴본 모든 부정적인 결과는 불가피하게 몸과 마음과 영을 해롭게 한다. 그리고 결과적으로 건강의 문제로 이끌어 간다. 반대로 순종하는 사람은 훨씬 더 자신이 있으며 자기 자신과 이웃과의 관계가 편안하다. 그의 인격, 마음과 육체, 모두에 똑같이 미치는 효과는 분명히 긍정적이며 건전하다.

우리는 성경에서 사용된 '순종'의 문자적 의미가 무엇인지를 생각해 보아야 한다. 구약에서는 동사로 '사마'(*sāma*‛)이고 신약에서는 '히파코에'(*hypakoē*, 명사)와 '히파코우'(*hypakouō*, 동사)이다. 기본적으로 이 단어는 듣는 것, 경청하는 것을 말한다. 신약의 단어는 두 단어가 합성하여 ─ '히포'(*hypo*, 아래에)와 '아코우'(*akouō*, 듣는 것) ─ 만들어진 것으로 '아래에서 듣는 것'이다. 다시 말해서 복종하며 듣는 것이다. '복종'이란 단어를 오해하지 말라. 이 말은 긍정적이며 자발적이고 준비된 복종이다. 순종의 마음을 가지면 실제로 진실하게 듣는다. "너희는 가만히 있어 내가 하나님 됨을 알지어다"(시 46:10). 들은 말씀을 행하기 위해 완전하고도 자발적인 주의를 기울이는 것이다. 유치원에서 올라온 학생들이 순종하는 법을 배우려면 듣는 훈련을 받을 필요가 있다.

성경에서 말하는 순종에는 두 가지가 포함된다. 첫째, 듣는 것, 둘째는 자아의 자발적인 복종 ─ '나의 뜻대로가 아닌 당신의 뜻대로' ─ 이다. 이는 명령하는 사람에 대한 신임, 신뢰, 믿음도 포함된다. 순종의 반응은 믿음의 본질적인 한 부분이다. 순종은 "주님(혹은 선생님), 말씀하시면 하겠나이다" 하는 것이다.

순종에 대한 성경의 가르침을 가장 잘 요약해 놓은 부분은 요한일서에서 찾아볼 수 있다. 그 서신에서 당신은 적어도 순종에서 비롯되는 일곱 가지 큰 복을 발견하게 될 것이다. 우리와 마찬가지로 어린이들에게도 이런 복이 많이 필요하다. 그들은 자신의 모습이 어떠한지 알아야 할 필요가 있다. 나는 순종에 대해 더 자세히 가르칠수록 학생들을 더 많이 격려할 수 있다고 믿는다. 결국, 불순종에 대한 유혹은 흥분, 재미, 자기 주장, 자유의 보상을 지속시켜 주는 것처럼 보일 뿐이다. 당신은 순종이 가져다 주는 견고하고 진실하며 영원한 유익들을 가르쳐 줌으로써, 겉으로 보기에 마음이 끌리는 것의 실제 모습을 드러나게 하지 않겠는가?

요한이 기록한 일곱 가지 복들을 각각 살펴보자. 성경에 나온 순서대로 하기 위해 지식부터 시작한다.

1. 지식

우리가 그의 계명을 지키면 이로써 우리가 저를 아는 줄로 알 것이요 (요일 2:3)

다시 말해 순종은 지식으로 이어진다. 다음 내용은, 계속해서 파괴적인 행동을 일으켜 학교에서 정학을 당한 학생에게 한 교사가 보낸 편지의 일부이다.

네가 많은 공부를 하는 일이 어렵다는 것을 안다. 지겨울 것이라고 생각해. 그러나 내 생각에는 네가 하려고만 한다면 할 수 있다고 봐. 데이빗, 문제는 내가 너를 전혀 도울 수 없다는 점이야. 네가 나를 믿어 주기 바래. 네가 학교에 돌아오면 내가 너를 도와줄 수 있게끔 하렴. 네가 나를 믿지 않으면 그렇게 할 수가 없단다. 그러나 말썽을 일으키지 않고 내가 말하는 것을 받아들이고 잘 들으면 너에게 어떤 유익이 돌아오는지 곧 알게 될거야. 너는 더 많은 것을 배우며 잘하기 시작할거야. 그래서 너도 할 수 있다는 것을 스스로 입증하게 될거야.

불순종하는 학생이 집이나 학교에서 어떻게 무엇을 배울 수 있겠는가? 이 교사는 올바른 접근을 하고 있다. 부모, 교사의 말을 듣고 그들이 지시하는 대로 기꺼이 따르는 어린이는 의심할 바 없이 잘 배운다. 그들은 새로운 사실, 생각, 기술과 이에 필요한 이해력을 획득한다. 그것은 불가피한 일이다. 물론 어떤 아이들은 다른 아이들보다 이런 것을 배우는 데 더 오랜 시간이 걸린다. 그러나 주어진 시간 속에서 순종하는 어린이들은 확실히 그의 능력을 최대한으로 계발시켜 나갈 것이다.

2. 온전함

많은 학생들에게, 그들을 가르치고 돌보는 사람에게 순종하는 것이 지식을 획득하는 확실한 방법임을 깨닫게 하는 일은 그다지 어렵지 않다. 그 다음에 오는 복을 설명하는 것이 더 어려울지도 모른다. 요한은 이렇게 기록하고 있다.

누구든지 그의 말씀을 지키는 자는 하나님의 사랑이 참으로 그 속에서 온
전케 되었나니 이로써 우리가 저 안에 있는 줄을 아노라(요일 2:5)

온전의 개념은 완성되는 것, 끝나는 것, 완전해지는 것을 포함한다. 이는 실
제 모든 교육의 목표이다. 당신은 학생들이 성숙하고 분별력 있으며 완전히
성장한 인격으로 자라나기를 바란다. 나도 마찬가지이다. 이런 목표에 도달
할 수 있도록 돕는 사람에게 기꺼이 순종하는 것은 그들이 마땅히 해야 할
일이다. 그 길을 가면서 학생들은 우리가 줄 수 있는 모든 것을 우리에게서
취할 수 있다.

이것은 도달해야 할 재미있는 목표이다. 더 어린 아이들은 그것을 이해하
기 어렵다고 할 것이다. 그러나 고등학생 정도면 그들은 틀림없이 더 많이
이해할 수 있다. 해를 거듭할수록, 어른이 되며 어른처럼 대우받고자 하는
열망은 더욱 커진다. 이것은 시간을 요하는 일임을 그들은 속으로 알고 있
다. 그러나 그들이 듣고 복종하며 행할 때 우리는 그들이 진보를 깨닫도록
도울 수 있다. 진정으로 온전케 되려면 권위를 지닌 사람뿐 아니라 하나님께
도 사랑으로 복종해야 한다는 사실을 깨닫게 돕는 일만이 공정하고 올바른
일이며 그들을 사랑하는 일이다. 그런 점에서 교사와 학생들은 똑같은 위치
에 있다. 학생들이 이 사실을 아는 것이 도움이 된다고 생각한다.

3. 인격 성장

순종은 지식과 이해뿐 아니라 인격의 성장을 가져오도록 돕는다. 이 견해
는 요즈음 유행하는 이론과 현저하게 대조가 되는데, 요즈음의 견해는 각 사
람을 적절히 성장시키려면 제지받지 않고 자기가 하고 싶은 일을 하게 해야
한다는 것이다. 아니면 프랑크 시나트라(Frank Sinatra)가 노래한 것처럼
'나의 길을 가련다'(I did it my way, 유명한 팝송 *My Way*의 마지막 가사
—역주)는 식이다. 성경에서 말하는 답은, 성장하기 위해 자기가 하고 싶은
것을 하기보다는 각 상황마다 올바른 것을 수없이 반복해야 한다는 것이다.

요한은 다음과 같이 말하고 있다.

　의를 행하는 자는 그(하나님)의 의로우심과 같이 의롭고(요일 3:7)

그는 어떤 식으로 말하지 않는가? 그는 '착하게 보이는 사람이 착하다'고 말하지 않는다. 이는 미용 광고에서 말하는 것이다. 의상 광고도 마찬가지이다. 요한은 '가장 많은 것을 갖고 있는 사람이 가장 크다'라고 말하지 않는다. 이런 식으로 제안하는 것은 돈과 재산을 의식하는 우리 사회이다. 그는 '승리하는 사람, 혹은 가장 강한 사람이 최고의 사람이다'라고 말하지 않는다. '당신이 조금이라도 마음에 들어 하는 것이 당신에게 유익을 준다'는 속담을 인용하지도 않는다.

　그런데 우리 어린이들은 늘 잘 생긴 사람, 성공한 사람, 권세 지닌 사람, 부자, 제멋대로 하는 사람만이 가장 좋은 사람이라고 믿게끔 압력을 받고 있다. 학생들이 학교 안에서 그런 생각으로부터 보호받고 있다고 생각하지 말라. 다른 사람뿐 아니라 교사들도 이런 생각을 제시하는 잘못을 범하고 있지 않는가?

　그런데 요한은 다른 견해를 갖고 있다. 당신이 공정하고 편견이 없으며 인격적인 사람이 되고 싶으면 옳은 것에 순종하는 것이 지름길이다. 요한이 말한 것처럼 하나님처럼 의롭게 행하면 당신은 의롭게 된다.

4. 분별력

　광고하는 사람들이나 방송 매체가 말하는 내용이나 사회가 말하는 내용을 믿게 만드는 압력들은 우리 모두는 물론 특히 어린이들에게 또 다른 문제를 일으킨다. 그들이 말하는 내용이 옳은지 그른지 어떻게 알 수 있느냐는 문제이다. 아무튼 이런 사람들의 설득력은 대단하다. 더군다나 많은 군중이 그들을 믿는 듯하다. 이 세상의 철학자들이 도처에 있다. 그리스도인은 마귀가 하나님의 선택하신 백성을 속이려고 빛의 천사로 가장하여 배회하고 있는 것을 알고 있다. 그렇다면 우리는 거짓과 진실을 어떻게 알 수 있으며 누구를 믿어야 하겠는가?

또 한 번의 답이 순종 안에 있다. 요한은 이렇게 말한다.

이러므로 하나님의 자녀들과 마귀의 자녀들이 나타나나니 무릇 의를 행
치 아니하는 자나 또는 그 형제를 사랑치 아니하는 자는 하나님께 속하지
아니하니라(요일 3:10)

'의를 행하는 자는 의롭다'고 앞에서 살펴본 바 있다. 요한은 하나님께로
서 난 자는 죄 짓는 일을 계속하지 않으며 죄를 범하는 자는 마귀에게 속해
있기 때문이며 예수님은 그 마귀의 일을 멸하러 오셨다고 한다. 진실한 그리
스도인이 지속적이며 고의적으로 계속 죄를 짓는 일은 불가능하다. 왜냐하면
모든 그리스도인에게는 성령님이 내주하시기 때문이다. 하나님의 영이 우리
에게 선과 악을 분별할 수 있는 능력을 주시는 것처럼, 성령의 능력으로 그
리스도인은 옳은 것을 행할 수 있다. 성령의 인도하심에 신실하게 순종하면
의롭고 분별력 있게 성장하는 능력을 키워 나갈 수 있다.

이 시대의 어린이들은 다급히 분별력을 배울 필요가 있다. 그들을 탈선시
킬 것이 너무 많다. 그러므로 특히 학년이 어릴수록 지혜롭고 신실한 부모와
교사들이 더 필요하다. 순종하는 어린이들은 지식에서 자라 가며 바른 인격
을 계발시키며 성숙과 온전을 향해 나아가고 있다. 따라서 그들은 점점 더
자기에게 주어지는 모든 기대와 주위에서 진행되는 일들을 꿰뚫어 보고 해
석하며 깨닫고 분별할 수 있게 된다. 그리고 일단 그것을 알면 그는 자기 자
신을 포함하여 다른 사람들에게 성경적인 기준을 적용할 수 있다. "그의 열
매로 그들을 알지니"(마 7:16).

5. 생명과 하나님의 도우심

지금까지 열거한 순종의 네 가지 복은 그리스도인이거나 아니거나 모든
어린이와 젊은이들에게 어느 정도 적용된다. 부모와 교사에게 순종하는 모든
어린이는 지식, 성격, 인격, 분별력이 자라날 것이다. 요한이 다음에서 기록
하고 있는 세 가지 복은 그리스도인 어린이에게 주어지는 특별한 보상이다.
그러나 나는 모든 학생들이 이런 것을 알아야 한다고 생각한다.

요한은 이렇게 말한다.

그의(하나님의) 계명들을 지키는 자는 주 안에 거하고 주는 저 안에 거하
시나니 우리에게 주신 성령으로 말미암아 그가 우리 안에 거하시는 줄을
우리가 아느니라(요일 3:24)

그 계명은 무엇인가? "그 아들 예수 그리스도의 이름을 믿고 그가 우리
에게 주신 계명대로 서로 사랑할 것이니라"(3:23). 그리스도에 대한 믿음과
순종이 신자를 변화시킨다. 그는 새로운 피조물이 된다. 하나님 자신이 그
삶 안에 거하러 오신다. 순종하는 그리스도인의 삶은 성령의 내주와 능력으
로 인도되는 삶이다. 그리스도인 어린이는 살아 계신 하나님의 성전이 되었
다. 그 복으로 충분하지 않아 요한은 이렇게 말한다.

사랑하는 자들아 만일 우리 마음이 우리를 책망할 것이 없으면 하나님 앞
에서 담대함을 얻고 무엇이든지 구하는 바를 그에게 받나니 이는 우리가
그의 계명들을 지키고 그 앞에서 기뻐하시는 것을 행함이라(3:21-22)

따라서 순종하는 그리스도인 어린이는 자기 안에서 하나님의 생명과 임
재를 체험하며 기도의 응답을 통해서 그 분의 도우심을 즐긴다. 이것은 어떤
신학적 이론이 아니다. 신실한 모든 그리스도인이 실제로 매일 경험하는 일
이다. 순종은 그런 경험을 강화시킨다. 하나님 그 분의 생명과 도우심을 아
는 일은 그 분이 명령하신 것을 행동으로 옮기며 계속하는 데 강한 자극이
된다.

6. 하나님의 자녀들을 사랑하는 것

그리스도인의 삶과 그리스도인의 순종의 가장 큰 기쁨 중 하나는 동료
그리스도인을 알고 사랑하는 일이다. 하나님을 사랑하고 그 분의 뜻을 행하
면 우리는 이런 일을 할 수 있다. 요한은 다음과 같이 쓰고 있다.

우리가 하나님을 사랑하고 그의 계명들을 지킬 때에 이로써 우리가 하나
님의 자녀 사랑하는 줄을 아느니라(요일 5:2)

이것은 순종하는 어린이들에게 주시는 기쁨의 복이다. 하나님의 자녀를 사랑함으로 우리는, 함께 교제함을 통해서 큰 기쁨과 위로를 얻고 우리의 삶이 풍요로워진다. 함께 나누고 일하고 기도하고 찬양하고 예배 드리는 일은 아름다운 특권이다. 그것은 친구의 기쁨에 참여하는 일이다. 힘들고 자주 외로우며 사랑이 없는 이 세상에서 이것이야말로 영원한 특권이다.

7. 승리

우리 자녀와 젊은이들은 인생이 투쟁이라는 사실을 전보다 더 잘 알고 있는 것 같다. 그리스도인 어린이들은 어떤 배경을 갖고 있든지 이 사실을 빨리 배우게 된다. 그들은 어둠의 세력과의 치명적인 전투에서 하나님 편에 속해 있다. 이 전투는 이 세상의 규범, 가치, 신(神)이 그리스도인을 손상시키고 부수고 멸하려고 하는 가차없는 시도 속에서 가장 공개적으로 모습을 드러낸다.

세상은 가장 미묘하고 위험한 적이다. 그러나 그것은 패배할 운명을 지니고 있다. 요한은 이렇게 말한다.

> 대저 하나님께로서 난 자마다 세상을 이기느니라 세상을 이긴 이김은 이것이니 우리의 믿음이니라 예수께서 하나님의 아들이심을 믿는 자가 아니면 세상을 이기는 자가 누구뇨(요일 5:4-5)

그 분이 우리를 참가시킨 전쟁의 경우 승리는 이미 확정되어 있다. 예수님이 갈보리에서 승리하셨기 때문에 하나님은 벌써 이기셨다. 모든 죄가 못 박히고 어둠의 모든 권세가 패배한 것은 십자가 위에서 이루어진 일이었다.

그래서 이제 하나님은 그를 신뢰하고 복종하는 우리에게 이 승리를 주신다. 세상이 만만찮은 강적으로 보이는 것은 당연하다. 그러나 요한은 하나님께로서 난 모든 자가 세상을 이긴다고 말한다. 세상은 그리스도인이 온갖 종류의 어려움을 겪도록 할지 모른다. 그러나 하나님을 믿는 믿음, 예수님이 하나님의 아들이심을 믿는 믿음은 언제나 세상을 이긴다.

주 예수를 믿으며 그 분을 마음에 모시고 내주하시는 성령의 능력을 따라 믿음으로 순종하며 걸어가는 당신의 모든 학생들은 세상을 이기는 이 승리를 알게 될 것이다. 진실로 신뢰하는 어린이들이 진실로 순종한다. 그런 어린이는 항상 승리의 복을 받는다.

순종의 문제

이 장의 제목처럼 순종이 문제가 되는가? 그렇다. 모든 어린이에게, 모든 교사에게 그러하다. 우리 모두는 모든 것에 앞서 자신을 기쁘게 하고 만족시키는 성향을 갖고 있다. 어린이와 청소년들은 또래 집단의 압력을 거부하기가 점점 더 어렵다는 것을 알게 된다. 순종하려는 학생들이 교사와 학교의 기대에 부응하는 것처럼 보이면, 동년배들은 조소와 심지어 거부까지도 일삼는다.

순종의 복에 대해 적극적으로 가르칠 때, 순종하려는 학생들과 불순종이 더 좋고 현명하며 성숙한 태도라고 생각하는 학생 모두를 도울 수 있다. 순종이야말로 지식과 더 많은 이해, 온전함, 인격 성장, 분별력, 우리 안에 계신 하나님의 생명과 도우심, 하나님의 자녀들 사랑하기, 승리로 이끈다는 것을 입증하고 그들이 이해하도록 격려하라.

당신이 하기만 한다면 주님의 도우심으로 학생들과 더불어 커다란 일을 성취할 것이라고 나는 믿는다.

기도와 토론을 위하여

1. 레위기 26:3-13과 신명기 28:1-14을 읽으라. 이스라엘 백성이 약속의 땅을 찾아갈 때 하나님이 그들에게 약속하신 순종의 보상을 열거해 보라.

2. 로마서 5:19과 빌립보서 2:8을 묵상하라. 그리고 히브리서 5:8을 읽어 보라. 거기서 '배우다'라는 단어의 의미는 '사용과 실습에 의해 배우는 것, 습

관을 얻는 것, …에 익숙해지는 것'이다. 이 구절은 주 예수님에 대해 어떤 내용을 알려 주는가? 당신에게 어떻게 적용할 수 있겠는가?

3. 이 장에서 열거한 순종의 여섯 가지 조건을 다시 생각해 보라. 다른 그리스도인 교사와 함께 이 조건들을 당신의 학교와 교실에 어떻게 적용할지 토론해 보라. 당신의 상황에 맞게 적용하려면 당신은 어떻게 해야 하는가?

4. 순종이라는 주제로 한두 시간 정도의 수업 계획을 짜 보라. 요한일서가 열거하고 있는 일곱 가지 순종의 복을 어떻게 학생들에게 가르칠 수 있겠는가?

5. 그리스도에 대한 당신의 순종 – 교사로서, 교인으로서, 부모로서, 무엇보다 하나님 아버지의 자녀로서의 순종 – 을 점검해 보며 얼마 동안 기도하는 시간을 가져 보라.

제 6 장

의사 소통자인 교사

프란시스 베이컨(Francis Bacon) 경은 전에 「신기관」(*Novum Organum*)이란 제목의 과학 철학 책을 저술했다. 그는 제임스 1세에게 그 책을 보냈는데 왕에게서 다음과 같은 논평을 들었다. "베이컨의 책은 하나님의 평화와 같다. 모든 이해를 뛰어넘는다."

아이구! 불쌍한 프란시스 경. 그는 분명히 자신의 생각을 전하는 데 실패했다.

며칠 전 저녁에 나는 청각 장애자에 관한 텔레비전 프로그램에서 한 부인이 나와 수화를 하는 모습을 보았다. 수화는 그 부인을 바라보고 있는 모든 청각 장애 시청자들에게는 유익한 것이었다. 그 부인은 수화로 그들에게 말을 했다. 그러나 나는 수화를 배우지 않았기 때문에 그 동작은 내게 아무 의미도 없었다.

당신의 의사 소통 기술은 어떠한가? 학생들은 당신의 말을 이해하는가? 당신은 그들과 '연결되어' 있는가? 아마 대부분의 시간은 그럴 것이다. 그렇지 않으면 교사로서 별로 의미가 없을 것이다. 당신은 실제 교실에서 사용하는 언어를 분석해 본 적이 있는지 모르겠다. 수업할 때 당신은 어떤 말을 사용하는가? 질문할 때에는 어떠한가? 어떤 것을 설명할 때에는? 칭찬하거나 꾸짖을 때에는? 정말 학생들을 화나게 한 적은 없는가? 그럴 때에는 어떤 종류의 말을 사용하는가?

비언어적 의사 소통은 어떠한가? 몸의 자세, 손짓, 얼굴 표정, 어조는? 그런 것들은 학생에게 어떤 내용을 담아 보내는가?

당신이 수업한 것을 녹음하여 들어 본 적이 있는가? 더 좋은 방법으로 당신이 수업하는 장면을 비디오로 녹화하여 소리뿐 아니라 모습까지 볼 수 있도록 한 적은 없는가? 그것은 실제로 놀라운 경험이다. 혹시 당신의 행동을 스스로 볼 수 있도록 간단한 교육 기재를 사용하는 연수에 참석해 본 적이 있는지 모르겠다.

아니면 전혀 그런 경험이 없을지도 모른다. 많은 교사들이 그렇다. 내가 알고 있는 한 교사는 교실 뒤에 아주 큰 거울이 있어 오히려 미묘한 경험을 한 적이 있었다. 그는 처음에 거울이 어떤 역할을 할지 몰랐다. 그런데 그 교실에 가서 수업을 할 때마다 거울에 비친 자신의 모습을 보지 않을 수 없었다. 그것은 아주 독특한 느낌을 주었다. 동시에 그에게 도움이 되었다. 그는 자신이 갖고 있는 버릇과 행동 양식을 알게 되었다. 적어도 학생들이 자기를 늘 어떻게 보고 있는지 알 수 있었다. 거울은 그가 더 좋은 의사 소통자가 되는 데 도움을 주었다.

전달 내용 검토하기

훌륭한 의사 소통이 훌륭한 가르침에 가장 중요하다는 것은 두 말할 여지가 없다. 예를 들어 당신은 학생들의 연령과 능력에 적합한 언어를 사용해야 한다는 사실을 잘 알고 있다. 중학교 1학년 학생들에게 적합한 언어는 유치원에서는 소용이 없다.

다시 한 번 물어 보자. 당신은 수업 시간에 사용하는 언어의 구조를 분석해 본 적이 있는가? 우리 모두는 가르칠 때 전체 문맥을 살피기 어려울 정도로 너무 많은 말을 할 때가 있다. 그러한 모습은 보통 교사가 특정한 학생과 직접 대화를 나누거나 의견을 교환할 때 가장 많이 드러난다. 수업 준비를 하면서 교사들은 수업 내용의 핵심 주제를 어떻게 훌륭하게 전달할지 생각한다. 그러나 질문하고 답하는 시간이나 계획된 토론을 위해서는 많은 시간을 할애하지 않는다.

답변할 때 어떤 말로 할지 생각해 본 적은-자주 하지 않더라도-별로 없을 것이다. 징계하거나 칭찬할 때 어떤 말을 사용할지도 생각하지 않는다. 아마 이런 일을 위한 시간이 없을지도 모른다. 어쨌든 이 모든 말은 항상 예측할 수 없는 학생의 반응에 달려 있다.

예를 들어 다음에 기록된 전형적인 교사의 말투를 생각해 보라. 전후 문맥이 없기 때문에 아주 공정하게 평가할 수는 없다. 그러나 다음 말은 듣고 있는 대상에게 어떤 영향을 주겠는가? 그 말을 듣고 있는 나머지 학생들은 어떤 영향을 받겠는가?

- 자, 덤보야, 하루 종일 네 대답을 기다릴 수가 없구나.
- 메리, 앉아서 조용히 있거라. 내 수업 시간에 너는 들어야 할 때 말을 하는구나.
- 잘 들어, 잭슨, 너는 나한테 말할 때마다 '선생님' 소리를 붙이는구나.
- 이제 더 이상 질문하지 말아라. 네가 할 공부만 계속해. 나중에 질문할 시간이 있을거야.

대부분은 그들이 어떻게 말하는가에 달려 있다. 첫 번째는 실제로 창피를 줄 수도 있고 약간 즐거울 수도 있는 것이다. 두 번째는 날카롭고 화가 나 있거나, 아니면 인내하며 조용히 말하는 것일 수 있다. 세 번째는 어떤 이야기가 들려도 참지 못하고 생각 없이 솔직하게 가르치는 말이다. 마지막은 여러 가지 방식으로 들릴 수 있다.

어떻게 말하든지 그 말은 여러 가지 메시지를 전달한다. 거기에는 교사가 말하고 싶어하는 요점이 있다. 그러나 그 말은 모두 태도와 관계에 관한 것을 나타낸다. 그리고 교사가 학생들에게 어떻게 접근해야 하는지에 대해 정해져 있다. 행동에 관하여 언어적 생각뿐 아니라 비언어적 생각까지 전달한다. 그 모든 말은 가치를 담고 있다.

또 달리 관심을 가질 것은 듣는 사람들의 반응이다. 교사들은 이해시키려는 내용을 정확히 전달했는가? 그 반응은 교사가 기대하거나 동의할 수 있는 것이었는가? 예를 들어 첫 번째 예가 유머를 시도해 본 것이라면 학생들이 실제로 재미있다고-웃기는 했지만-생각했는가? 창피를 준 것이라면 그 비웃음의 말은 학생들의 반응을 자극하기보다는 얼마나 많은 상처를 준 것이었겠는가?

어려운 문제다. 많은 어린이와 청소년들은 감정을 솔직히 표현하기 때문에 몇몇 학생들의 행동은 쉽게 측정할 수 있다. 그러나 그들이 갖고 있을지도 모르는 다른 반응들은 전혀 분별할 수가 없다. 당신도 결코 알기 어려울 것이다.

바로 이 점이 교육은 믿음의 행위라는 사실을 설명해 준다. 당신은 옳다고 믿는 바를 행해야 하며 학생들에게 가장 유익이 되는 것을 행하고 그 안에서 선한 것이 나옴을 믿어야 한다.

이제 의사 소통에 관한 성경 말씀이 당신에게 실제 도움이 될 것이다. 지면상 모두 살펴볼 수는 없고 가장 직접적으로 관계가 되는 몇 가지를 생각해 보도록 하겠다. 야고보서에 나오는 혀 길들이기라는 내용의 말씀으로 시작하겠다.

혀 길들이기

우리는 앞에서 이미 야고보서 3장을 살펴본 바 있다. 야고보는 3장 대부분에서 우리가 사용하는 말의 통제 문제에 대해 언급하고 있다. 그는 혀를 말[馬]의 입, 배의 키, 숲을 태우는 작은 불과 비교한다. 인간은 모든 종류의 야생 동물을 길들일 수는 있으나 혀는 길들일 수 없음을 상기시킨다. 혀는 쉬지 아니하는 악이요 독이 가득한 것이라고 말한다. 그는 우리의 일관성 없음을 강조한다. 한 입으로 하나님을 찬송하고 그 입으로 하나님의 형상으로 지음받은 사람들을 저주한다. 이것은 마땅치 않은 일이다.

우리가 하는 말에 일관성이 없는 것이 어린이에게 실제 문제가 된다. 일관성 없는 교사는 그들에게 적합하지 않다. 오늘은 이렇게 말하고 내일은 다르게 말하는 사람은 학생들의 마음에 혼란만 가중시킬 뿐이다. 학생들은 그런 사람을 어떻게 대해야 할지 알지 못한다. 많은 교사들은 대개의 경우 꽤 일관된 접근을 계속해 나간다. 그러나 혀 길들이기에 실패할 때 실수를 하게 되며, 그랬을 때 학급에 미치는 영향은 결코 좋지 않다.

따라서 모든 교사는 실제로 문제를 안고 있다. 그것은 스스로 극복할 수 없는 문제이다. 적어도 그리스도인 교사에게는 도움을 주시는 하나님의 능력이 있다. 그들 자신의 힘으로는 성공하지 못할 것이다. 그러나 하나님의 은혜로 그들은 자신의 생각과 말을 통제하는 성령님의 능력을 요청할 수 있다. 따라서 그들이 하는 말은 교실에서, 교무실에서 진정한 증거의 수단이 될 수 있다.

현실적이고 실제적인 충고를 얻기에는 잠언이 아주 좋다. 나는 잠언에서 이 주제에 관해 세 가지 각도에서 말씀을 찾아냈다. 먼저 일반적인 충고를 받아들이고 다음에 건전한 말의 효과를 검토한 다음 세 번째로 악과 불건전한 언어의 결과를 생각해 볼 것이다.

1. 일반적인 충고

의인의 혀는 천은과 같거니와(잠 10:20)
지혜로운 입술이 더욱 귀한 보배니라(잠 20:15)
경우에 합당한 말은 아로새긴 은쟁반에 금사과니라(잠 25:11)

대단한 출발점이라고 생각되지 않는가? 교사가 된다는 것이 큰 특권임을 나타내는 말이다. 지식, 특히 도덕적 순결에 관한 지식을 가르치는 사람은 정말로 아주 귀중하다. 마찬가지로 적합한 때, 올바른 상황에서 하는 말은 귀중하며 사람의 마음을 끈다. 물론 세 가지 모두가 교사들뿐 아니라 모든 사람에게 적용되지만, 교사들은 특히 이 말씀에서 자신을 얻을 수 있다.

바울은 이것을 자신만의 훌륭한 방법으로 설명한다. 그는 다음과 같이 충고한다.

너희 말을 항상 은혜 가운데서 소금으로 고루게 함같이 하라 그리하면 각 사람에게 마땅히 대답할 것을 알리라(골 4:6)

이 문맥에서 아름다운 단어 '은혜' – 헬라어로 '카리스'(*charis*) – 는 기쁨을 주는 것, 혹은 기쁨의 원인이 되는 것을 의미한다. 은혜의 말은 그 말을 듣는 사람을 기쁘게 하여 그의 동의를 받아낼 것이다. 그럴 때 그 말은 매력적이며 동시에 건전할 것이다.

그러나 소금으로 고루게 함 같아야 한다. 소금은 짜릿하며 얼얼한 맛을 낸다. 음식을 요리해 보면 알 수 있듯이 소금은 두 가지 중요한 용도로 사용된다. 음식에 조미되어 짠 맛을 내며, 또 음식을 보존하여 오랫동안 신선하게 유지시킨다.

그러므로 우리의 말은 매력적으로 표현되어야 하고 그 말에 요점을 더해줄 수 있는 짠 맛을 갖고 있어야 한다. 그런 대화는 어린이나 어른 누구를 막론하고 우리가 만나는 모든 사람에게 똑같이 적용할 수 있다.

옳다. 이것이 일반적인 원리이다. 성경은 구체적으로 그 원리를 어떻게 설명하고 있는가? 앞에서 본 내용으로 살펴볼 때 한 가지는 확실하다.

궤휼을 네 입에서 버리며
사곡을 네 입술에서 멀리하라(잠 4:24)

이런 충고는 어른과 청소년들의 대화의 일반적 수준이 떨어질 때 특히 적합한 내용이다. 더러운 말과 불경한 언어는 보통 모든 사회 계층에서 사용한다. 텔레비전, 라디오 프로그램에서도 늘 들을 수 있다. 학교도 그런 말에서 보호되는 장소는 아니다. 그러므로 그런 식의 말을 거부하거나 학생 앞에서 그런 언어를 허락하지 않는 그리스도인 교사의 본은 어두운 세상을 밝게 비치는 빛이 된다.

이와 연결하여 다음의 충고를 들어 보라.

말을 아끼는 자는 지식이 있고
성품이 안존한 자는 명철하니라(잠 17:27)

말이 많으면 허물을 면키 어려우나
그 입술을 제어하는 자는 지혜가 있느니라(잠 10:19)

다시 말해 너무 말을 많이 하는 것을 조심하라. 왜냐하면 죄의 위험이 말이 많은 곳에 넘치기 때문이다. 산상수훈을 통해 예수님도 이와 비슷한 말씀을 하셨다.

오직 너희 말은 옳다 옳다 아니라 아니라 하라
이에서 지나는 것은 악으로 좇아 나느니라(마 5:37)

예수님이 특별히 맹세에 대해 언급하신 말씀인데, 보통 맹세를 할 때 대부분의 사람들은 지나치게 강조하려는 유혹을 많이 받는다. 그렇기 때문에 예수님의 이 충고는 여기서 말하는 요점에 적합하며, 다른 많은 말에도 적용될 수 있다. 예를 들어 우리가 하는 약속, 어린이를 칭찬하고 꾸짖는 말 등에 적용된다. 그러므로 당신이 하는 말을 조심스럽게 선택하라. 전혀 말을 하지 않는 것이 더 좋고 현명할 때도 있을 것이다. 어떤 경우든지 다음의 말씀을 생각하라.

의인의 마음은 대답할 말을 깊이 생각하여도(잠 15:28)

이 말은 의로운 사람은 말하기 전에 조심스럽게 생각하며, 생각 없이 말하거나 비평하지 않는다는 뜻이다. 수업 중에 그렇게 하는 일이란 항상 쉬운 일이 아니지 않은가? 그러나 힘을 내라. 절제는 연습으로 이루어진다.

일반적인 충고라는 제목을 가지고 마지막으로 우리는 잠언 5장의 첫 두 구절을 살펴보아야 한다.

내 아들아 내 지혜에 주의하며 내 명철에 네 귀를 기울여서 근신을 지키며 네 입술로 지식을 지키도록 하라(잠 5:1-2)

나는 말을 별로 하지 않거나 때때로 전혀 말하지 않는 연습을 하면 스스로 당신의 말을 좀더 쉽게 절제할 수 있다는 것을 제안한 바 있다. 그러나 잠언의 말씀이 더 좋은 충고가 된다고 생각한다. 그것은 우리가 사용하는 언어를 향상시키는 비결을 갖고 있다. 이 충고가 청소년에게 주어진 이상, 이는 청소년을 가르치는 사람들에게도 적합하다.

스스로 지혜의 발 밑에 앉아서 우리 교사들은 우리가 말하고 행하는 일에 좀더 사려 깊고 신중할 수 있을 것이다. 우리는 일시적이고 무가치한 것을 가르치기보다는 지식을 보존하는 말을 해야 할 것이다. 우리는 건전한 학문으로 우리의 생각과 마음을 채워야 할 것이다. 그러면 가르칠 때 우리 학생 모두에게 유익하도록 그 우물에서 규칙적으로 물을 끌어올릴 수 있게 될 것이다.

2. 훌륭한 의사 소통의 효과

이제 의사 소통의 두 번째 각도인 건전한 언어의 효과에 대해 살펴보자.

당신은 어떤지 모르겠지만, 나는 인생에서 가장 가혹한 일 중 하나는 우리의 말과 행동이 결과를 산출할 수 있다는 것이라고 생각한다. 우리 집은 매일 아침 배달되는 신문을 구독한다. 토요일이면 나는 일주일 구독료를 지불하러 신문 판매소에 가서 늘 그 주인과 담소하곤 한다. 지난 토요일, 날씨도 좋고 화창한데 그 주인의 얼굴 표정은 밝지 않았다. 나는 그런 느낌을 그에게 말해 주었다.

"네" 그가 말했다. "아침에는 기분이 좋았어요. 그런데 그만 한 손님이 들어와 신문 배달하는 아이에게 심하게 하고 가서 그래요. 배달하는 아이가 조금 늦었어요. 그 여자 손님은 신문이 어디 있나 보러 왔어요."

"그 손님이 당신에게 뭐라고 하던가요?" 내가 물었다.

"아니요. 그 손님은 황급히 들어와서 소년이 가방에 넣고 있는 신문 뭉치에서 신문을 달라고 하더니 다시 황급히 나가는 것이었어요. 나는 그 소년에게 개의치 말고 빨리 배달하러 가라고 했지요. 그러나 그런 식으로 행동하면 정말 기분 나빠요. 저는 곧 괜찮아질 거예요."

내가 무슨 말을 하려는지 아는가? 분명히 그 손님은 자기가 신문 판매소 주인에게 어떤 영향을 주었는지 알지 못했을 것이다. 그녀는 소년에게 불쾌함을 나타내 보임으로 앞으로는 더 빨리 배달이 되도록 하는 효과를 원했다.

그러나 그녀의 태도는 다른 사람에게도 영향을 주었다는 사실은 결코 깨닫지 못했다. 심지어 그 소년에게 어떤 효과를 가져올지도 확실히 알지 못했을 것이다.

이번 주에 나는 현재 호주의 한 대학에서 강의하고 있는 전(前)연구소 학생에게서 편지를 받았다. 여러 이야기 중에 그는 더럼 대학에 있었을 때 그를 가르쳤던 나의 동료 교수에 대해 언급했다. "저는 상담에 대해 말할 때 항상 그 분의 말씀을 인용합니다. 저는 학생들로 하여금 그 분의 방법을 사용하도록 합니다. 그 교수님을 비롯한 여러 분들 때문에 저는 학생들에게 영국의 필립 메이 선생님에게 가서 더 높은 학위를 따라고 추천합니다." 우리들 중 아무도 더 좋은 효과를 기대하거나 계획하지 못했다. 그러나 이번에 그 효과가 좋았음을 알게 되었다.

그리스도인들은 믿음으로 걷지, 시력으로 걷는 것이 아니다. 이는 특별히 교사에게 해당된다. 따라서 성경 말씀을 오랫동안, 꾸준히 계속 보면, 지혜롭고 건전하며 올바른 의사 소통을 하게 된다. 대개 당신은 스스로 교육 효과를 측정할 수 없다. 그러므로 주님을 의지하여 당신이 사용한 말이 이런 결과를 남기도록 하라.

먼저 일반적인 말씀을 살펴보자.

지혜자의 말씀은 찌르는 채찍 같고 회중의 스승의 말씀은
잘 박힌 못 같으니 다 한 목자의 주신 바니라(전 12:11)

전도자가 지혜로운 교사에 대해 말하는 내용을 주의해 보았는가? 두 가지이다. 채찍 같으며 잘 박힌 못 같다고 한다. 가르치는 일을 하면서 당신이 가장 원하는 바가 아닌가? 당신은 당신의 말이 학생들에게 박차를 가하고 그들을 격려하며 자극하기를 바란다. 또한 당신이 한 말이 학생들에게 기억되며 그들의 마음속에 꼭 붙잡혀 새겨지기를 원한다. 채찍은 손잡이가 긴 막대이거나 끝이 뾰족한 도구였다. 농부들이 경작할 때 소를 몰면서 사용하던 것이었다. 나는 내가 가르쳤던 몇 마리의 황소에게 그 도구가 이상적이었을 것이라는 생각이 든다. 전도자가 생각한 못은 쇠로 만들어졌는데 벽 같은 곳에

박아 어떤 물건을 안전하게 하는 데 사용되었다.

지혜로운 말, 지혜로운 가르침은 그런 효과를 가져온다. 당신은 그것을 믿어야 한다. 계속 그렇게 믿으라. 성경은 그와 같이 말하고 있다.

이 모든 것으로 당신은 위로받지 않는가? 당신의 영혼은 노래하고 있는가? 당신의 마음은 흥분하여 두근거리지 않는가? 자, 단단히 붙잡으라. 더 나올 것이 많다. 그것은 모두 대단하다.

나는 건전한 의사 소통에서 비롯되는, 적어도 여덟 가지의 효과를 알아냈다. 그것은 다음과 같다.

1) 지식을 더한다

입이 선한 자가 남의 학식을 더하게 하느니라(잠 16:21)
지혜로운 자의 마음은 그 입을 슬기롭게 하고 또 그 입술에 지식을 더하느니라(잠 16:23)

위의 인용문에서 마지막 두 구절(지식을 더하게 한다)을 달리 표현하면 '사람(혹은 입술)을 설득할 수 있게 된다'이다. 두 가지 다 멋있는 표현이다. 우리는 지식을 가르쳐 설득하기를 바란다. 우리가 선하고 지혜로운 말을 사용할 때 그렇게 될 것이다.

2) 교육한다

의인의 입술은 여러 사람을 교육하나(잠 10:21)

우리는 학생들을 잘 먹여서 그들이 건강을 유지하며 계속 성장하기를 바란다. 또한 그들의 발전을 도모하는 만큼 그들을 보호하고 소중히 돌보기를 바란다. 의인의 말은 이 모든 것을 다 할 수 있다.

3) 지속된다

진실한 입술은 영원히 보존되거니와
거짓 혀는 눈 깜짝일 동안만 있을 뿐이니라(잠 12:19)

이 말은 저자의 의도를 더 넓게 반영한다. 정직한 가르침과 말은 보존된다. 거짓말은 일시적인 영향만을 줄 뿐이다.

4) 치료가 된다

혹은 칼로 찌름같이 함부로 말하거니와
지혜로운 자의 혀는 양약 같으니라(잠 12:18)
선한 말은 꿀송이 같아서 마음에 달고
뼈에 양약이 되느니라(잠 16:24)

교사들은 종종 위로하고 중재하거나 싸움 같은 것을 진정시켜야 하는 상황에 놓인다. 사려 깊고 선한 말은 고통을 덜며 기운을 회복시킨다. 그것은 위험하고 고통스런 상황에 질서와 조화를 가져온다. 그 상황에 연루된 사람들의 '영혼을 회복'시켜, 교사와 학생 모두가 좀더 긍정적인 생각 속에서 활동을 계속할 수 있게 한다. 다툰 학생들에게 공정한 심사를 했던 경험이 있는가? 내 준 문제를 풀지 못하거나 제 시간에 못할까 두려워 떨던 학생을 상담한 적이 있는가? 다른 학생들에게 무능력하다고 비판을 받은 여학생에게 능력을 재확인시켜 준 경우는 없었는가? 그 모두가 당신의 말로 치료를 받은 것이다.

5) 반감을 깨뜨린다

부드러운 혀는 뼈를 꺾느니라(잠 25:15)
유순한 대답은 분노를 쉬게 하여도(잠 15:1)

첫 인용문의 앞 구절은 관원을 설득하는 인내를 말한다. 그 말은 때때로 우리가 완고한 교장, 동료 교사, 학생들을 만날 수 있음을 상기시킨다. 힘차게 뿜는 강한 말은 효과가 거의 없고 성급한 말은 쉽게 실패를 가져오지만, 유순한 말은 당연히 성공을 가져온다. 우리도 때로는 화가 나고, 그런 상태에서 교장이나 학생, 교사를 만난다. 그러나 유순한 대답이나 설명은 그런 상황을 진정시키며 좀더 높은 수준의 대화를 하게 할 것이다.

6) 확실한 반응을 할 수 있다

너로 (모략과 지식의 아름다운) 진리의 확실한 말씀을 깨닫게 하며 또 너를 보내는 자에게 진리의 말씀으로 회답하게 하려 함이 아니냐(잠 22:21)

당신이 지혜롭고 믿을 만한 선생에게서 가르침을 받듯이, 학생들은 당신에게서 현명한 가르침을 받게 된다. 양쪽의 경우, 당신과 학생들은 질문하는 사람에게 믿을 만하며 진실한 반응을 할 수 있다.

7) 환난에서 보호받는다

입과 혀를 지키는 자는
그 영혼을 환난에서 보전하느니라(잠 21:23)

말을 지키면 학생들에게 복이 될 뿐만 아니라 입을 지키지 않았을 때 생기는 환난과 여러 가지 고난에서 보호받을 수 있다. 실제 작정한 것보다 더 심하게 벌하겠다고 위협하는 교사를 본 적이 있지 않은가? 이 말씀을 읽다 보면 전에 함께 지내던 동료 교사가 생각난다. 그는 교장 선생님의 결정에 대단히 분을 내며 반응하여 사직서를 제출하기에 이르렀다. 그런데 사직서가 수리되고 나서야 그는 자신이 교장 선생님의 말씀을 오해했다는 것을 알았다. 그가 생각했던 것처럼 잘못된 일이 아니었던 것이다.

8) 생명을 가져온다

의인의 입은 생명의 샘이라(잠 10:11)

지혜와 도덕적 교훈으로 가득 찬 말을 할 때 당신은 학생들이 바르게 살도록 가르칠 뿐 아니라, 생명의 샘을 공급하고 있는 것이다.

학생들이―그 중에 일부라도―당신의 말을 듣지 않거나 당신에게서 배우려 하지 않는 것처럼 보일지도 모른다. 그렇지만 당신도 완전히 알 수는 없다. 다음의 이야기를 함께 나누고 싶다.

내가 교사로 있던 학교에서 어느 날 학부모를 위한 저녁 모임을 개최한 일이 있었다. 그 때 한 부부가 내게 와서 말했다.

"메이 선생님이십니까?" 약간 무서운 인상의 남자가 물었다.

그 표정 때문에 나는 약간 마음이 내키지 않은 채 그렇다고 대답했다.

"선생님이 내 아들을 2년 동안 가르쳤는데 도대체 그 애는 국어를 잘 못해요."

그가 아들 이름을 댔을 때 나는 놀라지 않았다. 수업을 마치고 그 아이가 가 버리면 나는 기뻐했었는데 왜냐하면 그는 항상 골칫거리로 내 시간에 열심히 공부한 적이 없는 학생이었기 때문이다. 나는 다음에 무슨 말이 나올지 두려웠다.

"우리는 선생님이 저희 아이에게 해주신 일에 대해 감사 드려요." 그가 말했다. "선생님 시간에 공부를 잘 못했을 거예요. 그러나 그 애는 항상 선생님을 좋아했어요. 선생님은 믿을 만하고 항상 자기에게 올바르게 대해 주었다고 말해요."

나 스스로 그 말을 듣지 않았다면 그 동안 내가 믿고 있던 바를 의심했을 것이다.

내가 말했듯이 당신은 결코 알 수 없다. 그러므로 당신이 최선으로 알고 있는 것을 계속 성실하게 가르치라. 그리고 지치거나 낙심될 때 성경에서 말하는 그런 가르침의 효과가 무엇인지 생각하라. 당신의 말은 학생들에게 생명의 샘이 될 뿐 아니라 당신을 새롭게 하며 격려할 것이다.

3. 나쁜 말을 삼가라

이제 우리는 성경적 의사 소통의 세 번째 관점에 도달했다. 베드로는 이렇게 쓰고 있다.

생명을 사랑하고
좋은 날 보기를 원하는 자는
혀를 금하여 악한 말을 그치며
그 입술로 궤휼을 말하지 말고(벧전 3:10)

점심 시간에 가게에서 어떤 어머니가 아이에게 말하는 소리를 듣는 것 같다. "입을 조심해라." 악하고 속이며 잘못 인도하는 말은 당신이 좋은 날을 보는 데 도움이 되지 못할 것이다. 당신의 삶은 문제로 가득 찰 것이다.

이번에는 잘못되고 부주의한 의사 소통의 여섯 가지 나쁜 결과를 상기시켜 주는 말씀을 잠언서에서 뽑아 보았다.

1) 죄로 이끈다

말이 많으면 허물을 면키 어려우나

그 입술을 제어하는 자는 지혜가 있느니라(잠 10:19)

우리는 앞에서 이 말씀을 살펴본 바 있다. 여기서 한 번 더 언급하는 것은 교사들에게 가장 흔한 유혹 거리의 하나가 너무 말을 많이 하는 것이기 때문이다. 우리는 교사이기 때문에 처음부터 중간, 마지막 말까지 다해야 한다고 생각하는 경향이 있다. 말을 많이 하면 할수록 실수의 위험은 더 커진다. 그러므로 어떤 상황에서도 지나치게 말을 하지 말라. 처음에 금방 핵심을 발견하지 못하면 솔직히 지겹게 하는 일을 그만두라. 특히 훈계를 하는 상황에서 말을 많이 하면 할수록 나중에 후회할 말도 많이 하게 될 것이다.

2) 노를 격동한다

과격한 말은 노를 격동하느니라(잠 15:1)

교사들은 학생에게 과격한 말을 하기가 매우 쉽다. 학생들은 게으르고 무례하며 느리고 고집이 세며 어리석을 수 있다. 당신은 그런 학생의 이름을 댈 수 있을 것이다. 어린이도 어른도 그럴 수 있다. 당신에게는 항상 욥의 인내가 필요하다. 그렇지만 당신은 욥이 아니지 않은가? 따라서 당신은 가끔 실패한다. 나에 대해 오해하지 말라. 나도 어떤 학급이나 학생들이 잘못한 경우 그들을 잘 야단친다. 그러나 성경은 과격한 말이 노를 격동한다고 말한다. 인간의 노는 보통 죄가 된다.

당신은 '과격한' —다른 영어 성경에서는 '심한' —으로 번역된 이 단어를 오해할지 모른다. 이 단어를 들으면 나는 금속을 자르거나 운전할 때 나는 나쁜 기어 변속 소리처럼 귀에 거슬리는 어떤 소리가 연상된다. 그러나 이 단어는 문자적으로 '마음을 아프게 하는 말'이란 뜻이다. 애석하게도 나는 때때로 그런 말을 하고 싶을 때가 있음을 고백하지 않을 수 없다. '주여, 내가 누구에게도, 특히 어린이와 청소년에게 그렇게 하지 않도록 도우소서.'

나는 전에 국민학교 2학년 학생에게 화를 낸 적이 있다. 그는 친구들을 방해하여 공부를 못하게 만들곤 했다. 너무 화가 나서 나는 그 아이를 붙잡아 억지로 자기 책상을 향하도록 돌려 놓고 귀찮게 굴지 말라고 심하게 말했다. 그런데 나는 그 아이가 몹시 화가 난 모습을 보고 놀랐다. 분명히 그는 내가 너무 심하게 대했다고 생각했을 것이다. 어쨌든 그는 마음이 상해서 실제로 나를 노려보았다. 그 후 다시는 친구를 괴롭히지 않았지만 학습에 집중하는 데에는 오랜 시간이 걸렸다. 교사의 오점이었다. 나는 그를 더 부드럽게 다루어야 했다. 나중에 화해하려 했지만 쉽지 않았다. 화를 푸는 데 시간이 많이 걸렸다. 결국 내 잘못이었다.

그러므로 과격한 말, 심한 말, 마음을 아프게 하는 모든 말을 삼가라. 그런 말들은 목표를 달성한 것처럼 보여도 유익이 되지 않고 해가 된다. 그런 말들은 사람들의 자제력을 잃도록 만든다. 사람들이 성숙하고 온전하게 성장하는 데 정말 방해가 된다.

3) 영혼을 찌른다

혹은 칼로 찌름같이 함부로 말하거니와(잠 12:18)

당신은 학교에서 종종 경솔한 말을 하는 상황에 놓일 때가 있다. 내가 국민학교 2학년 아이에게 했던 것처럼 당신은 과잉 반응을 하기도 한다. 당신 안에 있는 무엇인가가 말을 통해 당신을 더 멀리 나가게 한다. 따라서 당신의 말은 칼로 찌르는 것과 같다. 실제 상처를 입히며 그 상처는 오래 지속될 수 있다. 학생들은 쉽게 잊지 않는다. 상처를 받으면 아무도 잊지 못한다. 바로 그렇다면 당신은 주님의 지혜와 온유함을 갈망하게 되지 않는가?

4) 영혼을 짓누른다

온량한 혀는 곧 생명나무라도
패려한 혀는 마음을 상하게 하느니라(It crushes the spirit)(잠 15:4)

놀라운 말씀이다. 미처 생각지 못한 내용이다. 패려한 혀가 혼란을 일으
키거나 불안을 조성할 정도라면 그것은 나도 아는 바이다. 거짓말을 하거나
당신을 잘못 가운데로 인도하는 사람이 있다면, 당신은 자신의 위치와 할 일
을 모르게 된다. 그런 말들을 믿어 버리면 당신은 곧 오류 가운데 빠진다.

그런데 이 말씀은 사기, 거짓 설명, 허위, 기만을 포함하고 있는 패려(de-
ception)한 말이 마침내는 영혼을 짓누르는 난처한 사태를 가져온다는 것을
보여 준다. 그러므로 당신은 무슨 말을 하든지 솔직하고 정직하도록 노력해
야 한다. 어린이와 청소년들은 아주 쉽게 낙담한다. 그들의 영혼은 쉽게 부
서질 수 있다.

5) 멸망을 가져온다

입을 지키는 자는 그 생명을 보존하나
입술을 크게 벌리는 자에게는 멸망이 오느니라(잠 13:3)

경솔하고 무분별하게 말하는 자는 듣는 사람들의 마음을 찌르기만 하지
않는다. 그는 자신의 운명에 영향을 끼친다. 스스로 멸망을 향해 치달고 있
다. 그러므로 조심하라.

6) 미래가 없다

거짓 혀는 눈 깜짝일 동안만 있을 뿐이니라(잠 12:19)

우리는 모두 거짓말을 하도록 유혹을 받는다. 안타깝게도 모두 그 유혹에
넘어간다. 그런데 거짓말쟁이에게는 미래가 없다. 속이고 그릇 인도하는 자
는 모래 위에 심고 세우는 격이다. 그의 가르침은 지속되지 못한다. 그 사람
도 오래가지 못한다. 그는 자신의 파멸을 초래한다. 그리스도의 명령은 모호

하지 않다. 우리는 사랑 안에서 참된 것을 말해야 한다(엡 4:15). 그 밖의 것
은 할 수 없다.

비언어적 의사 소통

이 장의 처음에서 나는 우리가 말로만 의사 소통을 하는 것이 아님에 대
해 언급했다. 말하는 방식, 말할 때 바라보는 방법도 의사를 전달한다. 때로
는 말하지 않는 것이 우리가 실제 사용하는 언어보다 더 많은 내용을 전달하
기도 한다.

나는 열세 살 때, 쉬는 시간에 노래를 불러대며 교실에서 아주 시끄럽게
굴 때 선생님이 나타났던 장면을 잊지 못한다. 우리는 모범반 – '착한 아이
들' – 이 되어야 했다. 우리 스스로도 그렇게 생각하기를 좋아했다. 그런데
잭슨(Jackson) 여선생님이 교실에 들어오셨다. 처음에 우리는 선생님이 오
셨는지 몰랐다. 선생님은 계속 기다리셨다. 우리는 깜짝 놀라 조용해졌다. 선
생님이 하신 말씀은 단 한마디, "쉬는 시간을 보내는 데 이 방법이 가장 좋
으니?" 하는 말이었다. 선생님은 우리에게 화를 내지 않았다. 훈계도 하지 않
았다. 소리 치지도 않았다. 단지 그 말 한마디뿐이었다. 그렇지만 나는 선생
님 얼굴에 나타난 실망감과 슬픈 표정, 머리를 설레설레 흔들던 모습을 잊지
못한다. 그 모습은 실제로 유치하고 생각 없는 행동을 한 우리를 부끄럽게
만들었다.

어떤 때에는 우리가 실제 바라는 것과 말이 모순되는 경우가 있다. 그래
서 듣는 사람들이 하나가 아닌 두 가지 내용을 전해 듣는다. 그러면 어느 것
이 더 큰 충격을 가져오겠는가 생각해 보라. 어린이들은 부모와 교사에게 자
신의 경험을 자세히 말하기를 좋아한다. 어린 시절 그랬던 경험이 생각나는
가? 어른들이 "그래, 참 재미있구나" 하면서도 그 얼굴에는 조금도 관심이
없거나 다른 생각을 하는 것이 분명했던 느낌을 받아 본 적이 있는가? 교사
들이여, 조심하라!

미국에 갔을 때 저녁 식사에 초대받아, 그 지방 대학의 최고 교수 한 사

람을 소개받은 적이 있다. 그는 매우 유능하며 꽤 권위 있는 교수였다. 또한 아주 사교적이었다. 그는 정말 큰 소리로 잘 웃었다. 그런데 눈은 웃고 있지 않았다. 그는 우리를 바라보면서 어떻게 반응하는지 보고 있는 듯했다. 나는 그의 지성을 존경하며, 나를 초대한 사람이 그를 칭찬하는 말을 인정했다. 그러나 동시에 그 사람에 대해 슬픈 느낌이 들었다.

사람들은 입뿐만 아니라 눈, 얼굴, 몸, 몸짓, 어조를 통해 보고 말한다. 항상 일관되고 똑같은 내용을 전달하는 것은 매우 중요하다. 학생들은 일관성이 없을 때 금방 알아차린다.

하나님의 태도

나의 학생들이 내게 배우기를 기대하는 것처럼 나도 주님께 배워야 한다는 사실을 규칙적으로 나에게 상기시킬 필요가 있다. 교사로서 나는 스스로 계속 물어야 한다. 이 주제에 대해 하나님은 내가 어떻게 말하기를 원하시는가? 이런 상황에서 내가 어떻게 하기를 원하시는가? 지식, 규범, 가치를 다른 사람들에게 전하는 우리는 태초에 말씀이 있었다는 사실을 결코 잊어서는 안 된다. 말씀은 하나님 그 분이셨다. 솔로몬은 그 사실을 잊지 않았다.

대저 여호와는 지혜를 주시며
지식과 명철을 그 입에서 내심이며(잠 2:6)

최고의 교사이며 전달자인 주님은 우리 말에 대해 무엇이라고 말씀하시는가? 잠언 6:16은 주님이 미워하시는 일곱 가지가 있다고 말한다. 여기서 미워하는이란 강한 단어를 주의해 보라. 다음 몇 가지를 보라.

거짓된 혀(잠 6:17)
거짓을 말하는 망령된 증인과 및 형제 사이를 이간하는 자니라(잠 6:19)

잠언 12:22은 똑같은 논점이지만 하나님께서 큰 기쁨을 주시는 것도 강조한다.

거짓 입술은 여호와께 미움을 받아도
진실히 행하는 자는 그의 기뻐하심을 받느니라

당신은 어느 말씀에도 놀라지 않을 것이다. 그러나 주님은 속이는 말이나 악한 말을 모두 싫어하신다는 사실을 모든 교사에게 상기시켜 주는 것이 유익하다. 동시에 그 분은 진리 안에 있고 진리를 말하는 사람을 대단히 기뻐하신다는 사실을 안다면 힘이 된다. 그런 사람은 항상 건전한 말을 한다. 이 내용을 이해했으리라 믿는다.

이 책의 전반부에서 우리는 신약의 말씀이 각 장의 내용을 요약하고 있음을 알았다. 이 장에서도 주님의 말씀으로 결론을 내려야 하겠다. 그 말씀은 엄숙하게 들린다. 예수님은 바리새인들을 판단하시면서 입으로 말하는 것이 마음에서 넘쳐 나오는 것임을 그들에게(그리고 우리에게) 상기시켜 주신다. 선한 사람은 그 쌓은 선에서 선한 것을 내고 악한 사람은 그 쌓은 악에서 악을 낸다. 그리고 예수께서 말씀하셨다.

내가 너희에게 이르노니 사람이 무슨 무익한 말을 하든지 심판 날에 이에 대하여 심문을 받으리니 네 말로 의롭다 함을 받고 네 말로 정죄함을 받으리라(마 12:36-37)

기도와 토론을 위하여

1. 성구 사전—좋은 성경 사전도 도움이 될 것이다—을 펴서 '말' '언어' '입'에 대한 것을 찾아보라. 이 용어를 사용한 성경 구절의 가르침과 이 장의 내용을 비교해 보라. 당신에게 어떤 면에서 도전이 되며 힘이 되는가?

2. 지난 주에 학교에서 보낸 시간을 돌아보라. 어떤 사건들은 당신 기억 속에 두드러지게 남아 있을 것이다. 그 때 당신은 정확하게 어떤 말을 했는가? 그 말이 성경의 가르침에 반(反)하는지 어떻게 측정할 수 있는가?

3. 당신이 수업하는 내용을 녹음할 수 있다면 녹음하여 당신이 하는 모든 말을 비판적으로 검토해 보라. 용기를 내어 다른 그리스도인과 함께 앉아 들어 보고 좀더 객관적인 반응을 들어 보라.

4. 무릎을 꿇고 다윗이 한 대로 기도하며 묵상하라.

　나의 반석이시요 나의 구속자이신 여호와여
　내 입의 말과 내 마음의 묵상이
　주의 앞에 열납되기를 원하나이다(시 19:14)

제 7 장

목자인 교사

대학의 내 연구실로는 적어도 매주 한 번 교육 분야의 신간 서적을 광고하는 서적 목록이 날라온다. 거기에는 일반적인 모든 내용 즉 아동 발달과 사회학, 교육 이론과 교수법, 교육 과정론과 교수 보조 자료 등을 다룬 책들이 수록되어 있다. 지침서와 상담 분야는 거의 빠지는 일이 없고, 흔히 그 목록에서 가장 많은 면을 차지한다. 영국과 미국에서 그 어느 주제보다도 목자적 관심의 문제에 관한 책이 더 많이 발행된다는 사실을 알고 나는 놀라지 않을 수 없다.

교육 부분에 관한 한 상담 이론과 실천에 세 가지 중요한 영역이 있다는 것은 누구나 잘 알 것이다. 그 세 가지는 모두 학창 시절과 그 이후까지 학생들을 돕는 것을 목표로 한다. 세 가지 영역 중 하나인 직업적 인도는 일의 영역으로 장래에 초점을 맞춘다. 교육적 인도는 학교에서 학생의 학습 진보에 관계되는 모든 일을 다룬다. 마지막으로 개인적 인도는 학생 개인의 필요와 문제에 초점을 맞춘다.

이 주제에 대해 다룬 가장 좋은 책들은 학창 시절에 모든 학생에게 유용한 세 가지 영역의 상담의 중요성을 강조한다. 합리적이라고 생각되지 않는가? 이 책들은 모든 학교, 특히 공립 학교와 졸업생 지도를 해야 하는 대학에는 적어도 한 명의 훈련된 상담가가 있어야 함을 강조한다.

그러나 의문의 여지가 있다. 다른 나머지 교사들은 어떻게 해야 하는가? 개인 문제, 교육적인 문제로 교사를 찾아오는 학생들이 있지 않은가? 교사들은 모든 학생을 항상 학교 상담가에게 보내려 하지는 않을 것이다. 어떤 경우에는 그런 훈련을 받은 사람의 도움을 필요로 하지 않는 문제도 있다. 또 개인적이고 교육적이며 직업적인 문제로 다른 사람을 찾아가지 않는 학생들도 많지 않은가? 이런 모든 경우에 어떤 일이 발생하는가? 모든 교사들은 어떻게 해야 하는가? 특히 그리스도인 교사라면 어떻게 해야 하는가?

목자적 관심이란 무엇인가?

처음 교직에 들어섰을 때 나는 모든 교사는 어느 정도 부모를 대신하는 (*in loco parentis*) 위치에 있다고 들었다. 학생들이 내 책임하에 있는 시간에 내가 할 일은 일종의 부모 역할이었다. 현재까지 교사들의 이런 역할을 묘사하는 가장 흔한 표현은 '목자적 관심'(pastoral care)이다. 당신은 어떤지 모르겠지만, 지금은 부모를 대신하는 역할에 대해 많이 들어 볼 수가 없다. 그러나 모든 교사는 학생들을 위하여 목자의 역할을 하도록 기대된다고 알고 있다. 그런데 대부분 사람들이 알고 있는 '목자적 관심'의 의미에 '부모를 대신하는'이란 구절이 포함되는지 의심스럽다.

대부분의 부모와 학교 책임자들이 교사에게 원하는 것은 어린이들을 계속 조용히 주시하는 것이라 생각한다. 그들은 어린이들이 어려움을 당하거나 곤경에 처할 때 교사들이 도와주기를 바란다. 그들은 교사가 학생의 훌륭하고 책임 있는 행동을 격려해 주기를 바란다. 전문적인 도움이 필요할 때 도와주는 친구요 전문가이기를 바란다.

문제는 부모들의 기대가 저마다 다르다는 데 있다. 학교 책임자도 마찬가지이다. 교사 자신도 그러하다. 교사의 역할을 둘러싸고 많은 혼돈의 여지가 있다. 그렇다면 성경의 관점을 잠깐 살펴보지 않겠는가?

사전을 찾아보면 '목자적'이란 말의 개념은 목자와 연관되며 양떼, 소떼와 관련이 있다. 마태는 예수님에 대해 이렇게 기록하고 있다.

무리를 보시고 민망히 여기시니 이는 저희가 목자 없는 양과 같이 고생하며 유리함이라(마 9:36)

성경은 종종 사람들이 양 같다고 묘사한다. 어른들이 양 같다면 어린이들의 경우, 그들을 인도하고 도와줄 목자가 얼마나 더 필요하겠는가?

목자의 일은 정확히 무엇인가? 이 질문에 답할 수 있다면 모든 교사의 목자적 역할이 실제 무엇을 의미하는지 좀더 명확해진다.

목자의 역할

가장 좋은 방법 중 하나는 목자에게 가서 직접 물어 보는 일이다. 당신의 경우 아는 목자가 한 사람도 없을지 모른다. 그렇다면 필립 켈러(Phillip Keller)가 쓴 훌륭한 책 「양과 목자」(*A Shepherd Looks at Psalm 23* [Pickering & Inglis, 1979], 생명의 말씀사 역간)를 읽으면 된다. 이 책은 목자의 일뿐 아니라 양의 성질과 문제에 대해 많은 통찰력을 가져다 줄 것이다. 필립 켈러는 목자였기 때문에 그것을 잘 알고 있다.

그러나 성경은 여러 곳에서 많은 단서를 보여 주고 있다. 가장 명확한 부분 중의 하나가 에스겔 34장이라고 생각한다.

목자들이 양의 무리를 먹이는 것이 마땅치 아니하냐(2절)
너희가 그 연약한 자를 강하게 아니하며 병든 자를 고치지 아니하며 상한 자를 싸매어 주지 아니하며 쫓긴 자를 돌아오게 아니하며 잃어 버린 자를 찾지 아니하고(4절)
목자가 양 가운데 있는 날에 양이 흩어졌으면 그 떼를 찾는 것같이 내가 내 양을 찾아서(12절)
내가 그것들을 만민 중에서 끌어내며 열방 중에서 모아 그 본토로 데리고 가서…먹이되(13절)
좋은 꼴로 먹이고…좋은 우리에 누워 있으며 이스라엘 산 위에서 살진

꼴을 먹으리라(14절)

나 주 여호와가 말하노라 내가 친히 내 양의 목자가 되어 그것들로 누워 있게 할지라(15절)

내가…공의대로 그것들을 먹이리라(16절)

내가 양과 양의 사이와…심판하리라(17절)

나의 양은 너희 발로 밟은 것을 먹으며 너희 발로 더럽힌 것을 마시는 도다 하셨느니라(19절)

나 곧 내가 살진 양과 파리한 양 사이에 심판하리라(20절)

내가…악한 짐승을 그 땅에서 그치게 하리니 그들이…평안히 거하며… 잘지라(25절)

34장은 다 읽어 볼 만하다. 당신은 하나님이 자신만 돌보고 양무리를 돌보지 않는 목자를 비판하고 계심을 알 수 있을 것이다. 그 다음에 하나님은 양을 잘 보호하고 지키기 위해 목자의 역할을 스스로 담당할 것을 약속하신다. 이 말씀에서 목자의 의무를 요약해 볼 수 있다.

- 양떼를 살피고 돌보아 주기
- 연약한 양을 강하게 하기
- 병든 양을 고쳐 주기
- 상한 양을 싸매어 주기
- 쫓긴 양을 돌아오게 하기
- 잃어 버린 양을 찾기
- 양을 잘 돌보아 좋은 우리에 누워 있게 하기
- 살찐 양과 파리한 양 사이에 심판하며 연약한 양을 강한 양에게서 보호하며 공의로 그들을 돌보기
- 좋은 꼴로 먹이며 마실 물을 공급하기
- 악한 짐승을 그 땅에서 그치게 하여 양이 평안히 거하도록 하기

이 목록을 잠깐 살펴보면 마치 새로운 게임을 하는 것 같다. 보통, 교사의 목자적 관심에 대해 이야기하는 사람들이 전혀 좋지 않거나 도움이 안 되

는 말을 한다고 생각하지는 않는다. 그러나 에스겔서의 이 말씀은─다른 성
경 말씀도 더 참고할 수 있다─인도자나 상담가의 역할보다 목자의 역할을
훨씬 더 잘 나타내고 있다.

이 목록에서 우리는 적어도 세 가지 모습을 끌어낼 수 있다. 그것은 보
호, 좋은 꼴의 공급, 개인적 관심이다. 이 세 가지가 다 중요하기 때문에 우
리가 살펴볼 순서는 문제 되지 않는다. 우선 좋은 꼴의 공급에 대해 생각해
보자.

1. 꼴의 공급

목자는 양떼를 위해 좋은 목초지를 발견해야 한다. 양들이 잘 자라려면
좋은 목초지가 필요하다. 또한 가까운 곳에 맑은 물이 풍부해야 한다. 목자
의 직무 중 하나는 양떼 자체와 다른 동물로부터 목초지를 보호하는 일이다.
따라서 그는 양이 과식을 하도록 내버려 두거나, 땅이 짓밟히거나 시냇물이
더러워지도록 해서는 안 된다. 하나님은 그 분의 양떼인 백성들을 기름진 목
장에서 먹이실 것을 약속하신다. 그런 땅은 독초와 다른 동물에게서 옮겨지
는 전염병에서 자유로울 것이다. 또 그 곳에는 무성하며 맛있고 좋은 풀로
가득할 것이다.

이 모든 것을 목자인 교사에게 어떻게 적용하겠는가? 이 경우에 목자적
관심이란, 학생들에게 가르칠 내용이 적합하며 좋은 양식으로서 그들에게 해
로운 영향을 끼치지 않는 것임을 확신하면서 교과 내용을 철저히 연구하는
것이라 말할 수 있다. 따라서 수업 내용이 어린이의 나이와 능력에 맞아야
할 것이다. 학생들의 생각을 긍정적으로 키우기보다는 오히려 해를 끼칠지도
모르는 생각, 삽화, 이야기, 주제를 삼가한 내용이 선택되어야 할 것이다.

혹 이렇게 질문할지 모른다. "적합하다는 것을 어떤 기준으로 판단해야
할까요?" 내 생각에는 어린이, 청소년들에게 제공할 수 있는 가장 좋은 학문
적 양식은, 그들에게 무엇에든지 참되며 경건하며 옳으며 정결하며 사랑할
만하며 칭찬할 만한(빌 4:8) 것을 생각나게 해주는 주제인 것 같다. 한 가지
표어를 원한다면 이 말이 어떻겠는가? '이 모든 것들을 사랑으로 감싸라.' 이

방법이야말로 학생들의 마음과 생각을 훨씬 더 건전하고 적극적인 면으로 개발시켜 나갈 것이다.

2. 보호

양은 매우 공격받기 쉬운 동물이다. 약간은 어리석기까지 하다. 그래서 항상 길을 잃기 쉽다. 영국의 시골에 나가 보면 문이나 울타리를 어떻게 해서든지 빠져 나온 한두 마리의 양을 쉽게 볼 수 있다. 그런 양들은 목자가 있는 초원으로 돌아갈 방도도 없이, 잔디밭 가장자리 풀을 뜯으며 거리를 방황한다. 대부분 지쳐 쓰러지거나 지나가는 차에 쳐 죽거나 다치고 만다. 더 외진 시골로 가면, 양을 공격하러 내려오는 늑대나 야수들의 위험이 도사리고 있다.

더 위험한 것은 독초나 해로운 식물이다. 양이 방목되는 초원은 그런 독초의 위험 없이 자유로이 풀을 뜯을 수 있도록 세심하게 점검해 놓아야 한다. 또 앞에서 언급한 것처럼 양이나 다른 동물들은 더러운 오물로 땅을 더럽히거나 풀을 짓밟아서 그 맛을 떨어뜨릴 수도 있다. 따라서 목자는 양을 위해 초원이 좋은 형태로 유지되게 보살펴야 한다. 목자는 연약함을 안고 있는 양들을 보호해야 한다.

우리 학생들도 모두 이런 보호를 필요로 한다. 그 중에서 가장 중요한 것은 거짓으로부터의 보호이다. 그들 주변에는 많은 거짓 교사들이 있다. 많은 교과서처럼, 거짓 교사들도 자의 반, 타의 반으로 거짓 사상과 태도, 가치를 전달한다. 예를 들어 각 분야마다 오늘날 세계적으로 흔한 추세는 모든 가치가 상대적이라는 견해이다. 그리스도인으로서 당신은 이 견해가 옳지 않음을 알고 있다. 객관적인 진리는 드러나 있으며, 모든 그리스도인은 이 드러난 진리의 수호자이다. 이 진리에 반대되는 것은 명백한 잘못이며, 그것은 폭로되어야 한다.

당신의 학생들에게 이 사실을 알리는 일은 신앙의 주입으로 볼 수 없다. 오히려 당신이 해야 할 의무이다. 이 말은 당신이 정말 깨어 있어야 한다는 뜻이다. 당신은 잠시도 경계를 풀 여유가 없다. 당신은 교실에 들어가 수업을 하기 전에 학생들이 읽고 보고 들을 것을 주의 깊게 생각해야 한다.

물론 학생들은 학교 밖에서 거짓되고 사악하며 거칠고 잔인하며 난폭하고 음란한 생각과 이야기를 접하게 될 것이다. 때때로 이런 것들을 학교 안으로 가져오기도 할 것이다. 학생들을 그런 친구에게서 보호하며, 필요하다면 그런 잘못된 정보와 태도를 갖고 오는 바로 그 학생들을 보호해야 할 곳이 바로 학교이다.

내가 알고 있는 한 교사는 국민학교 6학년 남학생이 음란 잡지를 보는 장면을 목격했다. 그는 즉시 잡지를 압수했다. 반 아이들이 모두 알게 되었기 때문에 그는 그 기회를 이용해 왜곡되고 비인간화된 그런 잡지들의 위험성에 대해 설명했다. 그는 거기서 멈추지 않았다. 그는 잡지를 동봉하여 그 부모에게 편지를 썼다. 그는 자기가 학생들이 학교에서 읽는 책만을 통제할 수 있음을 지적해 주었다. 그는 이 일을 계속할 것이다. 그러나 학교 외의 다른 곳에서 어떤 책을 읽는지 감독하는 것은 부모의 일이었다.

이 이야기를 처음 들었을 때 사람들은 다양한 반응을 보였다. 어떤 사람은 그것이 고자질이 되므로 교사가 그렇게 하지 말았어야 한다고 했다. 그러나 그 남학생은 자기 부모가 그런 잡지를 읽는 것에 반대하지 않았다고 말했다고 한다. 아무튼 궁극적 책임은 부모에게 있었다. 그 부모에게 이 사실을 환기시킬 필요가 있었다. 이 이야기를 들은 대부분의 사람들은 바로 이 점에 동의했다. 누군가 고자질이라는 생각은 잘못이라고 덧붙였다. 교사들은 학생의 영적, 정신적 건강에 대해 어느 정도 책임을 갖고 있다. 그 교사는 그렇게 함으로써 남학생의 최고 유익을 제일 우선으로 삼았다.

그리고 연약한 학생들은 강한 학생들로부터 보호를 받아야 한다. 이 말은 단지 나이 많고 힘센 학생이 어리고 소심한 자를 위협하거나 때리는 것을 막는다는 의미만이 아니다. 이 말은 다른 아이보다 공부를 못하거나 연극, 음악을 못하기 때문에 열등감을 갖고 있는 학생들을 보호한다는 뜻도 된다. 모든 학생을 보호하려고 노력하는 것이 바로 그리스도인 교사의 책임이다.

마지막으로 어떤 어린이들은 그들 자신으로부터 보호받아야 할 필요가 있다. 알다시피 청소년들은 다른 아이들의 생각과 행동에 이끌려 갈 뿐 아니라 자기 자신의 욕망에 쉽게 이끌린다. 예를 들어 중학교 1,2학년 학생들을 가르치는 교사들은 16세 이하 연령층의 학생들이 피임 기구를 사용하는 문제에 접하게 된다.

맨디(Mandy)라는 학생은 실제 그 문제 때문에 교사를 찾아갔다. 맨디는 의사의 도움을 요청하는 데 교사가 자신을 지원해 주기를 바랐다. 교사가 맨디에게 기다리며 먼저 부모에게 말하라고 조언하자, 그녀는 평소에 늘 하던 대로 반응했다. "나는 내 몸을 마음대로 할 수 있어요. 이제는 스스로 책임을 질 만한 나이예요. 모두 다 그렇게 하는데 왜 나만 그래서는 안 되나요? 어쨌든 우리 부모님은 이해하지 못할 거예요." 이런 식이었다. 맨디의 교사가 할 수 있는 일은 장기적인 결과에 대해 경고하는 일뿐이었다. 그리고 그들은 사랑의 진정한 본질에 대해 유익한 대화를 나누었다. 맨디는 그 후 더 깊은 생각을 품고 조용히 떠났다는 것 외에는 그녀에게 어떤 일이 일어났는지 알지 못한다.

피터(Peter)와 카렌(Karen)은 좀더 어려운 문제를 교사에게 가져왔다. 그들은 자신이 '쓸모없고', '아무에게도 유익하지 않은 존재'라고 생각했다. 그들은 아주 좋지 않은 자아상을 갖고 있었다. 그들이 자신을 독특하고 가치 있는 존재로 인식하게 되는 데는 많은 시간이 필요했다. 그러나 그들은 둘 다 자신의 자아 손상으로부터 긴급히 보호받아야 할 필요가 있다.

함께 나누고 싶은 예가 한 가지 더 있다. 밥(Bob)은 뛰어난 학생이었는데도 처음부터 공부를 무시했다. 그러다 보니 어느 영역에서도 자신의 잠재 능력을 발휘하지 못했다. 그는 빈둥거리면서 거의 공부를 하지 않았다. 어느 날 타이핑 시간에 그는 왔다갔다 하며 놀고 있었다. 담당 교사는 그리스도인이었는데 그는 한동안 밥을 지켜 보다가 그가 자리에 앉자 가까이 다가갔다. "해 보아라." 그 교사는 밥에게 명령하며 그 옆에 앉았다. 그리고는 밥의 타자기에 껴진 백지를 보고 그 위에 타자를 쳤다. "많이 맡은 자에게는 많이 달라 할 것이니라"(눅 12:48). "이 말을 잘 생각해 보아라."고 하면서 그 교사는 일어섰다.

"너는 많은 재능을 갖고 있으면서 정말 그것을 썩혀 버려야 하겠니?" 밥은 한동안 가만히 있더니 곧 부과된 과제를 하기 시작했다. 오랜 시간이 지나 그는 자신의 태도를 변화시킨 것은 바로 이 '주님의 말씀'이었다고 고백했다.

밥의 경우 교사가 보여 준 관심과 개인적인 도전은 효과가 있었다. 그러나 항상 그런 효과가 나타나지는 않는다. 그렇더라도 당신은 그런 시도를 쉬지 말아야 한다. 양이 어리석고 멍청해서 길을 잃는 것처럼 어린이와 청소년들도 마찬가지이다. 그러므로 당신이 그들을 보호하는 일은 결코 끊어지지 않아야 할 중요한 역할이다.

3. 개인적인 관심

처음 더럼 대학에 재직하게 되었을 때 동료 중에 북요크셔(North Yorkshire)에서 국민학교 어린이를 가르쳤던 교수가 한 명 있었다. 북요크셔는 목양으로 유명한 지방이었다. 그는 학교에서 가르친 지 얼마 되지 않아 수업을 시작할 때 양에 대해 몇 가지 질문을 해야겠다고 결정했다. 그는 '어린이들이 현재 있는 곳에서 출발하라', '학생들이 이미 알고 있는 지식을 사용하라'는 가르침을 잘 받은 것을 알 수 있다. 당신도 교직 과목을 이수할 때 이런 내용을 많이 배웠을 것이다. 아무튼 그는 수업 내용을 그런 방법으로 소개하는 데 좋은 상황에 놓여 있다고 생각했다.

그는 수업을 시작하면서 양의 그림을 칠판에 붙였다. "자, 무엇일까요?" 그가 물었다. 아무도 대답하지 않았다. 너무 이상했다. 그래서 한 아이를 지적했다. "지미야, 너는 알고 있지 않니? 너의 아빠는 농부시잖아." 그는 대답하지 않았다. "자, 어서 말해 봐. 아주 쉽잖아." 그는 그 아이를 설득했다. "저, 선생님", 그 아이는 주저하면서 겨우 대답했다. "모르겠어요. 선생님, 그 그림으로는 스웨일데일 양인지 사우스다운 양인지 구별할 수가 없어요. 우리 농장에는 웬슬리데일 양들만 있거든요."

이 수업은 교사에게는 끝이다. 교사가 기대한 대답은 물론 '양'이었다. 교사에게는 모든 양이 단지 양일 따름이었다. 학생들이 더 많이 알고 있었다. 그들은 각양 각색의 많은 양들이 있는 것을 알고 있었다. 전에 나는 양에 대해 목자에게 물어 본 적이 있다. 그는 40가지나 되는 양의 이름을 번개처럼 빨리 술술 이야기했다. 그나마도 그것은 영국에서 그가 알고 있는 양의 종류만을 말한 것이었다.

어린이들도 마찬가지이다. 당신은 다섯 살, 혹은 열다섯 살의 학생들을 맡고 있을지 모른다. 그들은 각각 교육 단계에서는 같은 학년에 있지만 개인적인 필요가 모두 다른 개개인이다. 이것은 분명한 사실이다. 그러나 교사는 바쁜 생활 속에서 이 사실을 잊기 쉽다. 학생들을 가르칠 때 그들을 똑같이 대하기가 훨씬 쉽다. 때때로 그렇지 않은가? 나도 그렇다. 그러나 에스겔은 우리가 그렇게 해서는 안 되며, 아직도 우리가 할 일을 잘하지 못하고 있음을 상기시켜 준다.

목자는 각 양의 필요를 인정하고 그에 따라 양을 다루어야 한다. 약한 양에게는 영양이 더 풍부한 특별 음식—혹은 더 많은 개인적 관심과 도움—을 보강해 주어야 한다. 어떤 양은 치료, 즉 그들의 성장을 방해하는 육체적, 정신적 장애를 극복할 수 있는 특별 관심이나 특수 교육을 필요로 한다. 몸을 다친 양은—땅에서 넘어졌거나 싸웠거나 심한 모욕이나 불친절로 상처를 받았거나—치료를 받을 필요가 있다. 길 잃은 양의 경우, 다시 가서 그를 찾는 일이 필요하다. 이 말은 학교 밖으로 나가 무단 결석자나 말썽장이들을 찾아 특별히 상담하며 그들을 도우라는 뜻이다. 이는 학교에 결코 도움을 요청하지 않는 학생들에게 꼭 필요한 일이다. 그런 학생들에게는 당신이 먼저 팔을 내밀어야 한다. 이 일은 힘들며, 때로 많은 거절을 당할지도 모르는 일이다. 그러나 그런 학생이 마음을 열기 시작할 때 당신에게 주어지는 보상은 교사로서 최상의 것이 될 수 있다.

잘 알다시피 이런 일에는 시간이 걸린다. 이는 바쁜 교사 생활에서 희생이 큰 일이다. 그러나 할 만한 가치가 있다. 자신을 필요로 하는 사람에게 항상 시간을 할애하신 예수님을 기억하라. 예수님은 또한 그에게 나아온 사람들의 이야기를 언제나 경청하셨다. 어떤 사람을 알아 가는 일은 그의 말을 잘 듣는 것을 포함한다. 결코 쉽지 않은 일이다. 나는 존(John)과 파울라 샌드포드(Paula Sandford)가 「그리스도인 가정의 회복」(*Restoring the*

Christian Family[Bridge Publishing, 1984])에서 언급한 통찰력 있는 발언
에 동의한다.

> 실제로 남의 말을 경청하는 일은
> 세상에서 가장 어려운 기술이다.
> 왜냐하면 그것은 자아에게 가장
> 철저하게, 끊임없이 죽어야 할 것을
> 요구하기 때문이다.(67쪽)

학생들의 말을 듣고 이해하기 위해 자아가 죽을 준비가 되어 있는가? 그
리스도인으로서 당신은 무엇보다 모든 어린이가 중요하다는 사실을 알고 있
다. 그들은 모두 하나님의 피조물이므로 최상의 가치와 존엄을 지닌 존재이
다. 그렇다. 그들 모두가 다 그렇다.

당신은 동료 교사들이 학생에 대해 모두 그렇게 생각하지는 않는다는 것
을 잘 알고 있다. 어쩌면 그렇게 생각하는 사람이 교무실에서 당신 혼자일
수도 있다. 그러나 당신이 학생 개개인을 도우려 할 때, 전혀 공개적으로 증
인이 되려 한 의도가 아닌데도, 또한 전혀 그런 사실을 의식하지 않았음에도
불구하고, 그 일은 당신이 학교에서 그리스도를 증거하는 가장 두드러진 모
습의 하나가 될 것이다.

예수님의 본

에스겔은 책임 있는 목자의 의무를 강조한다. 그러나 모든 의무를 다 언
급하지는 않았다. 놀랄 것도 없이 예수님은 선한 목자이신 자기 자신에 대해
가르치시면서 중요한 설명을 덧붙이신다. 예수님이 하신 말씀은 교사들의 마
음속에 새겨 둘 만한 가치가 있다. 다음은 그 분의 말씀이다.

양은 그의(목자의) 음성을 듣나니 그가 자기 양의 이름을 각각 불러 인도
하여 내느니라 자기 양을 다 내어 놓은 후에 앞서 가면 양들이 그의 음성
을 아는 고로 따라오되 타인의 음성은 알지 못하는 고로 타인을 따르지

아니하고 도리어 도망하느니라(요 10:3-5)

나는 선한 목자라 선한 목자는 양들을 위하여 목숨을 버리거니와(요 10:11)

나는 선한 목자라 내가 내 양을 알고 양도 나를 아는 것이(요 10:14)

이 장 앞 부분에서 우리는 에스겔이 이야기한 대로 목자의 열 가지 의무를 나열해 보았다. 이제 의무 세 가지와, 경고 한 가지를 추가할 수 있겠다. 말씀을 인용한 순서대로 적어 보면 다음과 같다.

- 선한 목자는 모든 양의 이름을 알며 그들도 목자를 알고 있다.
- 선한 목자는 양들을 인도하며 앞서 나아간다.
- 선한 목자는 양을 위해 자신을 희생한다.

경고할 점 한 가지는, 양은 절대로 낯선 사람을 따라가지 않는다는 사실이다.

이 경고를 먼저 생각해 보자. 어떤 학생들에게 당신은 이방인으로 남아 있는가? 실제로 그들은 당신을 얼마나 잘 알고 있는가? 내 경험으로 비추어 보건대, 1년 이상을 가르치면서도 일부 학생에 대해서는 늘 만나는데도 어느 정도 거리감이 있고 잘 모르는 경우가 있다. 그러니 일주일에 한두 번 수업할 경우 그런 상황은 더 심해질 것이다. 당신이 학생들에게 이방인이라면 그들은 당신을 피하게 될 것이다. 그들은 당신에게 마음을 열지 않을 것이다. 심지어 당신에게서 도망할지도 모른다.

반면에 일주일에 한 시간 수업을 하더라도 모든 학생이 당신을 잘 알 수 있는 방법이 있다. 해결점은 당신의 손아귀에 있다. 만일 당신이 모든 학생들을 알고 그들도 당신을 알도록 노력한다면―나도 해마다 모든 학생들에게 이렇게 해야 한다―당신의 양은 당신의 음성을 듣고 당신을 따를 것이다. 왜 나하면 그들이 당신을 알기 때문이다.

이제 우리는 앞에 열거한 세 가지 의무 중 하나를 다루었다. 이는 정말 개인적인 관심을 강조하는 내용이다. 목자와 양, 교사와 학생 사이에 공유되어야 하는 개인적인 지식을 강조함으로써, 성경은 그런 친숙한 관계의 중요성을 분명히 제시하고 있다.

17세기의 위대한 종교개혁주의 목사인 리차드 박스터(Richard Baxter)
는 영국의 키더민스터(Kidderminster)라는 도시에서 주님을 위해 훌륭한 일
을 많이 했는데 다음과 같은 말을 했다. 모든 목사에게 주님은 이렇게 도전
하신다고 했다.

"그들을 위해 내가 피를 흘렸는데 지금은 그대가 수고할 만한 가치가 없
는 사람들인가? 그것은 그대의 명예가 너무 드러나 있는 것이네."

그 다음에 예수님은, 선한 목자는 모든 양을 모아 데리고 가면서 그들 앞
에서 간다는 점을 상기시키신다. 이 말은 내게는 교사가 목자의 의무를 감당
할 때 중요한 지도자적 역할을 해야 한다는 의미이다.

이런 생각은 요즈음 일부 영향력 있는 전문가들에게는 인기가 없다. 칼
로저스(Carl Rogers)나 지시하지 않는 상담을 옹호하는 다른 전문가들에 대
해 생각해 보라. 그들의 방법은 교사를 뒷전에 놓고 학생들이 자신의 학습에
전적인 책임을 지게 하는 것이다. 이를 주장하는 사람들은 교사가 중립적이
어야 한다고 말한다. 교사는 특정한 방향으로 학급에 영향을 주어서는 안 된
다고 한다. 왜냐하면 그것은 학생들이 각자의 방식대로 성장하는 자유를 침
해하는 것이기 때문이다.

그러나 그것은 얼토당토 않은 말인 것 같다. 그런 견해는, 우리의 본능적
인 의존성에 대한 성경의 가르침과 반대되는 인간 본성과 능력에 대한 가정
을 만들어 낸다. 그런 식으로 행동하는 것은 책임 회피이며, 어린이들에게는
혼란과 실망을 가져다 준다. 국민학생이나 중학생들은 모두 우리가 본이 되
며 그들을 인도해 주기를 바란다. 우리는 그런 자격을 갖추어야 한다. 윗사
람이 교사에게 요구하는 것도 바로 이것이다.

이렇게 말한다고 해서 우리가 전적으로 지시 일변도로 가르쳐야 한다는
뜻은 아니다. 물론 당신은 학생들이 스스로 알아 가기를 바란다. 학생들이
스스로 결심하고 자신의 견해와 행동에 대해 개인적으로 책임이 있음을 인
식하기를 바란다. 나는 결코 주입식이나 학생들의 복종을 옹호하는 것이 아
니다. 그것은 교사가 학생에게 여러 가지 다양한 견해를 생각하지 못하게 하

고 질문도 않는 전적으로 유순함을 요구할 때에만 (이런 것들이 필요한 수업 시간에) 적용하게 될 것이다.

선한 목자인 교사는 학생들이 앞으로 나가는 데 가장 좋은 길을 알고 있다. 그래서 본을 보이며 앞에서 이끌어 간다. 학생들이 질문하고 개인적인 연구와 조사를 하며 자신의 재능을 개발할 수 있는 엄청난 기회를 마련한다. 학생들은 교사가, 자신들의 필요를 알고 그들이 알 수 있는 방법으로 그 필요를 채워 주기를 바란다.

마지막으로, 선한 목자는 자신의 양을 위해 생명을 내어 놓는다. 이 말은 목자적 관심의 희생적인 본질을 강조하고 있다. 그것을 요구하고 있다. 학생들을 우선 순위로 놓기 위해 종종 자기 부정이 필요하다. 모든 교사는 개인적인 충전을 위해 시간을 따로 떼어 놓을 권리뿐만 아니라 그렇게 할 의무를 갖고 있다. 그리스도인 교사는 그 사실을 잊지 말아야 한다. 다른 사람을 열심히 섬기다 보면 당신 스스로 고갈될 수 있다. 그러면 당신은 자신을 포함해서 누구에게도 별로 소용이 없게 될 것이다. 당신이 정말 예수님 같은 교사가 되고 싶다면, 당신 자신보다는 주님의 뜻과 학생들을 우선 순위에 놓는 시간들이 많아야 할 것이다.

자기 자신 돌보기

학생들에게 일종의 목자가 된다는 것은 얼핏 보기에 많은 것을 요구받는 일이다. 내 생각에는 성경 말씀이 모든 교사에게 — 학교 행정 전문가가 아니라 — 적절한 것 같다. 교사라는 특정한 상담가에게도 필요할지 모른다. 그러나 교사가 성경이 일러 주는 일반적인 목자의 의무를 이행한다면 자신의 역할은 좀더 분명해진다.

성경에서 마지막 충고 한마디를 끌어 내리려고 한다. 바로 바울이 에베소 교회 장로들에게 한 말씀이다.

너희는 자기를 위하여 또는 온 양떼를 위하여 삼가라 성령이 저들 가운데 너희로 감독자를 삼고(행 20:28)

바울은 그들에게 '하나님의 교회의 목자'가 되라고 명령하면서, 흉악한 이리가 들어와서 양떼를 아끼지 않을 것이라고 경고한다(행 20:28-29). 그가 처음에 어떻게 말했는지 주의해 보았는가? 그는 자기를 위하여 삼가라고 말했다.

훌륭한 교사가 되려면, 학생들뿐 아니라 자기 자신에게도 세심한 주의를 기울여야 한다. 그 말은 당신 자신을 잘 보살피라는 뜻이다. 일을 과다하게 많이 하라는 뜻이 아니다. 너무 많은 책임을 맡으라는 말도 아니다(이 말은 당신의 담임 목사나 다른 교회 목사의 부탁도 거절하라는 의미일 수도 있다). 당신의 개인 생활, 다이어트 계획, 휴식, 잠자는 시간까지 무시하면서 당신 자신을 소모하라는 뜻이 아니다. 당신 개인의 건강은 중요하다. 물론 그것이 전부는 될 수 없다. 그러나 그것은 훌륭한 목자이자, 교사가 되는 데 필요한 일부분이다.

가장 훌륭한 교사는 그가 가르치는 내용과 그 인격이 분리되지 않는 사람이다. 당신이나 나나 하나님의 은혜로 말미암아 매력적이고 일관된 참 교사의 본으로 드러나야 한다. 우리는 완전히 진실한 교사가 되어야 한다. 그럴 때 우리는 말하고 가르치는 내용만큼 우리 자신의 인격에 대해 확신을 갖게 될 것이다. 왜냐하면 그럴 때 우리는 하나님의 영광과 목적을 위해서 그 분에 의해 자유롭게 사용되기 때문이다.

당신이 위대한 목자이신 주 예수 그리스도께 순종할 때, 당신의 하나님은 모든 선한 일에 당신을 온전케 하사 학교 생활 중에서 그 분의 뜻을 행하게 하실 것이다. 그 앞에 즐거운 것을 예수 그리스도로 말미암아 우리 속에 이루실 것이다(히 13:20-21 참고).

기도와 토론을 위하여

1. 에스겔 34장과 요한복음 10장을 한 번 더 읽고 선한 목자이신 그리스도를 묵상해 보라. 좋은 성구 사전이나 성경 사전을 참조하여 목자와 목회자의 역

할에 관한 다른 성경 구절들을 찾아볼 수 있을 것이다.

2. 학교에서 어떻게 잃은 양을 찾아 도울 수 있을지 다른 그리스도인 교사와 함께 생각해 보라.

3. 하나님 앞에서 목자의 의무를 다하도록, 가르치는 모든 이들을 위해 기도하는 시간을 가져 보라.

4. 시편 23편을 다시 읽어 보라. 당신이 하나님을 알고 목자인 교사를 이해하는 데 어떤 도움이 되는가?

제 8 장

군사인 교사

내가 하는 일 중에 하나는 교사가 될 학생들을 교육시키는 일이다. 내가 재직하고 있는 대학에서는 교사들을 위해 대학원 과정이나 연구 과정을 개설하고 있을 뿐 아니라, 경력 많은 교사들을 위한 고급 과정이나 다른 과정도 마련하고 있다. 그래서 나는 교사들에게 상당히 많은 이야기를 해야 한다. 또한 그들의 이야기를 들어 주어야 하는데 그것 또한 중요한 일이다.

오랫동안 나는 이 일을 매우 기쁘게 해 왔다. 그러나 이제는 좀 다르다. 세월이 흐름에 따라 많은 것이 변하듯이 교사들의 이야기도 변한다. 교사들이 제기한 많은 문제들은 처음 내가 교직에 들어서던 30여 년 전과 마찬가지이다. 그러나 요즈음의 어떤 교사들은 교직에 대해 새롭고도 불안하게 말하곤 한다. 지난 2-3년 동안 나는 그런 말들을 많이 모아 보았다. 당신이 생각할 수 있도록 다음에 몇 가지를 소개하겠다.

먼저, 비숍 오클랜드(Bishop Auckland)에서 온 국민학교 교사의 말이다. "교사이자 교감으로 책임량은 자꾸 많아지지요, 아이들의 행동과 문제들을 보면 오싹해질 정도예요. 학생들은 제멋대로이고 아주 공격적이예요."

다음, 이너 런던(Inner London) 종합 중고등학교에서 온 한 교사는 이렇게 말했다. "내가 가르치는 곳은 전쟁터예요. 우리와 학생이 항상 대치하고 있지요."

랭커셔(Lancashire) 해안의 한 학교에서 온 교감의 말은 이렇다. "교수님은 교생들을 가르칠 때 전공 과목뿐 아니라 신체적으로도 건강하게 되도록 가르치셔야 해요. 왜냐하면 우리 학교 같은 곳에 오게 되면 튼튼해야 할 필요가 있으니까요."

버밍엄 학교에서 온 국어과 주임 교사의 말은 어떠한가? "우리 수업 시간은 모두 70분씩 2시간이에요. 학생들을 자리에 앉히는 데 20분이 걸리죠. 나머지 시간에 그들은 아예 듣지도 않아요. 나머지 시간에 가르치면 다행이지요. 우리 교사들 대부분은 20분 남짓 학생들을 바쁘게, 또 조용히 시키면 성공적이라고 생각해요."

신문에서는 어떠한가? 최근에 교육란의 큰 기사 제목을 본 적이 있는가? 다음은 최근에 신문에서 읽은 두 가지 표제이다. 하나는 '교사가 국민학교 6학년 학생 폭행'이란 제목이다. 분명히 이 어린이는 자기 선생을 공격함으로써 자기 방어 차원에서 보복을 했고 부모는 그 교사를 법정에 고소했다.

또 다른 제목은 '난장판(중류층 동네)—국민학교 1학년 어린이들의 소동'이다. 국민학교에서 1학년 어린이들을 얼마나 훈련시키지 않았으면 그들이 사방에 물건을 던져 버리면서 교실을 뛰어 다니기까지 하였는가 하는 기사가 그 표제 아래 실려 있었다. 그들은 어쩔 도리가 없어 눈물만 흘리는 교사들을 뒤로 하고 운동장으로 뛰어나갔다. 맞다. 그 아이들은 10대 청소년이 아니었다. 여섯 살에 지나지 않았다. 여섯 살. 한 가지 묻고 싶다. 세상에 무엇이 그들로 하여금 그런 행동을 하게 만들었는가?

이 모든 것들—교사들의 말, 신문 뉴스 제목—에 대해 당신이 어떻게 생각할지 궁금하다. 교사 지망생의 교육은 도서관 사서나 경리 사무원 교육 정도로 하면 충분하다. 아마 나 같은 사람은 교육 철학이나 학습 이론 과정을 가르치지 말고 군사 교육을 시켜야 할 것이다. 어쩌면 대학 교육 과정 센터를 없애고 육군 유격 코스로 바꾸어야 할지 모른다.

물론 모든 학교의 모든 어린이가 다 그런 것은 아님을 당신이나 나나 잘 알고 있다. 매일 성공적인 교육과 학습이 이루어지고 있는 학교가 대부분이

다. 그러나 상황은 변했다. 옛날보다 지금 교육하는 일이 더 어렵다. 문제아
들이 오늘날 훨씬 더 많다. 그들은 더욱 공격적이고 도전적이며 제멋대로이
다. 그들은 단지 그들을 양산해 놓은 현대 사회의 소산물이다. 성경을 사랑
하는 모든 그리스도인이 알고 있듯이, 모든 어린이들은 그런 잠재 가능성을
가지고 있다. 모든 어린이는 용납하고 지지하며 격려할 수 있는 구조뿐 아니
라 시험하고 도전하며 파괴하는 구조를 지니고 있다.

많은 교사들은 어쩔 수 없이 전투를 치르고 있다. 그러나 그리스도인에게
는 이것이 결코 놀라운 일로 다가와서는 안 된다. 모든 그리스도인은 군대에
속해 있기 때문이다. 그것은 하나님의 군대이다. 교직에 있는 그리스도인에
게는 제멋대로 하거나 불순종하는 학생을 다루는 일이 싸움이 아니다. 단지
문제의 한 양상일 따름이다. 사실 당신이 이 땅에서 가장 즐겁고 질서 있는
학교에서 가르친다 하더라도, 당신이 참여해야 할 중요한 전투가 여전히 존
재한다.

그리스도인의 전투

그리스도인 교사들은 군사다. 대부분의 교사들이 자신을 군사로 생각하
면서 매일 아침 학교로 들어간다면 이야말로 놀랄 일이 아닐 수 없다. 그러
나 그들은 마땅히 그렇게 해야 한다. 성경은 우리가 스스로를 군사로 생각하
도록 격려할 뿐 아니라, 우리 앞에 놓인 전쟁에서 계속 올바른 길로 나가도
록 유익한 충고를 하기도 한다.

예를 들어 고린도후서 10장에서 바울은 이렇게 쓰고 있다.

우리가 육체에 있어 행하나 육체대로 싸우지 아니하노니 우리의 싸우는
병기는 육체에 속한 것이 아니요 오직 하나님 앞에서 견고한 진을 파하는
강력이라 모든 이론을 파하며 하나님 아는 것을 대적하여 높아진 것을 다
파하고 모든 생각을 사로잡아 그리스도에게 복종케 하니(고후 10:3-5)

이 말씀에는 중요한 사실이 많이 있다. 이 말씀은 우리에게 우리는 전투

를 하고 있으며 싸워야 하고 바로 전쟁터에 있음을 알려 주고 있다. 전술이 있고 사용해야 할 무기가 있으며 또한 사용해서는 안 될 것이 있다. 우리는 단지 방어군이 아니다. 우리는 공격해야 하며 포로를 잡아야 한다. 그리고 우리에게는 싸워 이길 능력이 있다.

나는 바울이 이 말씀을 기록하면서 특히 복음 전파를 염두에 두었으리라고 생각한다. 그럼에도 불구하고 나는 이 말씀이 교육적 상황에 아주 적합하다고 믿는다. 성령님의 도우심으로, 바울이 언급한 모든 내용을 살펴보면서 이를 어떻게 교사들에게 적용할지 알아보자. 싸움터부터 시작하겠다.

싸움터

우리는 현재 우리가 살고 있는 곳에서 싸워야 한다. 우리는 세상에 살고 있다. 맞다. 알다시피 그것은 분명한 사실이다. 그런데 그것을 너무 쉽게 잊어 버린다. 나도 그 사실을 종종 잊는다. 나는 많은 복을 받았다. 훌륭한 아내와 함께 멋진 가정을 꾸리고 있다. 내가 하는 일은 재미있으며, 나에게는 좋은 친구들이 많다. 당신도 나와 비슷하게 말할 수 있을 것이다. 그러나 우리는 여전히 이 세상 가운데 살고 있다. 만일 우리가 일하는 곳이 나이트 클럽이나 경마장, 도박장, 무도회장이라면 우리는 세상 안에 있다는 사실을 더 잘 인식하게 될 것이다. 우리는 세상이 선호하는 어떤 가치관에 둘러싸여 있다.

우리는 소돔 안에 있던 롯처럼 대부분 편치 않은 나날을 보낼지도 모른다. 그러나 학교는 그런 세상과 다르지 않은가? 아니다. 마찬가지이다. 학교는 세상의 그런 장소와 같다. 세상의 기준과 가치가 학교에도 침투해 있다. 보통 더 교묘하게, 그리고 쉽게 눈에 띄지 않게 침투해 있다. 그러므로 훨씬 위험하다.

우리 그리스도인들은 특권을 가진 사람임을 기억하라. 우리는 세상에 속하지 않았다. 그러나 우리가 사는 동안, 어디를 가든지, 무엇을 하든지 우리는 세상 속에 있다. 마치 경마장 트랙이 그리스도인 기수에게 싸움터가 되는 것처럼, 학교가 그리스도인 교사에게는 싸움터가 된다.

전술

우리는 세상에 있지만 세상이 하는 방식으로 전쟁을 하지는 않는다. 바울은 그의 서신에서 세상의 싸움 방식에 대해 두 장 이상이나 거론하고 있다. 그는 고린도 교인들 안에 "다툼과 시기와 분냄과 당짓는 것과 중상함과 수군수군하는 것과 거만함과 어지러운 것이 있을까" 두려워한다고 말하면서 이를 지적하고 있다(고후 12:20). 진리의 탄압과 희석, 잔인, 빈정댐, 무관심, 혐오 등의 모든 것들이 중고등학교와 대학교에서 발견될 수 있다. 이 세상 사람들은 어른이건, 아이건, 자기 마음대로 하거나 최고에 오르기 위해 때때로 이런 모든 전략을 다 사용한다는 것을 당신은 너무 잘 알고 있다. 솔직히 우리 그리스도인들 중에도 때로 그처럼 행동하는 경우가 있다. 애석하게도, 그리스도인 진영 밖에 있는 사람과 똑같은 방법과 무기를 사용하는 덫에 빠지기란 너무 쉽다.

전에 교사로 있던 학교에서 —감사하게도 1년 정도만 있었지만— 많은 교사들이 한 무리가 되어 과학 주임 교사를 대항한 적이 있었다. 적어도 일주일에 한두 번 정도는 교무실에서 항상 경멸과 혐오 섞인 용어로 그 교사에 대해 말하는 여러 명의 남자 교사들을 발견할 수 있다. 모든 교사가 이 정기적인 인격 암살에 가담한 것은 아니지만 많은 사람들이 그 중심 그룹의 태도를 지지했고 계속되는 일을 묵인했다.

공교롭게도 그들이 이 교사를 비난하는 데는 이유가 있었다. 그는 냉담하며 대단한 독설가였다. 그는 자신의 견해가 항상 옳다고 생각했고 또 그렇게 말했다(우리가 항상 옳다는 것을 알고 있는 우리에게는 결코 쉽지 않은 일이다!). 그러나 그는 매우 유능한 교사이기도 하여 항상 좋은 성적을 내기도 하였다. 그는 과학 실험실에서 실험 중인 고학년을 돕기 위해 자기 시간을 할애하며, 학생들이 좋은 점수를 얻도록 하기 위해 정기적으로 자기 학급을 도와주었다. 그는 그를 주로 비난하는 교사들과 같이 그 학교에 여러 해 있었다. 따라서 그들은 때때로 서로의 신경을 건드릴 시간을 많이 갖고 있었다.

신임 교사로서 나도 그를 싫어하고 비난하는 쪽으로 기울어졌다. 그러나 대체로 나는 신참이라는 이유 때문에 다행히 이 무서운 험담의 대열에서 제외되었다. 그것은 내가 그들 편을 들지 않을 것을 그들이 알았기 때문이리라. 내가 그 교사를 정말 좋아하지 않은 것은 인정하지만—그를 사랑하기란 쉽지 않았다—가끔 만나 함께 이야기할 경우에 그는 항상 내게 예의 바르게 대했다.

나는 동료 교사들이 이 교사를 공격하는 데 왜 그렇게 많은 시간을 낭비하고 있는지 정말 알 수가 없었다. 슬프게도 그들은 그런 일을 즐기는 듯했다. 그 학교에서 일한 지 첫 해가 끝날 무렵에서야 겨우 나는 그를 비방하는 사람들 중 적어도 두 사람의 동기를 알아냈다. 당신이 알아도 별로 놀라지 않을텐데 그 내막에 숨겨져 있는 문제는 특별한 책임을 맡는 지위와 관련된 승진 문제였다. 그러나 거기에는 싫어하는, 성공한 동료를 공격하고 싶은 악한 마음과 그를 반대하는 사람들을 도움으로써 값싼 인기를 얻으려는 욕망이 함께 있었다.

바울은 고린도후서 12:20에서 여덟 가지 세상의 무기를 나열했다. 이것들은 그 학교 상황에 모두 존재했으며 치명적인 결과를 가져왔다.

또한 나는 몰래 교사들이 소모임으로 모여 학교 교육 정책, 교과 과정, 사무 분장을 개혁시키는 데 어떻게 그들의 뜻대로 할 것인가를 계획하는 모습도 본 적이 있다. 모든 면에서 그들은 자신의 목적을 성취하기 위해 은밀한 전략과 나머지 교사들의 일반적인 선한 성품에 의존했다. 또 한 번 세상의 친숙한 전략은 이기적인 목적에 사용되었다.

당신이 재직하고 있는 학교에서 이런 일이 일어난다면 당신은 어떻게 하겠는가? 다음과 같이 더 노골적인 질문에 어떻게 답하겠는가? '초과 수당과 지위가 주어지는 특별한 책임 있는 지위를 위해 우리가 그 사람들과 같은 입장에 있다면 어떻게 하겠는가? 우리가 변경된 시간표나 과다 업무로 고통받고 있다면 어떻게 하겠는가?' 당신도 아마 두 경쟁자의 동기와 그 비밀 모임의 동기를 나보다 더 빨리 알아차렸을 것이다. 그렇다면 그런 상황에서 당신은 그리스도인의 어떤 병기를 사용할 것인가?

사용할 병기

한 가지는 확실하다. 우리가 사용할 병기는 세상의 것과 같아서는 안 된다. 교사인 바울은 고린도서에서 특히 똑똑하고 유창한 말, 세상의 지혜에 근거한 논쟁, 인상적인 표현, 설득력 있는 홍보 등의 접근을 거부한다. 그는 또한 퉁명스럽고 교활한 형태로 내세우는 자기 주장의 병기를 철저히 배격한다.

내 생각으로는 그가 달변, 훌륭한 표현 그 자체를 거부하는 것은 아닌 것 같다. 앞에서 말한 병기의 문제는 그들이 자신의 성격과 방식대로 감동시키고 설득할 수 있다는 것이다. 그것들은 본질적으로 너무 자아 의식적이며 자신에게로 사람을 끌어당긴다. 당신이 하려고만 한다면, 전달하려는 내용보다는 오히려 방법으로 청중인 학생들을 좌지우지할 수 있다. 그런 병기는 수업의 내용보다는 병기 그 자체나 사용자를 더 선전한다. 그러므로 그 성공은 보통 일시적인데 왜냐하면 반응이 순수하고 영구적이기보다는 피상적이기 때문이다. 나는 이런 병기를 사용하는 교사들을 알고 있다. 그들이 이루는 성공은 너무 피상적일 따름이다.

그리스도인의 병기

그리스도인 교사가 사용하는 병기는 어떤 것인가? 에베소서 6장에서 바울은 하나님이 우리가 입기를 원하시는 갑옷에 대해 설명한다. 그 말씀을 보면 유일한 공격 무기는 성령의 검, 곧 하나님의 말씀이다. 당신의 말은 하나님의 말씀이라는 소금으로 맛을 낸 것이어야 한다. 어떤 학교에서 가르치든지, 당신은 교실에서, 교무실에서, 운동장에서, 또 그룹뿐 아니라 개인에게 그것을 사용할 모든 권리를 지니고 있다.

물론 당신은 성경 교사가 아닐 것이다. 또 당신은 학교에서 설교할 위치에 있지도 않을 것이다. 따라서 가끔 보기나 예화를 성경에서 끌어낼 수는 있지만 성경 말씀을 인용한다는 것은 수업 전반에 걸쳐 매우 힘든 일이다. 그렇다면 당신은 그 상황 가운데서 어떻게 그리스도인의 전투를 치를 수 있겠는가?

그리스도인에게는 사용할 수 있는 다른 병기가 있다. 산상수훈을 보면 여러 가지가 제시되어 있다. 예를 들어, 겸손이 있다. 또 자비를 보이는 일, 마음의 청결, 화평케 하는 일 등이다. 이는 당신이 사용할 수 있는 네 가지 강력한 병기들이다. 이 네 가지는 모두 당신을 더 훌륭한 교사로, 더 영향력 있는 교사로 만드는 데 도움을 준다. 당신이 자기 자신보다는 다른 사람들에게 진정한 성실과 순수한 관심을 나타내는 것을 학생들이 알 때 그들은 당신과 당신이 가르치는 내용에 마음이 끌리게 된다. 이런 모든 병기를 사용함으로 당신은 그리스도를 증거하는 것이다. 당신이나 나의 진정한 문제는 무엇인가? 우리가 정말 이런 사실을 믿고 있는가 하는 것이다.

내 친구 중에 한 명은 전에 자비에 관한 일로 학생에게서 질문을 받은 적이 있었다. 그 대화의 내용은 다음과 같다.

"선생님, 선생님은 스스로 훌륭한 그리스도인이라고 생각하시죠?"

"음, 나는 그리스도인이기는 하지만, 썩 훌륭하지는 않아."

"그러면 선생님, 그리스도인은 자비로워야 한다고 생각하지 않으세요?"

"물론, 그래야지."

"그런데 왜 선생님은 지난 주에 우리가 공부를 잘하지 못했다고 벌로 남아 있게 하셨나요? 분명히 선생님은 우리를 용서해 주셨어야 해요. 왜냐하면, 우리 모두가 다 성숙하고 똑똑한 것은 아니니까요."

"아니, 그렇지 않지. 내가 더 훌륭한 그리스도인이었다면 너희들을 더 오래 남아 있게 했을 거야."

그러고 나서 그는 진정한 공의와 자비는 잘못을 눈감아 주는 것이 아니라는 것과, 그리스도인의 자비와 사랑은 항상 공정한 처벌에서 나타난다는 것을 설명했다.

의의 병기

이 일은 의를 보여 준 훌륭한 모범이었다는 생각이 든다. 말할 것 없이 의 그 자체는 그리스도인이 사용할 수 있는 또 하나의 아주 강력한 무기이다. 바울은 고린도후서 전반부에서, 하나님의 종들이 자기 자신을 다른 사람에게 어떻게 천거할 것인가를 설명하면서 이 사실을 구체적으로 언급한다. 그는 인내와, 여러 종류의 고난과 고통, 어려운 일을 언급하면서 이렇게 말한다.

깨끗함과 지식과 오래 참음과 자비함과 성령의 감화와 거짓이 없는 사랑과 진리의 말씀과 하나님의 능력 안에 있어 의의 병기로 좌우하고(고후 6:6-7)

이를 잠깐 생각해 보면―이에 관해 성경을 더 참고해 볼 때―우리 그리스도인들에게는 꺼내 쓸 수 있는 커다란 병기고가 있다는 것을 알게 된다. 나는 종종 이런 사실을 잊어 버릴까 염려되는데, 부분적으로는 그리스도인으로서 나의 부족함 때문이고 또 하나는 이 병기를 사용함으로 성공할 수 있을지 측정하기가 어렵기 때문이다. 대개 우리들 중에 그 효과를 우리가 평가할 수 있는 방법으로 측정해 보는 사람은 없다. 어쨌든 당신이 나와 같다면, 너무 당신 자신의 연약한 믿음과 냉담한 심령, 삶 속에서 그리스도를 드러내는 일의 실패에 관심을 기울인 나머지, 성령께서 당신을 통해 하나님의 병기를 어떻게 사용하시는지 알지 못하게 된다. 그럼에도 불구하고 그것들은 우리가 사용할 수 있도록 그 곳에 있다.

나는 최소한의 것을 말했을 뿐이다. 그러나 하나님을 찬양하라. 더 많은 것들이 있다. 예수님은 우리에게 뱀같이 지혜롭고 비둘기같이 순결하라고 명하셨다. 바울은 고린도후서 10장에서 그 개념을 발전시키고 있다. 그는 실제로 '그리스도의 온유와 관용'에 관한 권면으로 10장을 시작한다(고후 10:1). 그리스도인에게는 그것이 훌륭한 병기이다. 우리도 그것을 사용하면서, 그리스도의 권능으로 싸워야 한다.

젊은 교사의 본

13세인 제이슨(Jason)의 이야기를 들어 보라. 어느 날 아침 그는 그가 다니는 시내에 있는 브리스톨(Bristol) 학교에 가지 못했다. 왜냐하면 전날 밤 한 주류 판매점 강도 사건 때문에 심문을 받으러 경찰서에 있었기 때문이다. 공교롭게도 혐의는 있었지만 그는 가담되지 않았다. 돌아가도 좋다는 허락을 받고 그는 수학 시간 중간에 학교에 도착했다.

분노와 불쾌감으로 가득 차서 그는 교실로 뛰어 들어가 선생 옆을 지나 자기 의자에 털썩 주저앉았다. "수학 책을 꺼내 59쪽의 보기를 보아라." 교사의 지시가 들려 왔다.

대답 대신 그는 큰 칼을 꺼내더니 칼날을 펴서 책상에 꽂았다. 그 여교사는 흔들리는 칼을 바라보면서 조용히 그러나 단호하게 책을 펼 것을 다시 이야기했다. "어떻게 하는 건지 몰라요." 제이슨이 말했다. "왜 그래야 하는데요?"

그 여교사는 제이슨에게 가서 그 앞에 섰다. 이 때 반 학생들은 모두 마음을 졸이면서 어떤 일이 일어날지 지켜 보고 있었다. 교사가 말했다. "자, 제이슨. 너는 이유를 알고 있잖아. 이 공부는 너를 비롯한 모든 학생들에게 중요하단다. 어쨌든 나는 너의 선생님이야. 내가 너에게 그렇게 하라고 말했잖아."

그리고는 제이슨을 포함하여 모든 학생들이 놀라도록 그 여교사는 책상에서 칼을 빼고 책상 뚜껑을 열면서 말했다. "네 책을 집어라. 이 칼은 너를 위해 수업 마칠 때까지 내가 보관하마. 협력해 주어서 고맙구나." 그리고 그녀는 교실 앞으로 걸어가 수업을 계속했다.

그녀는 특히 칼을 뺄 때 겁이 났다고 나중에 고백을 했다. 어떤 학생도 제이슨에게 감히 그렇게 하지 못했을 것이다. 그러나 그녀는 칼을 가져가 버렸다. 제이슨의 태도가 많이 변화되지는 않았지만 적어도 그는 교사가 시킨 공부를 하는 정상적인 모습을 보여 주었다.

나는 이 이야기가 그리스도의 온유와 관용을 행동으로 보여 준 좋은 예라고 생각한다. 이것은 부드러운 접근도, 조심스런 접근도 아니다. 그녀는 말하는 어조나 태도 면에서 조용하고 상냥했지만, 그런 성격 밑에 깔려 있는 엄격함과 배려하는 마음을 나타내 보였다. 그녀는 고함치거나 위협하거나 기분 상하게 명령을 내리지 않았다. 그 사건 속에서 위대한 연극을 한 것도 아니다. 그녀의 말은 간결하고 적절했다. 모든 일이 조용히, 법석대지 않고 일어났다. '할렐루야'란 말 외에 무슨 말을 할 수 있겠는가?

사랑의 병기

예수님은 우리에게 사랑하라고 명하셨고, 그것이 우리에게는 가장 좋은 병기이다. 또 다른 교사의 이야기를 들어 보라.

내가 근무하던 학교가 폐교되었다. 나는 동료 세 명과 함께 다른 학교로 옮겨 갔다. 처음부터 나는 그 학교가 싫었다. 매일 저녁 기분이 언짢아 집에 돌아오곤 했다. 나는 아내와 아이들에게 좌절감과 분노를 표출했다. 사는 일이 정말 끔찍했다. 이런 일이 거의 3년 동안 계속되었다. 학교가 싫었고 학생들이 싫었다. 그 동네가 싫었고, 심지어 학교 건물조차 싫었다. 무서운 일이었다.

하나님이 왜 내게 이런 일을 허락하셨는지 알 수 없었다. 나는 매일 이 문제를 놓고 기도했다. 아내의 도움을 받으며 나는 어린 학생들이 변화되도록 기도했다. 학교가 개선되도록 기도했다. 그 지역이 변화되기를 간구했다. 그런데 아무 일도 일어나지 않았다. 오랜 시간이 지난 후 주님은 내 기도에 응답하기 시작하셨다. 그러나 주님이 내게 하시는 말씀은 전혀 마음에 들지 않았다. 주님을 잘 섬길 수 있도록 내 마음에 드는 학교로 옮겨 주시지 않았다. 그렇다고 학교의 모든 상황을 변화시켜 주시지도 않았다. 주님이 내게 주신 말씀은 다른 것이 아닌 바로 내가 변화되어야 한다는 것이었다. 주님은 내가 미워한 모든 것을 사랑하라고 말씀하셨다. 나는 어린 학생들, 동료 교사들, 학교, 그 지역을 사랑하게 해 달라고 간구해야 했다. 내 상황에서 이렇게 기도하기란 어려운 일이었다. 그러나 간구했을 때 주님은 들어 주셨다.

이제 나는 그 어린 학생들을 좋아한다. 드디어 나는 그들의 수준으로 내려갈 수 있다. 예수님은 말씀하셨다. "나는 네 죄와 그들의 죄를 위해 죽었다. 나는 그들 가운데, 그들의 모든 죄 가운데 내려와 있다. 너는 나와 함께 그 곳으로 내려가야 한다." 전적인 무지와 이기심 때문에 그 동안 이해하지 못했던 것이다. 이제는 새 학기가 시작되기를 기다릴 수 없다. 주님을 위해 할 일이 너무 많다. 주님은 매일 역사하신다. 거의 믿어지지 않는다. 대단한 일이다.

이 간증은 매우 감동적이며 또한 겸손하다. 이 교사도 교실에서 그리스도를 증거하는 일에 통찰력 있는 의견을 제시했다. 다음은 그의 말이다. "교회에서만 주님을 확실히 만날 수 있는 어린이는 결코 주님을 알지 못한다. 왜냐하면 그들 대부분이 교회에서는 생기 없이 보이지 않기 때문이다. 그렇다면 학교에서 그리스도인들이 주님의 사랑을 나타내 보이지 않는다면, 그들이 깊은 곤경과 죄악과 고통 속에 빠져 있을 때 어떻게 주님을 알 수 있겠는가?"

당신이 가르치는 모든 학생, 함께 일하는 모든 동료를 사랑한다는 것은 어려운 일이다. 그러나 예수님은 특히 어려운 상황에 있는 당신을 도우실 것이다. 당신은 단지 그 분이 당신 안에 역사하시도록 하면 된다. 그러면 주님은 당신을 통해 일하실 수 있다. 세상은 사랑에 대해 적절한 해결책이나, 사랑을 거스르는 경우에 효과적인 대비책을 마련해 주지 못한다. 이런 것을 생각할 때 별로 놀랄 일은 아니다. 결국 무엇보다 사랑이 가장 필요하기 때문이다.

진리의 병기

그리스도인 교사의 또 하나 확실한 병기는 진리이다. 다른 누구보다 우리는 진리를 위해 용감히 싸운다. 교사로서 —이는 실제로 가르치는 사람 누구에게나 적용된다— 우리는 가르치는 내용과 사는 방식을 통해 학생들에게 진리를 나타낸다. 그리스도께서 친히 지적하셨듯이 사람을 자유롭게 하는 것은 진리이다(요 8:32). 당신이 가르치는 학생들은 결국 이 사실을 스스로 깨닫게 된다. 어떻게? 당신이 진리를 나타내는 방법과 당신이 맡은 과목을 가르치는 방식을 통해서이다.

공격 목표

자, 이제 우리는 우리가 써야 할 병기를 알고 있다. 그렇다면, '어떤 일에 그것을 사용해야 하는가?'라고 질문해야 한다. 당신이 취해야 할 접근 방식은 공격임을 상기시키고 싶다. 당신은 세우는 일뿐만 아니라 파괴하는 일도 해야 한다. 교사로서 당신이 할 일 중 하나는 이 세상의 지혜에 맞서서, 그리스도의 가르침과 상충되는 부분―예를 들어 도덕적 이해와 가치 교육―에서 잘못된 생각과 의심의 근거를 없애 주는 일이다.

그런 근거가 되는 것으로는 기독교 진리와 하나님을 아는 지식에 대항하는 주장이나 이론이 있다. 나는 고린도후서 10:5 첫 부분의 흠정역(KJV) 번역을 좋아한다. "모든 이론(imaginations)을 파하며"란 말씀인데 여기에 사용된 단어 '로기스모스'(logismos)는 '이론, 생각'을 의미한다. 그런데 모든 '이론'이란 단어에는 의도까지 포함되어 있다. 우리 생각의 대부분은 상상이라고 하는 창조적 사고 능력의 결과이기 때문에, 나는 그리스도인 교사들이 단지 어떤 주장뿐 아니라 기독교 진리에 반대되는 모든 종류의 생각, 의견, 마음의 공상을 공격해야 한다고 제안하는 것이 전혀 무리가 아니라고 생각한다.

내가 알고 있는 일부 젊은 그리스도인 교사들은 학교에서 증거하는 일이란 기독교가 승리할 수 있는 주장을 하는 것이라 생각한다. 애석하게도 그들은 기독교 진리에 관해 토론할 수 있는 상황을 만들어 내곤 한다. 그런 식의 접근은 보통 많은 도움을 주지 못한다. 경험 많은 국민학교 교사의 대답을 들어 보자. 그 여교사는 내게 이렇게 말한 적이 있다.

"우리가 자연스럽게 반응할 수 있도록 자연스런 상황이 조성되어야 해요." 주님에 대해 증거할 수 있는 상황을 보통 성령이 아닌 육으로 짜 내는 경우가 있다. 너무 인위적일 때가 많다. 그런 경우 보통 진부하며 늘 같은 질문을 받는다. "선하신 하나님이 왜 암이나 대학살을 허락하시나요?" 이 질문에 확실한 답을 하기는 매우 어렵다. 그러나 문제의 핵심은 이런 것들이 단지 지적인 난제일 따름이라는 것이다. 이런 문제를 제기하는 사람들이 그것을 개인적으로 느끼는 것이 아니다. 실제 증거를 가능하게 하는 것은 개인적인 필요이며 그 필요가 표현될 때이다. 바울은 공격의 또 다른 목표를 "하나님 아는 것을 대적하여 높아진 것"이라고 말한다.

당신은 이런 질문을 할지 모른다. "신학이나 종교 과목을 가르치는 것이 아니라 역사, 진리, 과학, 문학, 음악, 체육을 가르치는 일반 그리스도인 교사들은 이것을 어떻게 적용해야 합니까?" 당신이 할 일은, 가르칠 내용을 학생들이 사용하는 어떤 교과서에도 맞게 연구하는 것이다. 그 중에서 성경적 가르침과 모순되는 생각, 이야기, 보기, 가치관들을 발견하면―분명히 발견할 것이다―학생들에게 기꺼이 그 허구성을 드러내 보여야 한다. 학생들이 주장하는 의견이나 사고에 대해서도 마찬가지이다. '자비로움'에 대해 앞에서 내 친구가 보여 준 예가 바로 그런 것이다.

나는 여기서 우리 교사들이 학급에서 성공하도록 모든 자료를 자세히 분석할 수는 없다. 그러나 당신의 생각을 도울 몇 가지 의견을 제시하겠다. 당신이 직접 경험하면서 더 많은 것을 준비할 수 있을 것이다.

1) 과학

과학적 지식, 즉 실험 연구에 의한 지식만이 참이라는 생각이 보편적이다. 그것은 매우 객관적이라고 인식된다. 주관적 지식은 도외시된다. 그러나 다른 사람―혹은 시나 음악―에게 자신을 바침으로 생기는 지식도 가치 있고 순수한 것이다. 실제 그런 개인적인 연관 없이는 과학적 지식을 획득할 수 없다. 당신이 이를 확신하지 못한다면, 당신이 결혼하고 싶은 사람에 대해 과학적인 방법으로만 그 사람에 대해 알 수 있다고 할 때 그 사람을 얼마나 멀리서 봐야 할지 스스로에게 물어 보라.

2) 역사

역사 교과서는 인간이 자기 운명의 조정자이며 만물의 척도라는 전제로 가득 차 있다. 이런 세속적인 인본주의 사상은 거짓임이 쉽게 드러난다. 학생들이 인간의 과거와 미래에 대해 잘못된 견해를 가지고 학교를 졸업하게 되지 않으려면 그렇게 되어야 한다. 이 말은 단순히 기독교 역사관을 가르쳐야 한다는 말이 아니다. 당신이 가르치는 학생들은 공평하게 적어도 이 견해가 다른 견해와 어떻게 다른지 알아야 한다.

3) 예능

문학, 음악, 미술에는 잘못된 가치, 견해, 편견들이 많이 들어 있다. 당신은 학생들에게 이 가치관을 기독교적 사고, 기준과 비교해 줄 의무가 있다. 예를 들어, 표현의 자유와 예술적 파격의 자유 개념은, 예술과 소위 위대한 사실주의라는 명분으로 무엇이든지 말하고 행할 수 있도록 허용하는데, 당신은 이를 들추어내어 반박해야 한다.

4) 지리

인문 지리의 어떤 설명 중에, 또 인구 통계학에 내포되어 있는 은근한 인종 차별주의를 조심할 필요가 있다.

5) 체육 교육

우리는 학생들에게 육체 그 자체를 경배하는 것이 우리 시대의 우상 중의 하나라는 것을 일깨워 줄 필요가 있다. 육체의 연습은, 바울 자신도 인정했듯이 약간의 유익이 있다. 그러나 그것이 건강과 성공에 이르는 유일하고도 궁극적인 목적은 아니다. 무더운 여름 한낮에 워싱턴에 있는 국회 의사당 주위를 비틀거리며 조깅 하고 있는 사람의 지친 모습을 불쌍하게 바라보면서 나는 정말 사도 바울의 이야기를 해주고 싶었다. 물론 그럴 만한 용기가 없었다. 그래서 그들이 심장마비를 일으키지 않도록 기도할 뿐이었다.

6) 도덕 교육

그리스도인 교사들은 엄한 규칙이나 사소한 규칙에 대해 끝까지 버틸 필요가 있다. 어떤 집단이나 개인을 차별 대우하는 일에 반대해야 한다. 불공평한 상벌, 부당한 편애 등에 항거해야 한다. 만일 당신 학교가 예를 들어 사회 교과에서 가치 정화를 가르치고 있다면, 그 분야에서 교과서와 교수 자료를 만든 사람들이 신봉하는 많은 사상과 보기가 한 쪽으로 치우친, 매우 불만족스러운 내용임을 주의하라.

사로잡아 둘 것

바울은 또 우리가 사로잡아 두어야 함을 상기시킨다. 나에게는 이 일이 가장 힘들다. 그는 우리에게 모든 생각을 사로잡아 그리스도에게 복종해야 한다고 말한다. 당신은 그렇게 했는가? 그는 모든 생각이라고 말했다. 다른 사람의 생각을 사로잡고 정복하는 일은 매우 어렵다. 그러나 모든 생각에는 나의 생각도 포함된다. 오, 정말 이것은 본질적으로 어려운 문제이다. 오히려 세상적인 지식과 가치, 점성술, 혹은 자아, 인간의 지성, 다수결의 의견, '전문가' 등의 현대 신(神) 같은 거짓 우상들을 공격하는 것이 훨씬 쉽다.

그러나 바울은 우리가 모든 생각을 사로잡아야 한다고 말한다. 그리스도의 능력 안에서만 일을 시작할 수 있다. 주께서 우리에게 늘 깨어 기도하라고 강권하시는 것도 무리가 아니다. 교사들은 사상을 공급하는 일을 하며, 학생들이 그들의 이성을 최대한 사용하도록 돕는다. 우리가 우리 자신의 이성을 그리스도의 주 되심에 굴복시킬 때, 우리는 점점 더 예수님의 관점에 맞추어 생각하고 다른 사람에게 사상을 가르치게 된다. 학생들이 이것을 받아들이든지 거부하든지 간에, 적어도 그들은 교육의 모든 영역에서 그들에게 요구되는 것을 알게 될 것이다.

격려의 표시

이 모든 것 때문에 완전히 겁에 질렸는가? 당신은 열심히 가르치고 증거하는 일에 최선을 다하겠지만 당신 생각에 더 유능하고 훌륭한 다른 사람이 공격의 제일선에 서는 것이 좋겠다고 반응할지 모른다. 그런 사람을 제일 먼저 참호에서 나오게 하라. 나도 쉽게 그런 생각을 한다. 왜냐하면 나의 한계를 알기 때문이다.

그러나 알다시피 그것이 바로 주안점이다. 나 자신의 힘과 제한된 지식으로는 결코 성공할 수 없다. 당신도 마찬가지이다. 하나님은 이 사실을 우리보다 더 잘 아신다. 하나님이 우리가 세상의 병기가 아닌 하나님의 병기를 사용하기 원하시는 이유가 바로 여기 있다. 세상의 기준을 따라 살면 분명히 실패할 것이다. 그러나 바울의 말대로 우리는 세상의 교훈과 가치대로 살지 않는다. 우리는 세상이 하는대로 전쟁을 치르지 않는다.

우리에게는 요새를 부술 만한 신성한 능력을 지닌 병기가 있다. 그리스도의 병기를 성공적으로 사용하는 일은 우리의 능력, 우리의 지혜, 우리의 전문 지식에 달려 있지 않다. 그것은 우리의 믿음과 순종에 달려 있다. 옛날 찬송가 가사를 한번 생각해 보자. "믿고 순종하라. 다른 방도가 없다…" 주님은 우리에게 가르칠 능력을 주셨고, 우리를 가르칠 장소에 두셨다. 따라서 우리는 그 분이 원하시는 대로 우리를 사용하시도록 그 분을 신뢰하면서, 매일 자연스럽게 전진하면 된다. 능력이 우리 안에 있는 것이 아니라, 그리스도의 온유와 관용, 사랑, 진리, 자비, 의, 마음의 청결, 화평케 하는 일 안에 있다. 이런 것들은 단지 요새를 강타하는 것뿐 아니라 적극적으로 그것을 파괴하는 수단이다.

제이슨과 그 수학 교사를 다시 생각해 보라. 인간적인 말로 해서, 그 교사는 숨을 곳이 전혀 없었다. 제이슨은 성질이 급했다. 그는 폭력을 쓸 수 있는 아이, 법 위반자, 비행 소년으로 알려져 있었다. 그는 쉽게 그 교사를 꼼짝 못하게 할 수 있었다. 그러나 그렇게 하지 않았다. 그 날 아침 그는 경찰관을 만났기 때문에 분명히 분노와 적개심이 강하게 끓어올랐었다. 그런데도 그 교사에게는 그렇게 반응하지 않았다. 왜 그랬을까?

한 가지 대답밖에 없다. 그 교사가 사용한 병기인 그리스도의 병기가 하나님의 은혜로 잔인함, 폭력, 불순종의 요새를 파괴한 것이다. 그 여교사는 수업 시간에 늘 이 병기를 사용했다는 점을 기억하라. 나중에 그녀는 자신이 얼마나 겁을 냈는지를 말했다. 제이슨이 반항하거나 공격을 해 오면 어떻게 해야 할지 알 수 없었다고 말했다. 그녀가 할 수 있었던 것은, 그리고 그녀가 했던 일은, 특히 그리스도인 교사가 마땅히 그래야 하듯이 스스로 옳고 최선이라고 생각하는 대로 행동한 것이었다. 성령의 능력이 그 나머지 일을 책임졌다. 전에 말했듯이 나는 주저하지 않고 '할렐루야'를 다시 한 번 외친다.

우리가 할 일은 믿음으로 가르치는 일을 계속하는 것이다. 바울이 디모데에게 충고한 것처럼 우리는 분명히 그리스도의 좋은 군사로 고난을 견뎌야 할 것이다. 또 군사로 다니는 자는 자기 생활에 얽매이는 자가 하나도 없다. 이는 군사로 모집한 자를 기쁘게 하려 함이다(딤후 2:4). 따라서 우리는 깨어 기도하며, 세상에 오염되는 것과 세상의 우상에서 우리 자신을 지킬 필요가 있다.

이 모든 일에서 분명한 사실이 한 가지 있다. 승리는 우리의 것이다. 예수님은 말씀하신다. "담대하라! 내가 세상을 이기었노라"(요 16:33). "세상을 이긴 이김은 이것이니 우리의 믿음이니라"(요일 5:4).

기도와 토론을 위하여

1. 에베소서 6:10-19을 읽고 거기에 기록된 영적 갑옷의 여러 가지 항목들을 묵상해 보라. 각각은 교사인 당신의 일상 생활에 어떻게 도움이 되겠는가?

2. 데살로니가전서 5:4-11을 가능하면 적어도 한 명의 다른 그리스도인 교사와 함께 살펴보라. 그리스도의 군사인 교사와 관련하여, 11절에 주어진 충고의 말씀을 따르도록 하라.

3. 어떤 찬송 작가는 에베소서 말씀과 관련하여, '모든 것을 기도로 입으라'고 기록했다. 어둠의 세력에 대항하는 전투를 기억하며, 당신의 사역과 갑옷

을 위해 기도하라. 처음에는 혼자 그리고 그 후에는 다른 사람과 함께 기도
하는 시간을 가지라.

4. 성경에는 영적 갑옷과 병기에 관한 다른 참고 구절들이 많다. 성구 사전을
사용해서 이 용어를 찾아, 본 장에서 다루어진 내용을 어떻게 보강하고 있는
지 살펴보라.

5. 내가 했던 것처럼, 주위의 다른 그리스도인 교사에게 특별한 학교 상황에
서 하나님이 그들을 어떻게 인도하고 도우셨는지. 그 경험을 물어 보는 것이
어떻겠는가? 당신에게 대단한 격려가 될 것이다.

제 9 장

향기 나는 교사

나는 수련회, 특히 그리스도인 교사 수련회에 가는 것을 좋아한다. 같은 일에 종사하는 그리스도인과의 만남에는 무엇인가 매우 특별한 것이 있다. 교사인 당신은 자신의 문제를 함께 나누고 다른 사람의 경험을 들으며 서로 의견을 교환할 수 있다. 나는 당신에게 그런 수련회에 가라고 권하고 싶다.

여러 해 전에 나는 영국 남부에서 열린 한 수련회 장소로 차를 몰고 갔던 적이 있다. 그 수련회는 내가 잘 모르는 지역에서 열렸는데, 가다가 회전을 잘못하는 바람에 길을 잃고 말았다. 주최측에서는 내게 약도를 보내 주었다. 그러나 나는 약도를 보고 따라가는 것을 항상 잘하지는 못한다. 아내와 함께 가면서 길을 올바로 찾는 일에 도움을 받아도 나는 내가 그 길을 다 기억하고 있다고 생각하기를 좋아한다. 또 다른 길을 찾기 위해 계속 차를 멈춰야하는 일을 피하기 위해, 나는 확실하게 가려고 노력한다. 따라서 계속 차를 몰고 가며 잘 찾을 것이라고 낙관한다. 그러나 길을 더 잘 알고 왔어야 한다. 왜냐하면 곧 길을 잘못 든 것을 알게 되기 때문이다. 그러면 나는 차를 멈추고 다시 찾기 시작해야 한다.

그런데 이번에도 보통 때처럼 너무 약게 생각해서 길을 잃었다. 길가의 표지판을 보고 수련회가 열리는 대학에 꽤 가까이 와 있는 것을 알았다. 그 때 중고등학생들이 몇 명 보였다. 차에서 나와 그들에게 길을 물었더니 잘 가르쳐 주었다. 차로 돌아오는데 한 학생이 소리쳤다. "무슨 일로 거기 가세요? 방학이라 문이 닫혔을텐데요."

수련회에 간다고 말했더니 무슨 수련회냐고 물었다. 그래서 나는 그리스도인 교사와 강사들이 전국에서 모이는 집회라고 말해 주었다. 그 때 그 남학생의 대답! 나는 그 말을 잊지 못한다. "흥! 당신은 나보다 참을성이 많군요. 그리스도인이라면 고약한 냄새가 나요. 선생이라면 더 지독한 냄새가 나지요."

불행히도 서로 이야기를 더 나눌 시간이 없어서 우리는 각자 갈 길을 갔다. 그러나 아직도 그가 말하는 소리, 그 때 그 친구들의 웃음 소리가 귀에 쟁쟁하다.

그 때 그 학생에게 말하지는 못했지만, 그는 자신도 모르는 사이에 그리스도인에 관한 심오한 신학적 진리를 말한 것이다. 이는 모든 그리스도인 교사에게 상당히 격려가 되는 진리이다. 믿겨지지 않으면 바울이 고린도 교인에게 보낸 둘째 편지의 2장을 읽어 보라. 바울은 그 학생처럼 교묘하게 말하지도 않았고, 격렬한 감정을 넣어 말하지도 않았다. 그러나 기본 요점은 같다. 바울이 한 말을 생각해 보라.

> 항상 우리를 그리스도 안에서 이기게 하시고 우리로 말미암아 각처에서 그리스도를 아는 냄새를 나타내시는 하나님께 감사하노라 우리는 구원 얻는 자들에게나 망하는 자들에게나 하나님 앞에서 그리스도의 향기니 이 사람에게는 사망으로 좇아 사망에 이르는 냄새요 저 사람에게는 생명으로 좇아 생명에 이르는 냄새라 누가 이것을 감당하리요 우리는 수다한 사람과 같이 하나님의 말씀을 혼잡하게 하지 아니하고 곧 순전함으로 하나님께 받은 것같이 하나님 앞에서와 그리스도 안에서 말하노라(고후 2: 14-17)

이 말씀을 다시 살펴보자. 바울은 우리가 그리스도의 향기라고 말한다. 망하는 자들에게 우리는 사망의 냄새를 풍긴다(우리는 지독한 냄새를 풍기고 있다!). 구원 얻는 사람에게는 생명의 향기를 풍긴다.

이제 당신에게 한 가지 질문을 해도 되겠는가? 당신은 전에 이 말씀을 곰곰히 생각해 본 적이 있는가? 나는 여러 번 이 구절을 읽었지만 최근에서야 비로소 주님은 이 말씀을 놀랍게 깨닫도록 해주셨다. 그리고 이 말씀은 더 깊이 검토할 가치가 있다는 것을 알았다. 당신도 이 말씀을 더 깊이 묵상해 보면, 그것이 당신이 학교에서 그리스도를 증거하는 일에 힘을 더해 주는 보약이 됨을 알 수 있으리라.

향기로운 냄새

지금쯤 당신도 알아차렸겠지만 나는 의미를 찾고 정의를 내리는 일에 관심이 있다. 아마 전에 내가 국어 교사로 있었기 때문이리라. 나는 가능하면 어떤 특별한 단어의 정확한 의미를 알고 싶다. 또 거기에 관련된 의미와 그 이면에 함축된 뜻도 알고 싶다. 물론, 하나님의 말씀을 연구할 때는 한 단어의 문자적인 의미를 정확히 아는 것이 많은 도움이 된다. 하나님이 각각의 구절에서 특별히 무엇을 말씀하시는지 아는 것은 유익하다. 그러므로 14절과 16절의 '냄새', '향기'로 번역된 단어를 잠깐 살펴보자. 여기 사용된 헬라어는 '오스메'(*osmē*)로 단지 '냄새', '향기'를 의미한다. 그러나 문맥을 살펴볼 때, 그것은 특별히 '좋은 희생물에 따라오는 향기'를 뜻한다.

당신은 호숫가나 시골에서 야영을 해 본 적이 있는가? 아마 점심 때가 되었을 때 마른 풀과 나뭇가지를 모아 불을 지펴 양파 섞인 스테이크 요리를 해 먹었을 것이다. 또 사람들이 식사 준비를 하는 아침 일찍 영국의 거리를 산책하면, 살진 훈제 베이컨의 맛있는 냄새가 아침 공기를 가르고 퍼져 나오는 것을 맡을 수 있다. 혹 더운 여름 날 저녁 정원에서 햄버거를 만들 수도 있다. 나처럼 미국 위스콘신에 있는 친구를 방문하는 행운을 안고 그 곳에 가서 그들이 아주 좋아하는 윤기 있고 맛있는 부라트부르스트 소시지를 구워 먹는 야외 식사를 할 수 있다. 당신이 이런 경험을 해 보았다면, 바울의 이 편지를 처음 읽는 사람에게 이 단어가 어떤 상상을 불러일으킬지 잘 알 것이다. 그들은 스테이크 요리나, 야외 식사, 영국의 베이컨은 잘 모르겠지만, 번제에 대해서는 알고 있을 것이다. 레위기를 잠깐 보면 거기에는 번제에 관한 내용이 많이 나온다. 주님께 바치는 좋은 향기로서 번제에 대한 설명이 거듭 반복된다.

이스라엘 백성들은 제단에 희생물을 바치라는 명령을 받았고, 그 번제의 냄새는 하나님을 기쁘시게 하는 좋은 향기가 된다. 이것이 바로 이 단어가 의미하는 바이다. 성경에서 이 단어를 가장 아름답게 사용한 예는 에베소서 5:2에서 발견할 수 있다. 거기에는 그리스도가 "자신을 버리사 향기로운 제물과 생축으로 하나님께 드리셨느니라"고 기록되어 있다.

당신 자신에 대해 그렇게 생각해 본 적이 있는가? 우리 그리스도인은 하나님께 드려지는 그리스도의 향기라고 바울은 말한다. 향기로운 제물. 정말 향기로운 냄새. 어떠한가? 보통 하루를 시작하며 학교로 걸어 들어갈 때 당신 자신을 그런 식으로 그리지는 않을 것이다. 내가 수련회 장소로 가던 길에 만났던 그 학생이 했던 말과 비슷한 이야기를 들은 적도 있을 것이다. 당신은 그 학생이 교사나 그리스도인에게 찬사를 보내지 않았음을 분명히 알고 있다. 그러나 이 성경 말씀은 당신이 좋은 향기임을 말해 주고 있다. 또 어떤 사람들은—당신의 학생들도 포함될 것이다—그 남학생과는 달리 당신을 그런 향기로 생각할 것이다. 그렇게 생각하는 것이 가치 있지 않은가? 우리 함께 그 개념을 생각해 보고 거기서 어떤 것이 나오는지 살펴보자.

그리스도인 교사인 당신을 돕고 당신에게 도전을 줄, 향기의 세 가지 특성에 당신의 관심을 집중시키고 싶다. 두 가지를 먼저 살펴보고 세 번째는 끝 부분으로 미루어 놓겠다.

향기는 꼭 나야 한다

냄새 나는 물건이라면 보통 냄새가 그 물건의 특질, 구별되는 주요 특성이 된다. 본래의 성질, 꼭 필요한 특성이 그 냄새나 향기에 묻어 있다. 그런 대표적인 예가 꽃이다. 자연 세계에서 색깔과 향기는 많은 식물과 꽃들의 두 가지 중요한 특징이다. 야생 식물이 생존하는 데는 두 가지가 다 필요하지만 향기가 좀더 중요한 것 같다. 왜냐하면 식물의 모습이 잘 보이지 않을 때에도 향기는 식물이 있는 것을 알려 주기 때문이다. 모든 꽃이 확실하게 향기를 다 뿜는 것은 아니지만 향기 나는 꽃에는 꽃잎에 식물성 정유가 있어 매혹적인 향기를 내고 있다. 식물성 정유의 아주 적은 양만으로도 향기를 뿜는데 충분하다는 사실이 놀랄 만하다. 가장 짙은 향기를 내는 꽃도 식물성 정유가 차지하는 비율은 2퍼센트도 안 된다고 한다. 아주 적은 양이 대단한 영향을 주고 있는 것이다.

나는 장미를 좋아한다. 다른 어느 꽃보다 장미를 가장 좋아한다. 그런데 현대 원예 기술이 많은 종류의 다양한 품종을 개발해서 어떤 잡종은 전혀 독특한 향기가 나지 않는다. 그러나 옛날 장미, 또 새 품종 중의 일부는 가장 좋은 향기를 낸다. 특별히 따뜻한 늦봄 저녁에 맡는 라일락이나 인동 덩굴, 재스민의 향기는 어떠한가? 대단히 좋다. 모든 꽃의 향기는 그 꽃의 핵심부에서 나온다. 어떤 꽃은 멀리서도 그 향기를 알 수 있지만 어떤 꽃들은, 예를 들어 오랑캐꽃 같은 것은 아주 가까이 가야 그 독특한 향기를 식별해 낼 수 있다. 꽃의 향기는 그 꽃이 어떤 꽃인지를 알려 준다.

그리스도인 교사를 비롯한 모든 그리스도인도 마찬가지이다. 어떤 사람의 경우, 그 개인의 특성이 분명하게 드러난다. 그러나 대부분의 사람의 경우 그들의 독특한 향기가 무엇인지 당신은 곧 알아낼 수 없다. 그런 경우 그들에게는 향기가 전혀 없다고 너무 쉽게 판단할 위험이 있다. 그러나 그리스도인 교사에게서 배우는 학생들은 알 것이다.

개인적인 예를 하나 들어 보자. 어느 토요일 아침 나는 아내에게 뭐 도울 일이 없느냐고 물었다. 사실 나는 조용히 시간을 보내고 싶었다. 어떤 남편이든지 아내에게 그렇게 물어 본다는 것은 치명적인 일이다. 아내는 즉각 내게 일을 찾아 주었다. "그럼요, 여보." 그녀가 말했다. "앞 방만 좀 청소해 주시겠어요?"

그래서 나는 아내가 시키는 대로 먼지떨이를 들고 먼지를 떨기 시작했다. 나는 먼지를 떨면서 선반 위에 있는 장식물을 옮기다가 케케묵은 먼지가 낀

예쁜 접시를 발견했다. 나는 아내에게 그 접시를 가져갔다. "당신에게 이렇게 더러워 보이는 접시가 필요하지 않을텐데. 거기에 두어서 무슨 쓸모가 있는지 모르겠네."

"아니에요. 절대 버리지 마세요." 그녀가 대답했다. "손가락 사이에 넣고 문질러 보세요." 나는 그녀가 하라는 대로 했다. 그러자 곧 그 '먼지'에서 너무나 아름다운 향기가 났다. 말린 라벤더로 만든 접시였다. 죽은 것 같고 더러워 보였다. 그러나 그것은 아름다웠다.

당신이 그런 사람인지 궁금하다. 내가 잘못 생각한 것이 아니기를 바란다. 당신이 죽은 것 같다거나 더러워 보인다고 말하는 것이 아니다. 그러나 당신은 자신에 대해 평범하고 뛰어나지 않으며 특별한 아무것도 없다고 생각할지도 모른다. 당신을 모르는 사람들이 당신을 처음 볼 때 그렇게 생각할지 모른다. 그러나 이 고린도후서의 말씀은 당신이 전혀 그렇지 않다는 것을 명백하게 상기시킨다. 당신은 특별한 사람이며, 당신의 특별한 향기가 그 사실을 드러내고 있다. 거듭난 그리스도인으로서 당신은 성령으로 당신 안에 내주하시는 주 예수님을 마음 중심에 모시고 있다. 당신 존재의 중심에 바로 그리스도의 향기가 있다. 당신은 자신의 독특한 향기를 맡지 못할 수도 있다. 이 말은 성령 하나님이 당신 마음속에 내주하시는 것을 당신이 알지 못한다는 뜻은 아니다. 결코 그렇지 않다. 당신은 당신의 몸이 살아 있는 하나님의 성전인 것을 분명히 알고 있을 것이다. 따라서 만일 당신이 당신 안에 있는 그 독특하고 아름다운 향기를 잘 알지 못한다면 그것은 놀랄 만한 일이다. 향기가 바로 당신 안에 있다. 하나님께서 그렇게 말씀하고 계신다.

비록 당신이 그 존재를 인식하지 못한다 하더라도 당신을 직접 만나는 모든 사람이 분명히 알 것이다. 많은 사람들이 알거나 이해하지는 못하며, 그것을 정확히 밝혀 낼 수는 없을 것이다. 그러나 당신을 만나는 사람들은 알게 된다. 이제 향기의 두 번째 특징으로 이어진다.

향기는 전달된다

향기는 그 존재를 알려 준다. 어느 정도 그것은 어쩔 수가 없다. 당신이 블루벨 꽃이 피어 있는 둑 근처 시골길을 걷고 있다고 하자. 혹은 스코틀랜드 고지에서 어느 상쾌한 아침에 석탄 연기가 굴뚝에서 솟아오르고 있는 한 소작인 농가 옆을 지나고 있다고 하자. 커피를 막 끓여 내는 바로 그 때에 친구 집을 방문했다고 하자. 아니면 이웃집에서 마른 나뭇가지와 정원의 쓰레기를 모아 태울 때 정원에 나가 그 나무 타는 냄새를 맡았다고 하자. 이 모든 경우에 당신은 코로 향기를 맡는다. 그 냄새는 있는 곳을 당신에게 알려 준 것이다.

얼마 전에 이 자명한 사실을 특별히 기억나게 해준 사람이 있었는데, 그녀는 30대 초반의 교사로 나를 만나러 왔다. 박사 학위를 따기 위해 공부하는 중이었는데, 자신이 연구하고 싶은 분야에 대해 나와 함께 의논하기로 약속이 되어 있었다. 우리는 유익한 시간을 가졌고, 그녀는 의논한 결과에 만족하여 돌아갔다. 그런데 그녀가 내 연구실에 있는 동안 나는 줄곧 그녀에게서 향수 냄새가 나는 것을 알 수 있었다. 좋은 향기이기는 했지만 내 개인적인 생각으로는 너무 지나치게 뿌린 것 같았다. 솔직히 좀 참기 어려웠다. 그 냄새는 확실하게 그녀의 존재를 내게 알려 주었다.

이제 나는 냄새와 향기에 관한 이 사실이 아주 분명한 것임을 알고 있다. 물론 향기는 전달된다. 그렇지 않다면 완전히 쓸모없는 것이 된다. 이 사실을 그리스도인에게 적용해 보면, 당신은 주의 백성들에 대해 이전에 몰랐던 많은 것을 발견하게 될 것이다. 그들은 자신이 그리스도의 향기이며, 그 향기가 다른 모든 향기처럼 다른 사람에게 퍼지고 있다는 사실을 전혀 깨닫지 못하고 있다. 백합화 향기가 나는 곳에 있어도 그 사실을 잊어 버린다. 그러나 그들 안에 그리스도의 달콤한 향내가 있다는 것은 꼭 기억할 필요가 있다!

그리스도인 교사들이 교실이나 교무실에 들어갈 때 그들은 그리스도를 모시고 간다. 어디를 가든지 주님은 우리와 함께 계신다. 당신은 매일 수업 준비를 하지 않은 채 학교에 가는 일은 없으리라 믿는다. 당신은—어떤 수업의 경우, 상당한 시간을—무엇을, 어떻게 가르칠지 계획하는 데 시간을 보낼 것이다. 그렇다면 그리스도의 향기를 좀더 효과적으로 풍기게 하는 방법을 준비하는 데 시간을 좀 할애하면 어떻겠는가? 훌륭한 수업을 위한 준비와 그리스도의 향기를 전하기 위한 계획은, 둘 다 연구와 기도가 필요한 동일한 일임을 금방 알게 될 것이다. 당신이 수업 내용만 제시하고 학생들이 할 수 있는 대로 해결하게 내버려 둔다면 대부분의 학생들은 충분히 학습하지 못할 것을 당신은 너무 잘 알고 있다. 향기 나는 당신의 병을 꼭 막아 두어야 하겠는가? 물론 병을 들어 당신 코 가까이 대고 깊이 숨을 들여 마시면서 독특한 향기를 알아 낼 수는 있다. 그러나 마개를 빼 보라. 얼마나 향기로운 냄새가 나겠는가! 그러면 당신은 완전히 그것을 파악하여 그 안에 있는 향기가 어떤 것인지 확실히 알게 된다.

그렇다면 당신은 학교에서 어떻게 그리스도의 향기를 전하는가? 세 가지 중요한 방법을 통해 그 향기를 전할 수 있다. 병마개를 따는 것처럼 아주 간단하므로 어떤 염려도 할 필요가 없다.

언어의 향기

먼저, 가장 분명한 방법을 거론해 보기로 하자. 이것은 아주 간단하게 다룰 수 있는데, 왜냐하면 앞 장에서 이미 거론된 주제이기 때문이다. 당신의 독특한 향기는 당신이 무엇을 말하고, 어떻게 말하는가에서 아주 명백하게 드러난다. 내가 알고 있는 한 교장 선생님은 교사를 임용할 때 지원자들을 면접하면서 항상 역할극을 해 보도록 한다. 어떤 교실 안에 있다고 가정하고, 교장 선생님 및 다른 면접 위원을 '학생'으로 하여 각 후보자에게 어떤 식으로든 '가르쳐' 보라고 한다. 가장 재미있는 장면 중 하나는 교사 쪽에서 체벌을 해야 할 상황이다. 그 교장 선생님은 그것이 면접받는 사람들의 인격과 잠재 능력을 파악할 수 있는 가장 좋은 방법이라고 주장한다.

내가 그 학교에 지원서를 내고 싶은 마음이 들지는 확실히 모르겠다. 그 교장 선생님과 함께 일한다면 기쁠 것이다. 그러나 그런 면접은 별로 경험하고 싶지 않은 것이다. 그럼에도 불구하고 당신은 그가 말하는 요점을 알 수 있을 것이다. 그가 평했듯이, '당신은 사람들이 사용하는 언어와 어조를 통해서 그 사람에 대해 상당히 많은 것을 알 수 있다.' 그의 견해는 확실히 어떤 교실에도 적용되며, 대부분의 어린이와 젊은이들은 그의 의견에 동의한다. 내 어린 딸은 학교 다닐 때 어느 때인가 학교를 매우 좋아하지 않았다. 내 생각에는 그 딸 아이가 여섯 살 때, 그 반 학생 아무도 좋아하지 않던 선생님과 함께 지낸 괴로운 1년이 원인이 아닐까 한다. 딸 아이 제인(Jane)은 그 여선생을 '고함치는 선생님'으로 아예 제쳐놓았다. 왜 그러느냐고 물었더니 그 아이가 말했다. "우리한테 말할 때 선생님은 항상 소리만 질러요. 전혀 조용히 말하는 소리가 아니에요." 그 교사의 말은 대부분 불쾌한 언어로 나타난 것을 알 수 있다. 분명히 그 교사의 향기는 학생들을 끌 만한 것이 아니었다.

베드로는 이에 관해 좋은 말씀을 했다. 베드로전서에서 그는 다음과 같이 썼다. "만일 누가 말하려면 하나님의 말씀을 하는 것같이 하고"(벧전 4:11). 그는 우리에게 받은 은사를 성실하게 사용하라고 말하고 있었다. 가르치는 일에 부름받은 사람들은 확실히 말하는 은사를 받았다. 베드로가 설명한 방법대로 당신의 은사를 활용하면 당신은 분명히 당신의 말을 듣는 모든 사람에게 그리스도의 향기를 전할 것이다.

젊은 교사 시절, 차가 없어서 나는 우리 마을에서 학교가 있는 도시 중심가까지 매일 24킬로미터씩 기차 여행을 해야 했다. 나는 시 가르치는 것을 좋아해서, 그 수업이 있는 날에는 여행이 무척 즐거웠다. 기차 여행을 하면서 수업 시간에 읽기로 계획한 시에 대해 질문할 말들을 여러 가지로 바꾸어 보기도 했다. 아니면 그 시에 관한 요점을 설명하는 방식을 여러 가지로 다양하게 연습해 보곤 했다. 잘못하면 부적합한 질문과 설명을 함으로써 학생들이 시에 대해 싫증을 느낄 수 있기 때문이다. 나는 언제나 우리들이 읽는 시를 학생들이 평가할 때 가장 도움이 되는 질문과 설명에 관심을 가졌다. 성공적으로 가르치려면 내가 사용하는 말들이 정확히 올바른 것이어야 한다는 것을 경험으로 알았다. 따라서 학교 가는 길에 여러 가지 표현을 연습한 것이 얼마나 중요했는지 모른다.

솔직히 시를 가르치는 수업의 경우처럼 다른 모든 시간을 위해서도 말을 선택하는 계획은 세우지 못했다. 그러나 학생들을 가르치거나 칭찬, 혹은 꾸짖을 때에도 내가 쓸 표현을 열심히 생각해 냈을 때 더 성공적이었다. 물론 경험이 도움이 된다. 그러나 당신이 자신과 학생들에 대해 설정해 놓은 높은 목표를 정말 성취하고 싶다면, 바른 말을 찾고 그것을 어떻게 말할지 연습하는 데 시간을 보내는 것이 현명한 일이다. 이런 식의 전문성을 보이는 그리스도인 교사뿐 아니라 '하나님의 영광을 위해 모든 일을 하는' 식의 접근 방법을 가진 그리스도인들이 확실히 그리스도의 향기의 병마개를 딴 사람들인 것이다.

당신 안에 있는 독특한 그리스도의 향기를 전하는 능력을 실제로 시험하는 일은 곤경에 빠질 때 가능하다고 생각한다. 수업 준비를 가장 잘 해 왔는데도 일이 잘 안될 수 있다. 때때로 규율의 문제가 발생한다. 학생을 가르치는 모든 일이 다 재미있고 시선을 끌 만한 일은 아니다. 당신이나 학생 모두가 함께 지친다. 그런 때에 당신은 어떤 종류의 말을 하는가? 그 말들은 당신 안에 아직도 숨어 있는 '옛 사람'을 드러내는가, 아니면 그리스도 예수 안에서 새 피조물인 '새 사람'을 드러내는가? 마찬가지로 교무실에서 동료와 담소할 때 당신은 실력 없는 동료의 험담을 하고 교장 선생님을 비난하는 데 가담하는가? 아니면 약한 사람을 옹호하고 옳은 것을 거침 없이 말하는가? 당신은 어떤 향기를 내고 있는가?

어떤 의심도 하지 말라. 당신이 한 말의 결과에 관계없이 당신은 당신의 선하고 참되고 아름다운 말을 듣는 모든 사람에게 그리스도의 향기를 분명히 전달할 것이다.

행동의 향기

주님의 향기로운 냄새를 전하는 두 번째 확실한 방법은 당신이 어떻게 행동하는가에 있다. 이것이 어떻게 추천장이 되는가?

나는 전에 졸업 직전에 있는 6학년 학생들의 일일 수련회에 가서 말씀을
전한 적이 있다. 말씀을 듣고 학생들은 그룹으로 흩어져서 토론하는 시간을
가졌는데, 나에게도 많은 학생들과 이야기할 수 있는 기회가 주어졌다. 한
그룹의 학생들에게 학교 생활에 대해 물었는데 그들의 대화는 선생님들에
관한 이야기로 변해 있었다. 아이들마다 의견이 달랐다. 어떤 아이는 이 선
생님을 좋아했고 어떤 아이는 저 선생님을 싫어했다. 그 때 메리(Mary)라는
한 여학생이 역사 선생에 대해 험담을 했다. 학생들은 그 선생을 '거룩한 조
우(Joe)'라고 불렀다. "그 선생님은 너무 까다로워." 그 여학생이 불평했다.
"참고 구절이나 인용이 정확하게 맞을 때까지 만족하지 않아."

스티브(Steve)가 동의했다. "그래, 괴팍하지. 때로는 좀 지루하기도 해.
그렇지만 우리 학교에서 나는 그 선생님에게서 제일 많은 도움을 받았어. 처
음에 내가 역사를 깊이 공부하려고 했을 때 모든 것이 혼돈스러웠지. 읽을
책이 너무 많은데 어디서부터 시작해야 할지 잘 몰랐어. 선생님은 이 사실을
알고 어느 날 오후 방과후에 함께 남아 나의 어려운 문제를 상담해 주셨어.
선생님은 나를 격려하시면서 선생님이 읽은 책 중에 내게 필요한 것을 적어
보게 하셨고, 선생님 책을 빌려 주시기도 했어. 시간을 많이 내셔서 정말 나
를 도와주셨지. 선생님은 다른 누구에게도 이 일을 말씀하지 않으셨어. 나는
이 사실이 고마웠어. 왜냐하면 내 공부에 문제가 있다는 것을 너희들에게 알
리고 싶지 않았거든."

내가 좋아한 점이 바로 이것이다. 스티브와 다른 아이들에게는 알리지 않
았지만 나는 거룩한 조우를 알고 있었기 때문이다. 그는 오랫동안 그 학교에
근무했다. 그리고 그리스도인이었다. 그래서 학생들이 거룩한 조우라고 불렀
을 것이다. 이제 당신과 나는, 이 교사가 스티브에게 한 것처럼 행동하는 헌
신된 비그리스도인 교사들도 있음을 알고 있다. 그렇다고 할지라도, 여기에
는 자기의 일을 철저히 하면서 학생들에게는 높은 기준을 요구하고, 학생이
그를 필요로 할 때 자기 시간을 포기하며 책을 주어 도울 준비가 되어 있는
그리스도인 교사가 있다. 또 그는 교사가 특별히 돕고 있다는 것을 다른 학
생이 모르게 함으로써 그 학생을 난처하지 않게 할 만큼 세심한 그리스도인

이었다. 더군다나 이것은 그가 가르친 학생 중에서 단 한 명에 관한 일이었다. 그 학교에서 얼마나 많은 다른 학생들이 그의 도움과 격려를 받은, 이 비슷한 이야기를 할지 궁금했다. 그는 드러내거나 꾸미지 않으면서 조용히 그리스도의 향기를 드러낸 것이었다.

골로새서에는 이렇게 쓰여 있다.

> 종들아 모든 일에 육신의 상전들에게 순종하되 사람을 기쁘게 하는 자와 같이 눈가림만 하지 말고 오직 주를 두려워하여 성실한 마음으로 하라 (골 3:22)

거룩한 조우는 퇴근 시간에 맞춰 부리나케 나가려고 시계를 들여다보는 교사가 아니었다. 그는 인간적인 칭찬을 얻으려고 교장 선생님이나 교감 선생님의 눈치를 보며 가르치지도 않았다. 가장 훌륭한 교사는 아니었을지 모르지만 그는 성실하게, 철저히 가르쳤다. 주님을 영화롭게 하기 위해서. 방금 골로새서에서 인용한 말씀과 비슷한 명령이 에베소서에도 있다. "단 마음으로 섬기기를 주께 하듯 하고 사람들에게 하듯 하지 말라"(엡 6:7).

당신은, 수업을 잘 준비하고, 수업 시간을 엄수하며, 의무를 회피하지 않고, 낼 보고서를 새롭게 준비하며, 학생들의 점수를 빨리 매기는 일 등을 통해 향기를 효과적으로 전할 수 있다. 교생 시절 처음 수업해 본 학교에서 장학 지도가 실시되었다. 나는 장학 지도를 받기 일주일 전에 수업을 시작하게 되어 있었다. 교직원들 사이에 이례적인 부산한 움직임들이 있었다. 교안이 어디선지 모르게 나타났고, 선반 위에 있던 먼지 쌓인 수업 보조 교재들이 내려져 수업 때 사용되었다. 점수를 매기지 않고 쌓아 놓은 노트 더미가 갑자기 사라졌다. 나는 수업할 반에 그런 더미를 갖고 들어가라는 지시를 받았다. 한 남학생은 그 선생님에게서 노트를 돌려받기는 그 해 들어서 처음이라고 말했다. 우리들의 행동(혹은 행위의 부족)이 학생들에게 어떤 영향을 미치는지, 이 학생의 얼굴 표정과 그 선생에 대한 학생들의 태도를 통해 알 수 있었다.

학생들은 당신이 그들을 위해 하는 일, 혹은 그렇게 하는 이유에 대해 항

상 감사하지는 않을 것이다. 그러나 날이면 날마다, 해마다 당신이 일관되게
보여 주는 성실함은 의심할 것 없이 진정 유익한 효과를 가져온다. 그것이야
말로 능력 있는 증거이다. 그러나 인상적일 것이다. 그 효과를 측정할 수 없
더라도 그것은 중요한 문제가 아니다. 결국 당신은 실제로 하나님 그 분을
위해서 일하고 있기 때문이다.

태도의 향기

다니엘 존슨(Daniel Johnson)이란 사람에 대해 이야기하려고 한다. 그
것은 그의 실제 이름은 아니다. 그는 내가 알고 있는 교사이다. 그가 석사 과
정에 있을 때 나는 내 수업 시간에 들어온 그를 처음 만났다. 그는 똑똑하고
명랑하며, 토론에도 훌륭히 임했다. 열심히 공부했고 그 과정에 있는 동료들
과도 잘 지내고 있었다. 그를 알고 있는 동료 교수들은 모두 그야말로 우리
가 원하는 박사 과정에 적합한 학생이라는 데 의견을 모았다. 그는 석사 과
정이 끝날 때 아주 좋은 성적을 거둠으로 우리의 판단이 옳음을 확증시켰다.
놀랄 것 없이, 우리 모두는 그가 박사 과정에 들어 오는 것을 기뻐했다. 그는
교육학 연구에 진정한 관심이 있었기 때문이다.

우리가 그를 받아들인 한 가지 이유는, 처음에 그의 입학 허가서를 검토
하고 있을 때 받은 추천서 때문이었다. 그가 근무하던 학교의 교장 선생님은
그가 매우 유능하며 꼼꼼한 교사로서 철저하고 믿을 만하며 근면하다고 강
조했다. 솔직히 모범 교사라고 했다. 석사 학위를 따고 나서 8개월이 되었을
때 나는 그가 맨체스터(Manchester)에 있는 큰 종합중고교의 교장 선생님으
로 승진되었다는 소식을 들었다. 그 학교로 볼 때 얼마나 잘된 일인가 생각
했던 기억이 난다. 그 후 내가 가르치던 학생이 그가 근무했던 옛 학교에서
실습 중이라 우연히 그 곳을 방문했다가 그의 옛 동료를 만나 그에 관한 이
야기를 하게 되었다. "네, 그 선생에게는 교장 자리가 최적이지요." 그가 말
했다. "그는 행정 분야를 가장 잘해요." 그리고 그가 덧붙였다. "학생을 가
르치는 일은 결코 그가 할 일이 아니에요. 아시겠지만 우리들 중에 그가 떠

난 것을 섭섭해 한 사람은 아무도 없어요. 학생들도 기뻐했고요. 모두들 그를 아주 싫어했어요."

나는 충격을 받았고, 그에게 그렇게 말했다. 우리는 그를 매우 훌륭한 학생으로 알고 있었다고 했다. "아, 네, 그랬을 거예요." 그가 대답했다. "그러나 깊이 들어가 보면 그는 학생들을 미워했어요. 학생들도 그것을 알았거든요."

오랜 세월이 지난 지금도 나는 그 이야기가 혼돈스럽고 잘 믿어지지 않는다. 그러나 이 이야기는 특히 어린이와 청소년들과 관련된 일에서 태도가 얼마나 중요한가를 새롭게 가르쳐 주고 있다. 만일 다니엘 존슨이 어린 학생들을 그토록 싫어했다면 어떻게 그렇게 오랫동안—그는 분명히 교장에서 교육 행정가로 옮겨 갔을 것이다—교직을 승진 거리로 삼을 수 있었는지 이해할 수 없다. 그는 어떤 방면에서는 좋은 모범을 보여 주었다. 그러나 그의 기본적인 태도는 위장할 수 없었던 것 같다. 그런 태도가 조만간 어쩔 수 없이 그 사람 자체를 드러내며, 그런 태도를 나타내는 사람의 본성도 드러낸다는 사실을 그는 깨닫지 못한 것 같다. 태도는 그 사람의 본질적인 향기를 전한다. 우리 그리스도인들이 그리스도의 향기를 가장 효과적으로 전하는 것은 바로 우리의 태도이다.

우리 학생들은 어떤 교사를 가장 필요로 하는가? 그 답은 쉽다. 학생들은 그들을 순수하게 사랑하는—감정적이지 않고 진정한 관심과 동정심을 지닌 사랑, 학생들을 하나님의 형상으로 지음받은 인격으로 존중하는 사랑—교사를 필요로 한다. 자신이 가르치는 과목을 좋아하며, 실제로 그것을 가르치는 데 열심이 있고 헌신되어 있는 교사, 인내심 있고 친절하며 오만하지 않고 고집이 세지 않으며 엄하고도 온유한 교사, 믿을 만하고 선하며 의를 위해 싸우는 존경할 만한 교사, 스스로 자기 자신을 관리하며 자기 훈련이 되어 있기 때문에 적극적인 방법으로 학생들을 훈련시킬 수 있는 교사를 필요로 한다.

이 말들은 당신을 묘사하고 있는가? 그래서는 안 될 이유가 전혀 없다고 생각한다. 위 마지막 문단을 다시 읽어 보라. 공감이 되지 않는가? 내가 이미 앞에서 성령의 열매에 관한 아름다운 말씀인 갈라디아서 5:22-23을 언급했던 것을 기억할 것이다. 우리 안에 이런 태도-학생, 동료 교사, 윗사람을 대하는 태도와 우리의 모든 일에 대한 태도-를 형성시키고, 그 태도를 유지하며 발전시키시는 분은 바로 우리 안에 내주하시는 성령 하나님이시다. "우리는…순전함으로 하나님께 받은 것같이 하나님 앞에서와 그리스도 안에서 말하노라"(고후 2:17).

이것이 우리의 현재 모습이다. 학생들을 가르치기 위해 하나님께로부터 보냄받은 사람. 당신은 '순전함'(sincerity)이란 단어의 문자적 의미를 아는가? 그것은 '오점이 없는 광명'을 의미한다. 당신이 매일 순전함으로 가르칠 때 당신 안에 있는 그리스도의 빛이 빛날 것이다. 마찬가지로 그리스도의 달콤한 향내도 학생과 동료들에게 전달될 것이다.

문제

이번에는 이 장 처음에서 인용했던 명랑한 그 남학생의 이야기를 기억할 차례이다. 그리스도인과 교사는 '고약한 냄새가 난다'고 말한 학생 말이다. 그런 학생은 이 모든 이야기 중 어디에 적합한가? 많은 학생들이 그와 같겠는가? 자, 우리는 우리의 말과 행동, 태도를 통해서 그리스도의 향기를 전하고 있다. 그런데 고린도후서 2장을 보면 망하는 자들에게는 사망에 이르는 냄새가 된다고 되어 있다. 학생들이 우리의 가르침에 즐거운 비명을 지르며 반응할 것 같지 않은가? 오, 슬프게도 그들은 즐겁게 반응하지 않을 것 같다. 오히려 그리스도가 교실에 임재함으로 반감을 갖는 아이들이 당신의 학급에 있다. 그들은 비웃을 것이고 거역할 것이다. 불순종하며 무례할 것이다. 말을 듣지 않을 것이다. 여러 면에서 부정적일 것이다. 그리스도의 빛을 환하게 비춤으로써 당신이 더 투명해지면, 어떤 학생들은 더욱 반감을 가지며 다루기 어렵게 될 것이다(모든 문제 학생의 반응이 다 이렇다는 말은 아니다). 예수님도 제자들에게 이런 말씀을 상기시키셨다. "세상에서는 너희가 환난을 당하나"(요 16:33). 이 말씀은 다른 사람은 물론 교직에 있는 그리스도인에게도 적용되는 것이다.

당신이 "그것만이 문제는 아니에요."라고 중얼거리는 것 같다. 당신은 또 이렇게 생각할지도 모른다. '내가 학생들에게 생명에 이르는 향기가 된다면, 이 얼마나 무서운 책임인가? 내가 누군데, 그런 일을 감당하는가?' 나도 당신 말에 동의한다. 정말 솔직한 질문이다.

사도 바울도 바로 그러한 질문을 한 것을 기억하라. "누가 이것을 감당하리요?"(고후 2:16) 자, 여기 간단하고 솔직한 답이 있다. 바로 당신이다. 맞다. 당신이다. 나도 마찬가지이다. 이제 당신의 질문은 무엇인가? 그것을 어떻게 감당하느냐고? 기쁘게 답할 수 있겠다. 이제 당신에게 두 가지 답을 주겠다.

향기는 좀처럼 없어지지 않는다

첫 번째 답으로, 향기에 관한 세 번째 사실 즉 세 번째 특성을 언급하려고 한다. 향기의 특성에는 세 가지가 있다고 앞에서 말한 바를 기억할 것이다. 이미 두 가지―향기는 필수적인 것이며, 전달된다는 사실―를 검토해 보았다. 승리를 가져오는 세 번째 사실은 우리가 없어진 후에도 향기는 좀처럼 없어지지 않는다는 것이다. 앞에서 언급한 박사 지망생의 이야기를 기억하는가? 또 너무 짙은 향수를 뿌린 여교사의 이야기를 알고 있지 않은가? 그녀가 연구실을 나간 후 적어도 두 시간 동안 나는 방 안에 남아 있는 향수 냄새를 맡을 수 있었다. 창문을 열어 놓았는데도 그 향기는 한동안 머물러 있었다.

이제 이 사실을 당신 자신에게 적용시켜 보라. 하나님의 말씀은, 당신이 하나님께 그리스도의 향기가 되고 있음을 말해 준다. 향수 냄새는 그 사람이 가 버려도 대기 중에 늘 남아 있다는 것을 당신은 확실히 알고 있다. 이제 당신의 향기, 아름다운 향기는 당신이 가르치는 일을 하는 교실에 남는다는 것을 우리 함께 기뻐하자. 더 중요한 사실은 그것이 당신이 가르치는 학생들의 마음속에 머무른다는 것이다. 당신이 어떻게 생각하든지, 당신은 그들에게―그들 모두에게―영향을 주고 있다. 그것을 측정할 수는 없다. 대부분 그 영향이 어떤 것인지 정말 확신할 수 없다. 때로는 실망스러운 것일지도 모른다. 그러나 당신은 그런 사실을 알고 살아야 한다.

그러므로 당신은 하나님만을 신뢰해야 한다. 하나님이 당신을 사용하시도록 그 분을 신뢰하라. 당신의 독특한 향기가 활용되도록 그 분을 신뢰하라. 그 향기가 퍼지도록 그 분을 신뢰하라. 그 냄새가 없어지지 않고 남아 있도록 그 분을 신뢰하라. 당신을 위해 하나님이 일하실 것이다. 그 분은 약속하셨다.

첫 번째 질문에 대한 답은 아주 많다. 그러면 '우리가 어떻게 그런 일을 감당합니까?'란 두 번째 질문의 답은 무엇인가? 고린도후서 2:14을 다시 읽어 보기 바란다. "항상 우리를 그리스도 안에서 이기게 하시고 우리로 말미암아 각처에서 그리스도를 아는 냄새를 나타내시는 하나님께 감사하노라."

알겠는가? 전혀 걱정할 필요가 없다. 당신 혼자가 아니다. 처음에 생각했던 것처럼 이 두려운 책임은 전적으로 당신의 어깨에 달려 있지 않다. 교직원 중에 당신이 유일한 그리스도인일 수도 있다. 때로는 당신이 감당하기 어려운 일이라 느껴져 너무 약하고 평범해진 나머지 하나님을 위하여 실제 아무 영향도 미치지 못할지도 모른다. 그러나 이제 더 이상 의심하지 말라. 두려워하지 말라. 모세를 생각해 보라. 그의 자존감은 정말 매우 낮았다. 그는 하나님이 시키신 일에 자신은 무익하다고 생각했다. 나는 모세가 120세까지 살았다는 것을 어디선가 읽은 적이 있다. 그는 첫 40년을 훌륭한 사람이 되려고 노력하며 지냈다. 다음 40년은 자신이 아무것도 아님을 배우며 지냈다. 마지막 40년은, 자신이 아무것도 아님을 배운 위대한 사람을 사용해 하나님이 무엇을 하실 수 있는지 보여 주면서 하나님을 위해 살았다. 그는 하나님과 그 분이 원하시는 것에 집중함으로써, 자기 자신을 생각하고 걱정하는 일을 중단하는 법을 배웠다. 하나님이 자기 안에서, 자신을 통해 일하시도록 허용했기 때문에 그가 모든 사람에게 끼친 영향을 주목해 보라.

이제 당신과 당신의 상황, 그리고 고린도후서 2:14로 돌아가 보자. 도처에 그리스도를 아는 냄새를 나타내실 분은 당신이 아니다. 하나님이시다. 하나님이 당신을 그 학교에 두셨기 때문에 당신이 현재 그 곳에 있다. 현재 상황이 어떠하든지 당신은 하나님께로부터 보냄을 받은 자이다(고후 2:17). 그리고 당신을 그리스도 안에서 이기게 하시는 분은 하나님이시다. 이 말을 명심했는가? 이기게 하심. 나는 항상 승리하는 것처럼 보이지는 않을 것이라는 사실을 안다. 그러나 본질적인 당신의 모습을 나타내는 그리스도의 향기, 즉 당신의 향기는 매일 전달되고 있고, 좀처럼 없어지지 않고 남으며, 영향을 미치고 있다. 그리고 하나님이 당신을 부르셔서 수행케 하신 일이 진행된다. 당신과 내가 할 일은 모세처럼 신뢰하고 복종하는 것이다.

그러므로…견고하며 흔들리지 말며 항상 주의 일에 더욱 힘쓰는 자들이 되라 이는 너희 수고가 주 안에서 헛되지 않은 줄을 앎이니라(고전 15:58)

기도와 토론을 위하여

1. 레위기 1장부터 7장 사이에서 '향기로운 냄새'에 관련된 구절들을 찾아 노트에 적어 보라. 번제 이면에 숨겨진 가르침을 당신의 삶 속에 적용할 수 있겠는가?

2. 당신 안에 있는 그리스도의 향기가 학생과 동료 교사들에게 적극적인 영향을 끼치도록 기도하고, 어떻게 해야 더 효과적이 될지 가르쳐 달라고 하나님께 간구하라.

3. 어떻게 그리스도인이 망하는 자들에게는 사망에 이르는 냄새이고 구원 얻는 자들에게는 생명에 이르는 냄새가 되는가? 이 질문에 대한 답은 그리스도인 교사로서 당신이 증거하는 일에 어떤 암시를 주는가?

4. 징계의 시행, 학과목 수업, 학급끼리의 상호 인격적인 관계에서 어떻게 그리스도인의 태도를 나타내고 발전시켜 나갈지 다른 그리스도인 교사와 함께 생각해 보라.

5. 당신이 가장 좋아하기 어렵고 가르치기 어려운 학생들을 어떻게 하면 좀 더 효과적으로 도울 수 있겠는가?

제 10 장

교사다운 교사

사랑하는 독자 여러분, 지금까지 읽어 주어서 정말 고맙다. 그런데 이 10장의 제목을 보면서 이런 의문이 생길 것이다. "도대체 어떻게 된 것인가? 분명 이 책은 교직과 관련된 책인데, 왜 이런 특별한 장이 나오는가?"

한 가지 고백을 하고 시작해야겠다. 앞에서 말한 내용으로 보아 내가 오랫동안 교직에 몸담아 온 사실을 당신은 알 것이다. 그러나 여전히 나는 배울 것, 특히 그리스도인 교사에 대해 배울 것이 많다고 생각한다. 성경을 펴서 여러 말씀을 읽다가 하나님의 은혜로 말씀이 어떻게 교육 상황에 적용되는지 어렴풋이 알기 시작하면서, 솔직히 나는 이것을 여러 해 전에 더 일찍 깨달았기를 바랐다. 그랬다면 그 때와 지금, 나는 더 훌륭한 교사가 되어 있을지도 모른다.

그래서 나는 당장 성경을 당신의 개인적인 교육 현장에 적용해 볼 것을 부탁한다. 성경 말씀과 함께, 나는 그리스도인 교사와 관련된 많은 이야기를 당신에게 해주려고 노력했다. 다른 사람의 경험을 알아 두는 것은 정말 도움이 된다. 그러나 당신은 그들이 아니라 당신이다. 당신의 상황은 당신에게 유일한 것이다. 하나님이 누구보다 가장 잘 아신다. 그 분은 당신이 당신 자신과, 하나님이 당신으로 하여금 있게 하신 그 학교와 하나님의 진리를 연관시키도록 도와주실 것이다.

교사 지망생들에게 성경이 꼭 필요한 교육의 입문서는 아니라는 것은 안다. 그러나 당신의 개인적인 교육 상황을 생각하면서 성경을 공부하면 할수록, 하나님은 더욱더 그 말씀을 어떻게 당신에게, 또 그 곳에 적용할지 보여 주실 것이다.

나는 하나님께 교사인 내게 구체적인 말씀을 주시도록 여러 번 간구했다. 하나님은 보통 바울이 디모데에서 보낸 편지로 나를 인도하신다. 한 예를 들어 보자.

> 너는 말씀을 전파하라 때를 얻든지 못 얻든지 항상 힘쓰라 범사에 오래 참음과 가르침으로 경책하며 경계하며 권하라 때가 이르리니 사람이 바른 교훈을 받지 아니하며 귀가 가려워서 자기의 사욕을 좇을 스승을 많이 두고 또 그 귀를 진리에서 돌이켜 허탄한 이야기를 좇으리라 그러나 너는 모든 일에 근신하여 고난을 받으며 전도인의 일을 하며 네 직무를 다하라 (딤후 4:2-5)

이 말씀이 전도자인 디모데의 삶에 적용된 것만큼 교사인 당신의 삶에 얼마나 많이 적용되는가를 아는 데는 그다지 많은 상상을 하지 않아도 된다.

이 말씀을 우리의 일상적인 학교 생활에 상당히 많이 적용할 수 있다. 따라서 이제 그리스도인 교사—바로 당신—의 하루 생활을 보면서 이 말씀이 당신이 하는 모든 일에 얼마나 적합한가를 알아보자.

전날 밤

지금 나는 혼란을 일으킨 것이 아니다. 모든 훌륭한 교사의 하루처럼 당신의 하루도 항상 그 전날 밤에 시작된다는 것을 잘 알 것이다. 바울은 디모데에게 훌륭한 전도자와 설교자는 기회가 주어지는 때면 언제든지 설교할 준비가 되어 있어야 함을 상기시켰다. 그렇지만 분명히 바울도, 잠잠할 때가 있고 말할 때가 있다고 오래 전에 말한 전도자의 말에 동의할 것이다(전 3:

7). 누구든지 가르치기 전에는, 필요한 것을 준비하는 침묵의 시간이 있어야 한다. 설교 준비를 하는 것처럼 수업 준비를 하는 것도 미리 연구하고 계획하며 기도하는 일이다. 그래서 전날 밤이 우리에게 필요하다.

당신은 그 날의 수업 준비를 전날 밤에 하지 않을지도 모른다. 내가 했던 것처럼 한 번에 일주일 치를 준비하고 싶을지도 모른다. 나는 다음 주에 할 모든 수업을 준비하기 위해 주말에 따로 시간을 떼어놓으려고 했다. 그렇게 함으로 나는 모든 분야를 서로 연결시켜 전체 단원으로 수업 내용을 좀더 명확히 파악하여 계획할 수 있었다. 그러나 항상 그렇게 한 것은 아니었다. 수업하기 바로 전날 준비한 때도 많았다.

많은 교사들이 그렇게 하기를 좋아한다. 아직까지는 그런 교사들이 옳다. 그들은 바로 전날 떠오른 생각과 연구한 것을 좀더 쉽게 결합시킬 수 있다. 또한 그것에는 수업하는 그 날 떠오른 계획되지 않은 모든 것들도 포함될 것이다. 또 다른 시간을 할애해서 남겨 놓아야 할 계획안도 고려해야 한다.

그러나 어떤 교사들은 교사 생활을 시작한 지 1년 정도만 지나면 수업 준비를 많이 하지 않는 것을 우리는 알고 있다. 작년에 든 예를 꺼내서 거듭거듭 사용한다. 대개 모든 교수법이 다 똑같다. 물론 좋은 생각을 여러 번 사용하는 것에 반대하지는 않는다. 그러나 교사란 틀에 박히기 쉽다. 결국 올해 국민학교 1학년이나 6학년 학생은 작년 학생들과 똑같은 과정에 있다. 모든 과목에는 그 발달 단계에서 꼭 가르쳐야 할 것들이 있다. 따라서 몇 년 지나면 틀에 박혀 버리기가 아주 쉽다. 그러면 그 틀을 따라가기만 하면 된다. 교사로서 맥빠지는 데 좋은 방법이다.

그러므로 수업 준비를 하라. 올해 학생은 작년 학생과 다르기 때문이다. 그들의 모든 필요가 다 같지 않을 것이다. 해마다 그들 나름의 독특한 풍조, 집단적 분위기와 반응이 있다. 그들이 학교에 오고 싶어하거나 그렇지 않거나, 당신의 과목을 좋아하거나 좋아하지 않거나, 그들은 당신이 자기들을 위해 재미있고도 도움이 될 만한 것을 준비해 오기를 바란다. 그러므로 언제나 수업 준비를 하라.

수업 시간

이제 가르칠 준비가 되었다. 물론 당신은 아침 일찍 일어났다. 주님과의 경건의 시간을 마치고 오렌지 쥬스나 커피를 마셨다. 베이컨과 계란이나 콘 플레이크와 토스트를 먹었을지도 모른다. 이제 기다릴 수 없이 일어나서 그들에게 간다. 하나님의 말씀은 명백하다. 경책하며, 경계하며, 권하라. 혹은 교정하고(rectify) 징계하고(rebuke) 보강하는(reinforce) 3R로 표현해도 좋다. 학생들의 연령이 어떻든지 상관없이 이 세 가지 방법을 늘 사용할 필요가 있다는 것을 당신은 너무 잘 알고 있다.

어떤 교사들처럼 이 문제를 슬쩍 넘어가지 말라. 어린이와 청소년들은 잘못을 교정받을 필요가 있다. 때때로 그들이 잘못된 행동을 할 때 분명히 그들을 꾸짖고 나무랄 필요가 있다. 지난 밤 나는 한 유치원 교사와 전화 통화를 했다. 그 여교사는 새 학기 중 첫 주를 방금 마쳤는데 얼마나 힘들었는지 모른다고 했다. 왜냐하면 이번 어린이들은 작년 아이들보다 훨씬 훈련이 덜되어 있었기 때문이라고 했다.

그러나 당신은 공부를 잘하지 못한다고 어린이를 꾸짖지는 않으리라. 그런데 많은 교사들이 그렇게 한다. 그것은 대단히 불공평한 일이다. 학습이 부진하거나 능력이 부족한 아이를 때리고, 그에게 화를 내는 것은 얼마나 끔찍한 일인가? 그들 대부분은 격려받을 필요가 있다. 특히 잘못을 고쳐 주고 꾸짖은 후에 그들을 훨씬 잘 도울 수 있는 보강(reinforcement)이 반드시 필요하다.

당신은 바울이 말한 것처럼 오래 참음과 주의 깊은 가르침으로 이 모든 일을 한다. 당신은 바울이 교육에 대해 잘 알고 있음을 알 수 있다. '가르침' 앞에 '참음'을 놓은 것을 유의해 보았는가? 더군다나 그가 강조한 것은 '오래 참음'—흠정역은 '모든 것을 잘 참을 수 있는'—이다. 이는 훌륭한 교사의 최고 성품 중의 하나이다. 대단히 인기 높은 자질이기도 하다. 분명히 당신에게도 이것이 많이—자주—필요할 것이다. 교사들은 학생들의 능력을 알기 때문에 인내한다. 학생들이 결국은 목표에 도달하기를 바라고 기대한다.

문제는 일부 학생들의 경우 당신이 기대하는 것보다 시간이 오래 걸린다는 사실이다.

당신은 학생들뿐만 아니라 다른 일에서도 인내해야 한다. 가르치는 일에도 인내가 필요하다. 그것도 끝없는 일이다.

따라서 당신 자신을 잘 돌보기 바란다. 당신은 실제로 당신이 맡고 있는 학급에 관심이 있을 줄 안다. 학생들의 문제를 참고 견디며 고충을 알 뿐만 아니라 그들과 즐길 준비가 되었으리라 확신한다. 그러나 자기 자신을 돌본다면 당신은 이 모든 일을 더 잘 할 수 있다. 많이 기도하면서 하나님의 말씀을 당신의 상황에 적용하라.

휴식 시간

당신은 매일 수업 사이사이에 쉬는 시간을 갖게 된다. 그 때 당신은 동료 대부분을 본다. 당신의 동료 교사들은 어떠한가? 그들은 명랑하고 헌신적인 무리들일지 모른다. 그들은 당신이 시도하려는 '바른 교훈'을 가르치는가? 나는 전에 종합중고교에 전임 교사로 있었던 적이 있다. 그 곳에는 훌륭한 동료 교사들이 있었다. 애석하게도 대부분이 그리스도인은 아니었지만 그들은 열심히 일해서 좋은 모범이 되었다. 그러나 어떤 교사들은 때때로 모호한 것을 가르쳤다. 또 기분이 내키면 기독교와 그리스도인 학생을 공격하는 일을 마다하지 않았다.

디모데후서 4:3-4의 바울의 말은, 디모데가 전하는 말씀을 듣는 자에 대한 언급이다. 바르지 않은 것을 듣는 가려운 귀를 가진 학생들이 많다. 그러나 당신은 참된 것을 가르치고, 거짓된 것, 속임수, 불순한 것을 배격해야 한다. 또 이런 것들이 당신의 시대에는 교실 밖으로 추방되도록 계속 항거해야 할 것이다. 당신은 "거짓되이 일컫는 지식의 망령되고 허한 말과 변론을" 피해야 한다(딤전 6:20). 나는 교직에 있으면서 이런 것들을 많이 보았다. 당신도 그럴 것이다. 그것을 피하는 일이 항상 쉽지는 않지만, 당신이 적극적으로, 재치 있게 피하도록 하나님이 도우실 것이다.

근무 시간

당신의 상황은 잘 모르지만 대부분 교사들에게는 실제 수업뿐 아니라 해야 할 다른 업무들이 있다. 대부분 학급 담임의 책임을 맡고 있어, 출석을 확인하며 개인의 문제를 도와주고 학생들의 학습 성과를 감독하며 모든 학생의 성적표를 기록하는 일 등을 해야 한다. 이 외에도 다른 업무들이 있다. 감독, 과목별 부서 조직, 책 주문 및 배부, 환경 미화, 채점 등이다.

바울은 디모데에게 말했다. "너는 모든 일에 근신하여 고난을 받으며 전도인의 일을 하며 네 직무를 다하라." 여기서 '전도인'을 '교사'로 바꾸면 당신은 매일의 학교 생활에 필요한 이상적인 충고의 말씀을 얻게 된다. 그러므로 침착하라. 고난의 때가 있을 것이므로 이 말씀에 매달리라. 그리고 당신의 모든 직무를 다하라. 그러한 침착함, 인내, 성실함은 모든 사람에게 예수님의 사랑을 전하는 위대한 증거가 된다.

평가의 문제

유명한 교육 철학자인 리차드 피터즈(Richard Peters)는 교사의 한 가지 문제는 재판관과 보호 관찰관의 역할을 동시에 다 해야 한다는 데 있다고 말한 적이 있다. 확실한 것은 당신은 계속 학생들을 자세히 파악하고 있다는 점이다. 그들의 인격 성장을 분석하고 생각과 지식을 시험하면서 항상 그들의 진보를 점검하고 있다. 이것은 당신에게 커다란 도전과 중대한 기회를 제공해 준다. 왜냐하면 그리스도인으로서 당신은 세상이 하는 방식대로 평가하지 않을 것이기 때문이다. 당신은 그리스도의 눈으로 개개인을 보려고 노력할 것이다.

내가 교사로 재직하던 중 제일 처음 경험한 것 중에 결코 잊지 못할 일이 있다. 첫 주가 막 시작되고 이틀째 되던 때, 교장 선생님이 나를 교장실로 불렀다. 나는 잘못한 일이 있는가 의아해 했다. 그런데 교장 선생님은 지난 여름에 유급되어 재시험을 보러 온 남학생에게 국어 보충 수업을 해주라는 것이었다.

"나는 이 학생이 돌아오기를 원하지 않았소." 교장 선생님은 날카롭게 말했다. "그러나 그를 받아들여야만 하오. 그 애는 소용없어. 불량 소년일 뿐이지. 할 수 있을 만큼만 해서 통과시키면 영원히 그를 제적할 수 있소. 그 애는 이 학교에 유익이 된 적이 없었소. 그러니까 빨리 밀어낼수록 더 좋은 거지".

나는 그 아이를 찾으러 가려고 가능한 빨리 교장실을 빠져 나왔다. 그는 내가 생각했던 것과는 전혀 달리 호리호리하며 슬픔에 찬 듯한 표정을 지닌 아이였다. 그가 안됐다는 생각이 들었다. 그는 '불량 소년'(corner boy)—저녁에 거리 모퉁이를 이리저리 돌아다닌다는 뜻—으로 묘사되었다. 그가 정말 그런지 아닌지, 나는 알지 못한다. 그러나 처음에 나는 진짜 불량배를 상상했었다.

당신도 그 아이를 만날 수 있었다면, 가엾은 생각이 들었을 것이다. 함께 이야기해 보면, 그는 멍청하지도 않으며, 들은 바대로 절망적인 아이도 아님을 알 수 있다. 그 애의 문제는, 자신이 성공할 수 있다는 생각을 갖도록 격려해 준 사람이 아무도 없었다는 것이다. 그래서 그는 모든 사람의 기대를 따라 실패했던 것이다. 교장 선생님은 그 애를 쓸모없는 애로 제쳐놓았다. 왜냐하면 교장 선생님이 원하는 모든 것은 학생들이 가능한 많은 시험을 통과하는 것이었기 때문이다. 이 남학생은 학교의 수준을 낮아지게 했다.

사실은 그가 학교에 소용이 없었던 것이 아니라 그 동안 학교가 그에게 소용이 없었다. 그에게 필요한 것은 자아상의 회복이었다. 일단 자기가 그 동안 낙인 찍힌 대로 바보가 아니라는 것을 깨닫자 그는 공부에 진보를 보여 결국 시험을 통과하고 말았다. 썩 좋은 점수는 아니었지만 그래도 통과했다. 그렇지만 학교가 그에게 '인생의 가장 행복한 시절'을 만들어 주지 못한 것은 확실하다. 그는 너무 오랫동안 나쁜 평가를 받는 학생으로 분류되어 있었던 것이다.

시험이야말로 학생을 평가하는 유일한 형식이 되고 있다. 앞의 교장 선생님이나 많은 교사들, 학부모들이 아직도 확신하는 것처럼 시험이 가장 중요한 것은 절대 아니다. 개인적 평가가 훨씬 더 중요하다. 방금 인용한 예가 이 사실을 분명히 보여 준다. 학생들이 학교에서 하는 모든 일의 성공과 실패를 결정하는 것은 바로 당신의 개인적 평가이다. 그렇다면 당신은 당신이 돌보고 있는 학생들을 어떻게 평가하는가?

세상 사람들이 어떻게 평가하는지 생각해 보면 도움이 될 것이다. 당신의 동료 교사들이 학생들을 어떻게 평가하는가를 살펴보라는 말이다. 세상에서 흔히 적용하는 다섯 가지 기준이 있다. 하나씩 차례로 살펴보자.

1. 외모

솔직히 당신은 학생들이 어떤 모습으로 보이느냐에 영향을 받는다. 내가 지금 가르치고 있는 더럼 대학원 학생 중에 그 누구보다 눈에 잘 띄는 학생이 있다. 그는 보통 장식용 단추로 덮힌 검은 가죽 잠바를 입고 그 속에 연분홍색의 티셔츠를 입고 다닌다. 그리고 아주 꽉 끼는 더러운 청바지 자락을 다 닳아 빠진 카우보이 장화에 쑤셔 넣고 다닌다. 그 중에 가장 밝은 부분이 헤어 스타일이다. 그는 모히칸(북아메리카 인디안의 한 종족) 식의 커트로 모양을 내는데 매주 색깔이 바뀐다. 지난 주에는 분홍이었고 그 전주에는 초록이었다. 어제는 빨강이었다.

처음 그를 만났을 때 나는 그를 학생으로 생각하지 않았다. 장소를 잘못 찾아온 사람으로 알았다. 알다시피 더럼 대학에 다니는 학생 중에는 그런 모습의 학생이 전혀 없다. 그전에도 그런 적이 없었다. 대부분 학생들은 아주 단정하며, 옷을 잘 갖추어 입었다. 지방에서 온 대부분의 젊은 학생도 그 학생 같지는 않았다. 그래서 그를 만났을 때 나는 가슴이 철렁 내려 앉는 듯했다. 아주 유감스러운 일인데 나는 자연히 그를 따로 분류해 놓았다. 소포의 내용보다는 포장에 반응을 한 셈이었다.

사실 그는 멋진 젊은이다. 약속을 지키는 데는 부주의하고 잘 잊으며 변덕스럽다. 학업에도 변화가 많다. 그러나 공부를 잘하고 있다. 이 과정이 끝날 때에는 적당한 성적을 거두리라 기대한다. 내가 그를 처음 판단하게 만들었던 것은 옷에 붙어 있던 단추였다고 생각한다. 그 단추들은 플라스틱으로 만들어진 것이었다. 정말 단정해 보이지 않았다. 그러나 한번 우연히 그와 팔이 부딪치면서 지나갔을 때 나는 그것이 그릇된 것임을 깨달았다. 그의 외모 전체에 대한 것도 마찬가지이다. 그것은 그를 바라보는 모든 사람에게 한 가지를 말해 주고 있었다. 그러나 그는 실제로 전혀 그런 사람이 아니다.

주님은 말씀하신다. "외모로 판단하지 말고 공의의 판단으로 판단하라"(요 7:24). 그렇다면 학생들을 만날 때 당신은 어떤 반응을 보이는가? 어떤 학생들은 외모가 아름다울 것이다. 어떤 학생들은 아주 평범할 것이다. 몇몇은 못생겨 보일지 모른다. 잘생기고 예쁜 학생들은 '착하고' 평범하고 못생긴 학생들은 '나쁜가?' 세상 사람들은 보통 그렇게 생각한다. 어떤 아이들은 작고 몸이 약하고 어떤 아이들은 키가 크고 체격이 좋다. 어떤 아이들은 옷을 잘 입는다. 어떤 아이들은 전혀 잘 차려 입지 못한다. 당신은 어느 쪽에 가장 쉽게 반응하는가? 외모의 영향을 받지 않기란 실제로 어렵다. 당신의 학생들도 분명히 그들이 보는 것에 의해 흔들릴 것이다.

2. 지능

대부분의 교사들은 똑똑한 학생을 좋아한다. 보상이 훨씬 명백하다. 보통 그들을 가르치는 것이 더 쉽다. 당신 학교에서는 어떠한가? 교사들이 모두 모이면 어떤 학생들이 가장 잘 알려지는가? 그런 경우, 학급에서 최상으로 부각되지 못하는 아이들에게 어느 정도의 관심이 기울여지는가? 당신이 가르치는 학습 지진아들은 얼마나 환영을 받고 용납되는가? 혹 유능한 학생들에게만 칭찬이 돌아가지 않는가?

나는 항상 운동에 열심이 있어서 여러 학교 운동 팀들을 도운 적이 있다. 어느 학교에서 있었던 일이다. 내가 한 학생을 축구 팀에 넣었는데 나보다 연장자인 다른 교사가 그 아이를 빼 버린 적이 있었다. 그는 더 똑똑한 학생을 좋아했기 때문에 내가 선택한 아이를 거절했다. 내가 선택한 학생이 더 훌륭한 선수라는 사실을 묵살했다. '그 학생을 시합에 내보내는 것이 더 좋을텐데.' 나는 확신했다. '그들 사이에 큰 차이는 없다.'(그것은 사실이었다) '내가 선택한 학생이 학교의 이름을 떨치는 데 더 좋을 것이다.'

내가 물었다. "내가 뽑은 학생을 시합에 내보내는 것이 더 좋지 않을까요?" 그러나 이 말은 무시되었다.

그 사건을 생각하면 아직도 섭섭하고 화가 난다. 그 학생은 매우 당황했다. 그는 자기가 더 잘하는 선수임을 알고 있었다. 나는 가끔 나머지 선수들에게 그것이 어떤 영향이 끼쳤는지 궁금했다. 그들도 내가 뽑은 학생이 더 잘하는 선수임을 알았다. 편견이 이루어 놓은 일이었다. 한 교사가 부적합한 상황에 지능 검사를 적용했기 때문이다.

3. 특별한 재능

이제 세상에서 사람들을 평가하는 세 번째 방법으로 넘어간다. 그것은 여러 가지 활동에서 성공하는 것이다. 나는 몇 년 전에 미국의 중서부에 있는 한 학교를 방문했다. 바로 그 날 부모의 날 비슷한 행사가 있어서 학생들은 연주를 하고, 작품도 전시해 놓았다. 모든 강조점이 경기에서의 우승과 학교 관현악단의 솜씨에 모아졌다. 나는 영국에서도 그런 식의 성공을 칭찬하는 학교에 가 본 적이 있었는데 그런 경우 운동 경기나 음악을 잘하지 못하는 다른 많은 학생들에 대해서는 전혀 아무 말이 없었다.

관심을 모은 학생은 똑똑한 학생은 아니었지만 훌륭한 체조 선수, 구기 선수, 운동 선수임을 눈여겨 보았는가? 그들 뒤로 음악, 미술, 무용, 연극을 잘하는 학생들이 나온다. 만일 당신의 학교 음악 교사가, 좋은 목소리를 갖고 있든지 말든지 한 학생을 연주회에 내보낸다면 당신과 동료 교사들은 어떻게 하겠는가? 둔하고 뚱뚱하고 아주 작은 아이가 체조 경기장이나 육상 경기장에 선 것을 볼 때 사람들은 어떻게 반응하는가? 혹은 연습이 덜 된 낭독자의 낭송이나 기악가의 연주를 들을 때에는?

당신은 어떻게 반응하는가? 하나님은 어떻게 반응하시는지 당신이 잘 알 것이다. 그 분은 마음의 중심을 보신다. 그래서 연주의 질보다는 오히려 그 의도로 판단하신다.

4. 중요한 배경

학생들 중에 부모나 친척이 권력의 요직에 있는 사람이 있는가? 시장의 아들이라든가 아니면 판사의 딸이라든가? 아니면 유망한 중소 기업인이나 정치가의 자녀? 혹 유명한 배우의 아들이 당신 학급에 있을지도 모른다. 아니면 대중 가수의 자녀도. 다른 사람과 비교하여 그들은 어떤 대우를 받는가?

부모가 학교 행정가인 경우도 있을 것이다. 그렇다면 그들은 다른 학생들보다 하고 싶은 말을 더 크게 하는가? 그들은 학교 일에 더 많은 영향을 줄 것 같은가?

많은 학교에 실제적인 문제가 있다. 그리고 그 곳의 학생들에게도 마찬가지이다.

5. 재력

돈이 말을 한다. 이렇게 말해도 된다면, 나는 오늘날 돈이 교육의 모든 영역에서 너무 말이 많다고 생각한다. 야고보가 야고보서 2장에서, 편애하는 사람을 어떻게 공격하고 있는지 기억하는가? 그들은 교회에 부자가 들어오면 법석을 떨다가 가난한 사람이 오면 차별 대우를 한다. 나는 전에, 아버지가 라디오, 텔레비전 대리점을 운영하시는 남학생을 가르친 적이 있다. 그 아이는 유능한 학생이 아니었다. 그러나 나는 그에게 최선을 다하라는 지시를 받았다. 물론 그래야 할 것이다. 그런데 왜 그에게만 그래야 하는가? 동쪽 마을에서 온 아이보다 놉힐(Nob Hill: 부자 동네)에서 온 아이가 더 가치 있는가? 나처럼 당신도 그 답을 알고 있으리라.

성경의 본   ·

이 모든 것에 대해 자기를 속이는 일이 없도록 하자. 당신은 실제로 평가 문제로 압력을 받고 있다. 세상은 자기들이 내리는 가치 있고 칭찬받을 만한 일에 대한 평가에 당신이 적당히 주목하기를 바라고 기대할 것이다. 당신이 아주 조심하지 않으면, 외모, 지능, 특별한 재능, 배경, 재력이 제일 먼저 눈에 띄지 않을 수 없게 된다. 주 예수님이 당신을 그런 우상에서 구원하셨지만, 그것들이 당신 안에 있는 '옛 사람'의 우상이 될 수도 있다. 당신의 생각이 저절로 그런 가치관에 의해 변색될 가능성이 매우 높다. 우리 모두는 이 일에 대해 깨어 부지런히 기도해야 한다.

그것은 인간의 가장 오래된 문제 중 하나이다. 예를 들어 선지자 사무엘이 이런 평가 문제에 어떻게 직면했는지 기억하는가? 주님이 그에게 어떻게 말씀하셨는지 생각나는가? "사무엘아 너의 길을 가라. 내가 네게 한 가지 일을 주겠다. 일어나 베들레헴으로 가라. 거기에 이새라는 사람이 있다. 그에게는 아들이 많다. 거기서 한 명을 새 왕으로 삼겠다. 네가 가서 그에게 기름 부어라."

사울 왕이 아직 살아서 통치하고 있었기 때문에 사무엘은 이런 생각을 골몰히 하지 못했다. 만일 그것이 발견되면 사울은 사무엘을 해칠 것이다. 그러나 사무엘은 선택의 여지가 없다는 것을 알고 주님께서 지켜 주실 것을 알고 주님께서 지켜 주실 것을 믿으며 갔다.

그가 이새와 그의 아들들을 만났을 때, 그는 정말 잘 살펴보았다. 장남인 엘리압이 곧 사무엘의 눈에 띄었다. '저 아들이 주께서 나를 보내 기름 부으라고 한 자이다.' 사무엘은 생각했다. 하나님이 즉시 개입하셨다. 사무엘은 우리들처럼 이 평가 문제를 해결할 필요가 있었다. 그래서 하나님이 말씀하셨다.

> 그 용모와 신장을 보지 말라 내가 이미 그를 버렸노라 나의 보는 것은 사람과 같지 아니하니 사람은 외모를 보거니와 나 여호와는 중심을 보느니라(삼상 16:7)

사무엘은 다시 실수하지 않았다. 그는 막내 아들 다윗이 나타날 때까지 다른 아들들을 모두 거절했다. 그 때 하나님이 말씀하셨다. "바로 이 아들이다." 그래서 사무엘은 다윗에게 기름을 부었다.

당신이 취해야 할 원리가 여기에 있다. 주님의 도우심을 입어 겉이 아닌 중심을 보라. 학생들도 그렇게 할 수 있도록 도우라. 뛰어난 본이 되고, 세상적인 접근의 바로 핵심부에서 세상에 도전하면서, 당신이 그렇게 한다면, 당신은 위대한 그리스도의 증인이 될 것이다.

마지막 한 가지 생각

우리는 공부를 시키기 위해 어린이들을 학교에 보낸다. 인생을 준비하는 데는 알아야 할 것들이 아주 많다. 모든 학교는 지식에 큰 가치를 두고 있다. 학생들이 가능한 많은 지식을 습득하기를 바란다. 당신도 그 점에 동의할 것이다. 또 그 목표를 지지한다. 나도 그렇다.

그러나 당신과 나는 많은 교사와 교육 당국이 알지 못하는 중요한 것을 알고 있다. 그것은 그들도 알아야 하는 것이다. 바라건대 모든 학생들, 특히 가장 우수한 학생들이 이해하고 받아들이면 좋은 것이다. 바로 이 말씀이다.

지식은 교만하게 하며 사랑은 덕을 세우나니(고전 8:1)

이 말씀은 학교의 훌륭한 표어가 될 수 있을 것이다. 모든 그리스도인 교사에게 중요한 원리를 강조해 주는 말이다.

학생들에게는 분명히 지식이 필요하다. 사랑도 필요하다. 그리고 그들 모두는 지식보다 사랑을 더 필요로 한다. 지식은 아주 쉽게 자아 존중심을 형성할 수 있다. 그렇지만 우리들 중 어느 누구도 우리가 마땅히 알아야 할 것을 아직도 알지 못하고 있다. 교사의 역할을 잘 감당하는 교사라면 어린이들에게 지식을 가르칠 수 있다. 그리스도인 교사의 최고 은사는 사랑으로 덧입혀진 지식이다.

지식은 학생들의 이해와 바른 행동을 위해 필요하다. 그러나 사랑은 특히 행동과 관련해 볼 때 더 확실한 안내자이다. 당신의 학생은 지식과 사랑, 두 가지 다를 위해 당신에게 의존한다. 그 두 가지를 다 줄 수 있는 어른이 그들의 생애 중에 당신뿐일 수도 있다는 것을 잊지 말라. 그들도 그 둘의 진정한 가치를 파악할 필요가 있다.

한 그리스도인 교사가 시사에 관한 수업을 하고 있었다. 신문은 거대한 금괴 강도 사건으로 가득 차 있었다. 그는 지식과 사랑의 올바른 가치를 이해시키기 위해 이 사건을 이용했다. 그는 학생들에게 도둑에게 필요한 지식과 기술을 분석하게 했다. 그들은 다음의 목록대로 따라갔다.

- 그들은 어떻게 도둑질을 해야 할지 알고 있었다(조직적 기술).
- 그들은 예정표와 돈의 가치에 대해 알고 있었다(수학적 지식).
- 그들은 금괴가 들어 있는 금고를 부수는 방법을 알고 있었다(기술적 지식).
- 그들은 그 장소의 설계도와 도피할 장소를 알고 있었다(지리학적 지식).
- 그들은 대단히 건강 상태가 좋았다(신체적 기술).

그러나 이 모든 지식은 이기적인 목적과 사람을 해치는 일에 사용되었다. 그 학급은 도둑들에게는 '산상수훈'처럼 도덕적인 지식이 훨씬 더 필요하다는 결정을 내렸다. 그렇게 하면 그들은 사람을 해치지 않고 사랑하며 친절하게 대하는 법을 배우게 될 것이다. 그 학급은 인격 교육이 다른 어떤 종류의 지식보다 더 중요하다는 데 동의했다.

교사 다운 교사를 생각할 때, 이러한 도덕적 지식을 제공하기에 그리스도인 교사인 당신 말고 누가 더 좋겠는가?

기도와 토론을 위하여

1. 바울이 디모데에게 보낸 두 편지를 읽으라. 교사인 당신에게 적용된다고 생각되는 말씀을 모두 적어 보라. 그 노트를 보면서 그리스도인 교사의 특성의 개요를 만들어 보라.

2. 고린도전서 13장을 다시 읽어 보라. 당신의 교직 경험 중에 사랑의 여러

가지 다양한 특성을 적용하거나, 적용했어야 했던 예가 생각나는가? 그것에 대해 기도하라.

3. 내가 아는 어떤 그리스도인 교사는 동료들에게 대단한 비난을 받은 적이 있다. 왜냐하면 그들 말로는, 사회 규범이 훨씬 완화된 이 때에 그 교사가 학생들에게 기대하는 것은 너무 높은 기준이라는 것이다. 오늘날 그런 비난에 대해 어떻게 답할지 다른 그리스도인과 토론해 보라.

제 11 장

교사의 최고의 속성, 인내

내가 좋아하는 존 화이트(John White)의 책에서 인용한 문장으로 이 장을 시작하고 싶다.

그러므로 기본적으로 성공에 대하여는 생각하지 않도록 당신을 격려해야 겠다. 만일 하나님께서 당신을 성공하게 하셨다면, 기뻐하고 그를 찬양하라. 당신의 목표는 당신의 주변 사람들이 평가하는 식의 '성공'에 있는 것이 아니라, 당신이 세상적인 어떤 기준에서는 보상을 받지 못할 일을 할지라도 그 일을 통하여 그리스도를 기쁘시게 해 드리는 데 있다. 일은 당신이 '더 나은 일'에 이르기 위한 디딤돌이 아니다. 그것은 구세주를 섬기는 행위이다.(*The Fight*, IVP, 1977 「신앙 생활 지침」 253쪽, 생명의 말씀사 역간)

교사들에게 매우 도전이 되는 말이라고 생각하지 않는가? 결국 우리는 성공에 관한 일을 하고 있고 또 그렇게 보인다. 세상은 틀림없이 그렇게 생각한다. 모든 부모들은 자녀들이 학교에서 잘하기를 바란다. 교사들이 이를 성취해 주기를 기대한다. 산업과 통상 분야에서도 그렇게 기대한다.

그러나 교사들 역시 성공을 바란다. 당신도 그렇지 않은가? 나는 그렇다.

어떤 교사도 어린이들이 실패하는 것을 보는 것과, 재학 중에 보여 줄 만한 것이 없는 채 학교를 떠나는 것을 좋아하지 않는다. 그래서 대부분의 교사들은 학생들이 필요한 점수를 얻도록 늘 노력한다. 더욱이 교사들은 학생들의 성적 수준과 입시 성공 여부로 동료 교사들을 판단하는 경향이 있다. 한 교사가 다른 교사에게 "저 선생은 훌륭한 교사야. 학생들이 항상 공부를 잘해", 혹은 "저 반은 안됐어. 그 선생님과 함께라면 결코 성공하지 못할거야."라고 말하는 소리를 당신은 자주 들었을 것이다.

나는 학업 성적을 근거로 사회가 학교를 판단하는 현실을 너무 불평하지는 않을 것이다. 사회는 학교에 학문적인 성공을 기대할 권리가 있다. 당신처럼 나도 학생들이 공부를 잘하도록 도우려고 열심히 연구한다. 그러나 나는 학생들의 학업 능력뿐 아니라 인격 성장과 사회적 발달에도 관심을 가진다. 그것이 내가 항상, 학생들의 점수로만 학교의 질을 측정하는 세상의 주장과 논쟁하는 이유이다.

어쨌든, 존 화이트는 전혀 성공에 대해 생각하지 말라고 제안하지 않았다. 단지 그 목표를 우리 목표 목록의 최고에 놓지 말라고 말할 뿐이다. 그것은 그리스도인에게 첫 번째 우선 순위가 아니다. 주 예수님은 제자들에게 결코 성공하라고 명하시지 않았다. 그 분은 제자들에게 성공할 능력을 주셨고, 제자들은 보내심을 받아 그들에게 주어진 일을 이루면서 계속 기뻐했다. 주님이 그의 백성들에게 가장 원하시는 것은 그들의 충성이다. 달란트 비유를 기억하는가? 주인이 칭찬한 것은 그 종의 충성이었다. 그것은 서머나 교회에 주시는 그리스도의 말씀에도 요약되어 있다.

네가 죽도록 충성하라 그리하면 내가 생명의 면류관을 네게 주리라(계 2:10)

존 화이트는 우리가 하는 일이 구주를 경배하는 것임을 일깨워 준다. 가르치는 일을 그렇게 생각해 본 적이 있는가? 이것은 분명히 매일의 교사 생활을 색다른 관점으로 보게 할 것 같지 않은가? 더군다나 당신이 하는 모든 일, 재미있는 일뿐 아니라 보상이 없는 일에도 다른 관점을 갖게 해준다.

그럼에도 불구하고 오늘날 교사가 된다는 것은, 앞에서 말했듯이 쉬운 일이 아니다. 교사에게 무엇보다도 꼭 필요한 자질을 선택하라면 나는 인내, 오래 참음을 고르겠다. 물론 당신은 어린이들을 사랑해야 한다는 것을 알고 있다. 학문 연구를 좋아해야 한다는 것도 안다. 좋은 성품과 교육적인 기술도 필요하다. 그러나 교직이 교사 모두에게 부과하는 많은 스트레스를 생각할 때, 이런 모든 것을 해마다, 거의 40년간을 적용하려면 정말 인내가 필요하다.

당신의 학창 생활을 회상해 보라. 어떤 교사가 가장 기억에 남는가? 친구들에게 물어 보라. 그들이 어떻게 대답하는지 보라. 나는 기억나는 교사의 대부분이 교사의 일을 참을성 있게, 책임 있게 감당한 충성된 사람들일 것이라고 장담할 수 있다.

어떤 이유로 인해 나는 아름다운 피너츠 축하 카드를 계속 생각하고 있다. 당신도 본 적이 있을 것이다. 앞면에는 '사랑이란 당신이 찾는 곳에 있다'란 문구가 쓰여 있고 개집 위에 스누피가 엎드려 있는 그림이 그려져 있다. 카드를 펼치면 똑같은 그림이 있는데 이번에는 '나는 하루 종일 이 곳에 있습니다'란 말이 쓰여 있다. 어떤 면에서 이 말은 내가 말하고자 하는 요점을 잘 요약하고 있다. 당신은 그 곳에 있다. 그리고 계속 그 곳에 있도록 하라. 그것은 직업의 중심부에 있는 것이다.

인내의 중요성에 대해 내 의견에 동의한다면, 이 주제를 좀더 자세히 연구할 가치가 있다는 데도 동의할 것이다. 인내에는 정확히 무엇이 포함되는가? 그 의미는 무엇인가?

정의

1) 오래 참음(perseverance)

나는 보통 옥스포드 사전부터 참조한다. 거기에는 오래 참음이 '한 목적을 끊임없이 추구하는 것'으로 되어 있다. 그것은 '변함 없는 인내'이다. 그것은 행동의 과정 중에, 혹은 일과 함께 끊임없이 계속되고 있다. 따라서 두 가지 중요한 면이 있음을 알 수 있다. 하나는 '요동치 않음'이고 다른 하나는 '불변함과 전진'이다. 이것은 결코 멈추지 않으며, 잠깐의 휴식도 취하지 않는다.

당신은 이 두 가지 면이 다 긍정적인 성질임을 알았을 것이다. 거기에는 부정적인 것은 하나도 없다. 이 '오래 참음'과 가장 확실하게 연결되는 단어, 즉 '인내'도 마찬가지이다. 사전에서는 그 단어에 대해 어떻게 말하는가?

2) 인내(patience)

인내는 '고통이나 분노를 조용히 참는 것'이다. 이것은 '참음'이다. 이것은 '어떤 것을 조용히, 침착하게 기다리는 것'이다.

인내하는 사람의 중요한 특징은 문제를 조용히 참고 견디며, 법석을 떨거나 고민하지 않고 기다리는 능력이 있다는 것이다. 어렸을 때 내가 어떤 일에 흥분하거나 지나치게 열중하면 할머니는 "얘야, 기다리는 자에게 복이 온단다."라고 말씀하시곤 했다. 기억하건대 항상 복이 온 것은 아니지만 인내에 대한 할머니의 말씀은 옳았다.

성경의 정의

신약에도 이 주제에 관한 말씀이 상당히 많다. 흔히 '인내'나 '오래 참음'으로 번역되는 헬라어는 '히포모네'(*hypomonē*)인데 이는 문자적으로 '지속적인 인내'를 의미한다. 다시 말해 매우 적극적인 속성이다. 그리고 놀라지 않을 수 없는 것은, 오래 참음이 성령의 열매에 속한다는 사실이다(갈 5:22).

그렇다면 오래 참음과 인내는 결코 절망이나 좌절과 연결되어서는 안 된다. 그것은 어떤 일을 절망적으로 포기하는 것이 아니다. 마이너스가 아니라 플러스가 되는 요인이다. 그것은 희망에 기초를 두고 있다. 그러나 누구나 그런 사실을 깨닫는 것은 아니다. 어떤 사람들에게 참으라고 계속 말하면 그들은 신음하며 괴로워하지 않던가? 그들은 오래 참음을 어떤 것을 풀이 죽은 채 참아 내는 것이라 생각한다. 그렇게 되면 그것을 변화시킬 수 없어서 당신은 단지 이를 악물고 참아 낸다. 거기에는 어떤 기대도 있을 수 없다. 적극적인 것이 아무것도 없다.

그러나 정말 조용히 꾸준히, 변함없이 오래 참으면, 당신은 틀림없이 일을 끝까지 해 내려는 결심뿐만 아니라 미래에 대한 자신감도 갖게 된다. 거기에 실제로 희망이 있다. 모든 그리스도인이 알고 있듯이, 또 마땅히 알아야 하듯이, 희망은 단지 비현실적인 소망적 사고가 아니다. 장래 일에 대한 진정한 자신감이다. 당신이 침착함을 잃어 버릴 때 바로 의심이 시작된다.

인내를 향하여

히브리서에 이런 말씀이 있다.

인내로써 우리 앞에 당한 경주를 경주하며(히 12:1)

이 말씀은 그리스도인 교사뿐 아니라 모든 그리스도인에게 주시는 명령이다. 우리가 성공하면 그 보상은 엄청나다. 바울이 로마서에서 일깨워 주었듯이 하나님은 참고 선을 행하여 영광과 존귀와 썩지 아니함을 구하는 자에게는 영생을 주실 것이다(롬 2:7). 그러나 '그 경주'가 쉽지 않음은 의심할여지가 없다. 예수님이 제자들에게 말씀하신 바와 같다. "세상에서는 너희가환난을 당하나"(요 16:33).

그러므로 신실한 그리스도인은 어디에서 살든지, 어디에서 일하든지 고통을 겪지 않을 수 없다. 그러나 우리가 그 고통을 성경적인 방법으로 본다면, 그것은 긍정적인 일이다. 어떻게? 바울은 이렇게 설명한다.

우리가 환난 중에도 즐거워하나니 이는 환난은 인내를 인내는 연단을 연단은 소망을 이루는 줄 앎이로다(롬 5:3-4)

환난의 첫 열매가 인내라는 것을 주의해 보았는가? 야고보도 그의 서신을 통해 비슷한 생각을 펼치고 있다.

이는 너희 믿음의 시련이 인내를 만들어 내는 줄 너희가 앎이라 인내를온전히 이루라 이는 너희로 온전하고 구비하여 조금도 부족함이 없게 하

려 함이라(약 1:3-4)

베드로는 우리가 우리 믿음에 덕을, 덕에 지식을, 지식에 절제를, 절제에 인내를, 인내에 경건을, 경건에 형제 우애를, 형제 우애에 사랑을 공급해야 한다고 주장한다(벧후 1:5-7). 왜 그런가? 이런 자질들은 당신이 무력하고 열매 없는 그리스도인이 되는 것을 방지해 주기 때문이다.

따라서 두 가지 이유 때문에 인내는 필수적이다. 첫째, 인내는 당신이 쓸 모 있는 그리스도인이 되도록 돕는다. 둘째, 당신의 인격이 성숙해 가도록 돕는다. 당신의 오래 참음은 당신 자신과 동시에 다른 사람들에게도 유익하다. 해로울 리가 없지 않겠는가?

어렸을 때 나는 스코틀랜드의 지도자인 로버트 더 브루스(Robert the Bruce)의 이야기를 자주 들은 기억이 있다. 적군에게 쫓겨 도망하다가 그는 어느 동굴에 숨은 적이 있다. 거기 있는 동안, 그의 관심은 거미줄을 치려는 거미에게 쏠렸다. 거미는 거미줄을 든든하게 치려고 했으나 계속 실패했다. 많은 시도 끝에 거미는 마침내 성공했고 그가 거기서 얻은 교훈은 처음에는 성공하지 못해도 계속 시도하라는 것이었다. 로버트 더 브루스는 이 거미를 보고 새로운 마음을 품고, 적과 다시 싸우기로 결심했다. 마침내 그는 성공하여 스코틀랜드의 왕이 되었다.

알고 있지만 피곤해요

나는 많은 시간을 19-23세 연령층의 젊은이들과 보내기 때문에 때때로 경험 많은 교사들과 대화를 나눌 필요가 있다. 교생들에게 인내하라고 말하기는 쉽다. 왜냐하면 그들은 보통 그렇게 해야 한다는 것을 인정하면서 현명하게도 고개를 끄덕이기 때문이다. 그러나 학교에서 집중 훈련을 시키는데도 불구하고 그들은 자신들이 어떻게 될지 실제로 알지 못한다. 그러나 똑같은 충고를 더 나이 든 교사들에게 해 보면, 적어도 몇몇은 한숨과 함께 지친 모습으로, "예, 전에 다 들은 이야기지요. 그런데 피곤하답니다."라고 말할 것이다. 나는 그리스도인 교사에 대해 이야기하고 있다. 그들도 역시 인간이지 않은가?

몇 년 전에 나는 영국 더비셔(Derbyshire)에서 열린 기독 교사 수련회에
간 일이 있다. 나는 강의하기 하루 전날 도착해서 사람들과 교제하며 다른
강사의 강의를 들을 수 있었다. 한 강사는 믿음의 선한 싸움을 싸우라고 권
면하면서 해리 라우더 경(Sir Harry Lauder)의 유명한 노래인 '그 길의 끝
까지 똑바로 가라'(Keep Right on to the End of the Road)를 계속 인용하
였다.

강의가 끝난 후 함께 커피를 마시면서 나는 그들의 토론에 귀를 기울였
다. 그 교사들은 모두 경력이 많은 교사들이었다. 그들은 강사가 실제 교사
의 생활이 어떤지를 알지 못한다는 이유로 그에 대해 상당히 비판적이었다
(그는 신학을 전공한 대학 강사였다). 그의 강의 내용은 좋았지만 현실과 차
이가 난다는 것이 교사들의 일반적인 견해였다. 그들의 말은 이런 것이다.

- 그가 말한 내용은 이론적으로 옳지만, 결국 당신이 실행에 옮기도록 노
  력해야 하는 것이다. 당신은 곧 환멸을 느끼게 된다.
- 그는 바로 우리 학교에서 가르쳐 봐야 한다.
- 그는 분명히 좋은 사람이지만, 상아탑 속의 그가 생의 현실을 어떻게
  알 수 있겠는가?
- 그에게는 하루 종일 자기에게 재잘거리는 39세짜리들이 없다.
- 학교 생활이 일주일에 5일에서 10일로 된다면, 또 내가 10년만 더 젊
  다면, 그가 말한 대로 당연히 해야 할 것을 할 수 있을텐데.

나는 그렇게 피로와 환멸로 가득 찬 많은 표현들을 듣고 놀랐다. 앞서 말
했듯이 그들은 그리스도인 교사였기 때문이다.

그들이 왜 그렇게 부정적이었을까? 그들에게는 학교에 돌아가서 전보다
더 성실히 일하겠다는 갖은 의도가 있었다. 그러나 내가 종종 교생들의 눈빛
에서 보는 그런 생기는 없었다. 무엇이 잘못되었는가?

나는 이 문제를 많이 생각해 보았다. 내 생각에는, 그리스도인 교사들에
게도 다른 교사와 똑같은 문제들이 많다는 것을 강조하는 것이 중요하다고

본다. 그들은 때때로 피곤해서 지치고 낙담한다. 그리스도인이라 해서 지나친 스트레스나 긴장 없이 모든 어려움을 헤쳐 나가게 되는 것은 아니다. 바울이 고린도 교인에게 상기시켰듯이, 우리는 질그릇 속에 보화를 담고 있다. 그러므로 우리는 실패하기도 한다. 실수도 한다. 그리고 낙심하고 용기를 잃기도 한다.

구약의 두 가지 예

그러나 우리만 그런 것이 아니다. 엘리야를 기억하는가? 야고보는 그를 '우리와 성정이 같은 사람'이라고 묘사하고 있다(약 5:17). 그는 비가 오지 않기를 기도해 하늘이 3년 반 동안이나 닫혔다. 하나님은 그를 계속 기적적으로 먹이시고 보살피셨다. 그러고 나서, 하나님이 '여호와 그는 하나님이시로다!'를 증명하셨던 갈멜산 사건이 일어났다. 바알 선지자들은 참패당했고 엘리야가 비를 내려 달라고 기도했을 때 비가 쏟아졌다.

얼마나 놀라운 일인가. 얼마나 위대한 경험이며 특권인가. 그 다음에 어떤 일이 일어났는가 보라. 이세벨 여왕이 사자를 엘리야에게 보내 "내일 이 맘때에는 정녕 네 생명으로 저 사람들 중 한 사람의 생명같게 하리라"고 말한다.

엘리야는 어떻게 반응했는가? 그녀에게 그 분이 주 하나님이신 것을 일깨워 주었는가? 자신의 과거의 경험을 돌이켜 보았는가? 모든 일을 하나님께 맡기고 그 분을 기다렸는가? 알다시피 그는 전혀 그렇게 하지 않았다. 성경에는 "저가 이 형편을 보고 일어나 그 생명을 위하여 도망하여"(왕상 19:3)라고 쓰여 있다.

그는 매우 낙심했다. 갑자기 지치고, 모든 일이 지긋지긋해졌다. 그는 기도했다. "여호와여 넉넉하오니 지금 내 생명을 취하소서." 그리고 그는 누워 잠들어 버렸다. 결국 여호와께서 그를 직접 만나셨다. 그는 하나님께 하소연하면서 자기는 열심이 특심하였었지만 이제는 자기만 남아 생명이 위험한 상태라는 것을 말하였다.

하나님은 어떻게 반응하셨는가? 그 분은 엘리야가 말한 대부분의 내용에 대해 아무 말씀도 하지 않으셨다. 그 분은 단지 그에게 새로운 명령을 내리셨다. 그러면서 바알에게 무릎 꿇지 아니한 칠천 명의 이스라엘 사람이 있다는 것을 엘리야에게 알려 주시고 말씀을 마치셨다. 엘리야가 보기에는 모든 것이 암담하고 희망이 없는 상태였다. 그러나 그는 반도 알지 못한 것이었다.

두 번째로, 약속의 땅, 가나안을 정탐하기 위해 모세가 여호와의 명을 따라 보낸 정탐꾼들을 기억하는가? 이스라엘 백성들은 여정의 거의 끝에 와 있었다. 그들은 하나님이 그들의 모든 영적, 육적 필요를 다 채워 주시는 것을 보았다. 이제 지도자 12명이 앞서 가서 그 땅을 살펴보게 되어 있었다. 얼마나 흥분이 되었겠는가? 여정의 끝이 거의 눈앞에 다가왔다. 그들은 정탐꾼이 돌아오기를 거의 기다릴 수가 없었다.

이 12명의 지도자들은 어떤 소식을 가져 왔는가? 그들은 말했다. "당신이 우리를 보낸 땅에 간즉 과연 젖과 꿀이 그 땅에 흐르고 이것은 그 땅의 실과니이다 그러나 그 땅 거민은 강하고 성읍은 견고하고 심히 클 뿐 아니라…거기서 본 모든 백성은 신장이 장대한 자들이며…우리는 스스로 보기에도 메뚜기 같으니"(민 13:27-33).

갈렙과 여호수아만이, 자기들을 감찰하시는 하나님을 의뢰하면서 긍정적이었다. 그러나 성경은 우리에게 말한다. "온 회중이 소리를 높여 부르짖으며 밤새도록 백성이 곡하였더라"(민 14:1).

엘리야나 내가 앞에서 말했던 그리스도인 교사들처럼, 그들도 긍정적인 면을 강조하지 않았다. 그들은 어려움과 자신의 연약함에만 집중했다. 그들의 관점은 전적으로 잘못되었다. 그 결과는 어떠했는가? 의심한 사람들 중에는 아무도 그 약속의 땅을 밟지 못했다.

다시 현재로 돌아와서, 요즈음은 우리를 모두 매우 긍정적인 입장에 서도록 도와주는 그리스도인 저술가와 강사들이 상당히 많은 것 같다(당신뿐만 아니라 나 자신을 위해서도 나도 그렇게 하고 있다). 그들은 우리에게 도움이 되는 많은 내용을 전하며 좋은 예를 제시한다. 그러나 그들 중에는 늘 생명력 있는 그리스도인의 삶을 살기에 너무 어려운 것을 제시하는 사람들이 있는 것 같다. 그들이 말할 때에는 아주 쉽게 들린다. 당신이 할 일은 그리스도의 능력을 이용하는 것뿐이라고. 그 말은 당연히 맞다. 그러나 우리 모두는 여전히 피곤해진다. 그리고 압박감은 더 심해질 수 있다.

그렇다면 내가 앞에서 인용한 교사들에 관한 질문의 진정한 답은 없는가? 무엇이 잘못되었는가? 자, 이미 암시한 바 있지만, 그들은 초점이 약간 빗나간 관점을 갖고 있다고 생각한다. 실제 교육 현실은 강사가 생각하는 것보다 훨씬 더 피곤한 상황이라는 교사들의 말은 옳다. 그러나 그들 역시 교육 상황의 모든 실재를 고려하지 않고 있다. 그들은 결과적으로 수반되는 압박과 피곤을 느꼈다. 그들은 그것에 대처하는 자신의 능력에 한계가 있음을 알고 있었다. 그러나 자신이 마음대로 할 수 있는 것은 자신의 전문 지식이라고 생각하는 경향이 있었다. 그러니 그들이 피곤해 지치는 것도 이상한 일이 아니다.

관점을 바로 갖기

그들은 그 상황에서 또 다른 관점을 가져야 한다. 이번에는 그들이 처한 곳이 아니라, 하나님이 성경을 통해 우리에게 제공하시는 영원한 관점에서 바라보아야 한다.

당신도 그렇게 해야 함을 알았는가? 나는 분명히 그렇다. 나도 때때로 초점이 맞지 않는 렌즈로 들여다볼까 두렵다. 나도 엘리야처럼 너무 제한된 관점으로 판단하기 쉽다는 것을 알고 있다. 그러나 성경은 우리의 시야를 넓혀서 전체를 바라보도록 도우며, 조금도 우리의 시야를 제한되게 하지 않는 수많은 말씀을 제공한다. 다음은 그런 말씀 중 하나이다. 낙심이 되거나, 일이 당신을 억누를 때마다, 이 말씀을 기억하며 이것을 우선으로 하여 활력을 얻고 생각의 방향을 고칠 수 있도록 하라.

그리스도 예수 안에서 너희에게 주신 하나님의 은혜를 인하여 내가 너희를 위하여 항상 하나님께 감사하노니 이는 너희가 그의 안에서 모든 일

곧 모든 구변과 모든 지식에 풍족하므로 그리스도의 증거가 너희 중에 견고케 되어 너희가 모든 은사에 부족함이 없이 우리 주 예수 그리스도의 나타나심을 기다림이라 주께서 너희를 우리 주 예수 그리스도의 날에 책망할 것이 없는 자로 끝까지 견고케 하시리라 너희를 불러 그의 아들 예수 그리스도 우리 주로 더불어 교제케 하시는 하나님은 미쁘시도다(고전 1:4-9)

한 번 읽었으면, 다시 한 번 살펴보라. 이 구절은 인내와 관련하여 누구에게나 세 가지 우선 순위를 강조하고 있는 말씀임을 알 수 있다.

- ●이 말씀은 영원한 관점을 보여 준다.
- ●이 말씀은 성공의 길을 제시한다.
- ●이 말씀은 확신에 찬 이유를 제공한다.

당신이 당신의 관점을 잃을 때마다, 가장 먼저 할 일은 이런 사실들을 다시 검토하는 일이다. 모든 사실들을 재검토해 보라. 그것을 명확히 해 놓고, 다시 한 번 분명하게 보기 시작하라. 이 일은 때로는 시간이 걸릴 것이다. 아무리 바빠도 당신은 하던 일을 멈추고 이를 살펴볼 필요가 있다. 그 일이 아무리 급한 것처럼 보여도 상관하지 말라. 앉아서 기도하며 그 상황을 음미해 보라. 행동보다 말이 더 쉽다는 것은 잘 안다. 그러나 당신 스스로 그렇게 할 수 있도록 훈련해야 한다. 결국 당신의 판단이 빗나갈 때 맹렬히 공격해 봐야 무슨 소용이 있겠는가? 당신은 이 모든 사실을 새롭게 주목해야 한다. 그리고 너무 수줍어하거나, 너무 교만하여 다른 그리스도인의 도움을 요청하지 못하는 일이 없도록 하라.

영원한 관점

그리스도인은 항상 하나님과 함께 시작한다. 하나님은 당신과 당신이 처한 상황을 어떻게 보시는가? 이에 대해 바울이 한 말은 고린도 교인뿐 아니라 그리스도인 교사에게도 해당된다.

그렇다면 그 말씀이란 무엇인가? 첫째, 당신은 이미 예수 그리스도 안에서 하나님의 은혜를 받았다. 둘째, 당신은 모든 구변과 모든 지식에 풍족하다. 이 말은 당신에게 어떤 느낌을 주는가? '모든 구변과 모든 지식에 풍족하다.' 교사의 상황에 정확히 들어맞지 않는가? 당신이 모든 면에 풍족하다는데 유의하라. 당신이 항상 그렇게 느끼지는 못한다는 것을 잘 알지만, 당신의 감정에 의존하라는 말씀을 들은 적은 결코 없다. 하나님이 그렇게 말씀하시면 그것으로 충분하다. 그것이 당신에게 필요한 모든 것이다. 당신이 할일은 그것을 믿는 것이다.

셋째, 당신에게는 모든 은사에 부족함이 없다. 그 은사들은 모두 당신에게 유용하며, 필요한 대로 사용할 수 있다. 우리 하나님은 우리의 온갖 구하는 것이나 생각하는 것에 더 넘치도록 능히 하실 분이시다(엡 3:20). 그리고 그 분은 우리에게 그 은혜의 풍성함을 넘치게 주신다(엡 1:7-8). 그 곳에 당신이 있다. 은혜로 모든 것이 풍족하게 준비되어 있다. 그러나 이제 본론을 벗어나지만 중요한 이야기를 해 보자.

압박의 문제

"나도 알아요. 다 인정해요. 내가 감사할 줄 모른다고 생각지 마세요. 분명히 감사하고 있어요. 그러나 때로는 압박이 너무 심해진답니다. 학생들은 내게 너무 많은 요구를 해요. 때때로 한 학기를 용케 지낸 것만도 기쁠 때가 있어요. 진짜 문제는 내가 인간에 불과하다는 사실이에요."라고 말할지도 모른다.

맞다. 바울도 그러했다. 그가 참고 견뎌야 했던 것을 생각해 보라. 그는 고린도 교인들에게 이렇게 말한다.

> 우리가 이 보배를 질그릇에 가졌으니 이는 능력의 심히 큰 것이 하나님께 있고 우리에게 있지 아니함을 알게 하려 함이라(고후 4:7)

당신이나 나나 우리 자신에 대해 결코 잘못된 생각을 가져서는 안 된다. 당신 말이 맞다. 당신은 인간일 뿐이다. 그러므로 하나님이, 교사로서 그리스도인으로서 당신이 하는 일에 당신을 풍족하게 하시고 충분히 준비시키셨지만, 그것을 당신 혼자의 힘으로 하지 못한다. 사실 누구나 이 사실을 깨닫는 것이 대단히 중요하다. 학생들이나 동료 교사들이 당신의 능력과 은사가 오직 당신의 것이며, 당신의 증거가 당신에게서 모두 나오는 것이라고 생각한다면, 그것은 당신이나 그들에게 치명적인 것이 된다. 그것이 아님을 당신은 알고 있다. 그들 역시 알아야 할 필요가 있다. 질그릇들로 인해 하나님을 찬양하라.

그러나 질그릇이라는 사실도 압박이 될 수 있다. 당신이 어디서 가르치든지 그것을 피할 길이 없다. 바울의 말을 다시 들어 보라.

> 우리가 사방으로 우겨쌈을 당하여도 싸이지 아니하며 답답한 일을 당하여도 낙심하지 아니하며 핍박을 받아도 버린 바 되지 아니하며 거꾸러뜨림을 당하여도 망하지 아니하고 우리가 항상 예수 죽인 것을 몸에 짊어짐은 예수의 생명도 우리 몸에 나타나게 하려 함이라(고후 4:8-10)

보다시피 더 부정적이다. 당신은 단순한 질그릇이 아니다. 압박을 받는 질그릇이다. 모든 종류의 압박을 받는 질그릇. 당신은 심하게 압박을 받을지도 모른다. 당황할지도 모른다. 지금 이 순간 핍박을 견디고 있을지도 모른다. 정말 맞아 쓰러진 느낌일지도 모른다.

그러나 긍정적인 면도 있다. 압박과 당황, 핍박에도 불구하고 당신은 완전히 파괴되지는 않는다. 완전한 절망에 빠지지도 않는다. 버림받지 않는다. 절대 망하지 않는다. 당신 몸에 예수의 죽음을 짊어짐으로, 그의 생명이 당신 안에 드러난다. 나는 이것을 다른 어느 것보다 사람들이 알아 주기를 바란다. 바울은 그리스도인으로서 일생 동안 그 누구보다 고통을 많이 겪었다고 생각한다. 그러나 그를 지켜 주신 하나님은 우리를 붙들고 보호하며 우리에게 능력 주시는 하나님과 동일한 분이시다. 그러므로 바울이 이런 긍정적인 면들을 강조할 수 있다면 우리도 그렇게 할 수 있다.

그 중에 가장 긍정적인 면을 잊지 말라. 당신이 질그릇일지 모르지만 그 안에 보배가 있다. 가장 부요하고 가장 아름다운 보배. 당신 안에는 내주하시는 성령 하나님이 계시다. 당신 몸은 성령의 전이다.

당신은 압박이나 문제들을 회피하지 않을 것이다. 만일 그렇게 한다면, 당신이 걱정스럽다. 당신은 모든 싸움과 어려움에 대처할 수 있다. 실제로 가능하다. 앞에서 말한 세 가지 사실을 기억하기만 하라.

성공의 길

일단 세 가지 사실이 당신에게 명확해지면, 당신의 상황을 훨씬 긍정적인 관점으로 보는 일이 더 쉬워진다. 당신은 다시 새로워진 마음으로 내일, 다음 학기, 그리고 내년에 학교로 돌아갈 수 있다. 그것이 끝이 아니다. 하나님은 당신을 풍족하게 준비시켜만 놓고, "자, 이제는 네 차례다. 내가 네게 능력을 주었으니 해결하라."고 말씀하시지 않는다. 결코 당신을 그렇게 두지 않으신다. 당신에게 미래에 대한 엄청난 약속들을 주시면서 성공의 길을 제시하여 당신이 그것을 꾸준히 붙들도록 하신다. 고린도후서 1장에 그런 약속이 있다. 인내에 관해 그리스도인 교사에게 주시는 필요 적절한 말씀이다. 8절 말씀을 보라.

주께서 너희를 끝까지 견고케 하시리라

알다시피 성경에는 "여호와는 저희의 힘이시요"(시 28:8)라는 사실을 일깨워 주는 말씀들이 상당히 많다. 그것은 전혀 우연이 아니다. 하나님은 결코 불필요하게 되풀이하시지 않는다. 성경에서 똑같은 진리를 계속 발견할 때, 하나님은 우리가 그것을 확고히 이해하기를 원하신다는 것을 확실히 알 수 있다. 여기에 위대한 약속이 있다. 하나님이 당신을 끝까지 견고케 하실 것이다. 당신은 혼자 힘으로는 결코 끝까지 인내하지 못할 것을 알고 있다. 앞에서 말한 수련회 때 지친 모습의 그리스도인 교사들이 생각나는가? 우리도 그렇게 될 수 있다. 하나님은 이것을 너무도 잘 알고 계신다.

그래서 당신에게 이런 약속을 하신다. 주께서 당신을 끝까지 견고케 하실 것이다. 주께서 당신을 끝까지 견고케 하실 것이다. 주께서 당신을 끝까지 견고케 하실 것이다. 당신이 지금 당장 학교나 어떤 특정 학급, 혹은 당신의 업무에 대해 긴장을 느끼고 있다면, 이 말씀은 당신이 가장 필요로 하는 곳에 도움이 되지 않겠는가? 이것은 주장해야 할 약속이다. 계속 주장해야 할 것이다.

확신에 찬 이유

만일 당신이 너무 지쳐서 세 가지 사실과 약속을 알고 난 후에도 당신의 관점이 여전히 약간 빗나가 있다면, 여기 마지막 말씀이 있다. 고린도전서 1:9이다.

너희를 불러 그의 아들 예수 그리스도 우리 주로 더불어 교제케 하시는 하나님은 미쁘시도다(faithful)

한마디로 말하여, 하나님은 신실하시다. 당신을 그리스도께 이끌며, 주 예수와 교제할 수 있게 하시는 그 분은 신실하시다. 그 분이 약속하셨다. 그럴 필요가 없었지만 그 분은 약속하셨다. 그 분은 끝까지 당신을 견고케 하시겠다고 약속하신다. 그러므로 더 이상 의심할 필요―그리고 핑계댈 필요―가 없다. 하나님은 신실하시다.

이 말씀에 새 힘이 솟아나지 않는가? 당신에게 새로운 기쁨을 일으키지 않는가? 그래서 경배와 찬양으로 무릎 꿇게 하지 않는가? 이 말씀은 인내의 문제를 바른 관점에서 보고 있다. 이는 당신이 교사의 최고의 속성을 주장하고 연습할 수 있음을 보여 준다. 당신은 끝까지 참을 수 있다. 주님을 의지하라. 그러면 주님이 당신의 모든 생활 영역에서 당신을 견고케 하실 것이다. 당신이 기운을 잃기 시작해도 여전히 승리할 수 있다.

예수님은 그것을 알고 계셨다. 예수님은 제자들에게 그를 따른다는 것은 매일 십자가를 지는 것이라고 아주 쉽게 말씀하셨다. 그것은 힘든 일이고, 거기애는 분명히 고난이 있을 것이다. 그러나 예수님이 말씀하셨다. "담대하라! 내가 세상을 이기었노라"(요 16:33). 당신이 할 일은 그 분의 발자취를 따르는 것이다. 당신의 상황이 어떻든지 예수님처럼 당신도 하나님이 신실하신 분임을 알게 될 것이다. 다시 한 번 '할렐루야'를 외쳐 보자.

기도와 토론을 위하여

1. 데살로니가후서 3:1-5을 읽어 보라. 바울은 이미 1:3-5에서 말씀했던 내용을 다시 기록했다. 이 말씀들을 모두 묵상하되 특히 그리스도의 인내에 대해 생각해 보라.

2. 열왕기상 18장과 19장의 엘리야 이야기를 다시 읽어 보라. 하나님이 말씀하시고 행하신 일에 초점을 모아 보라. 당신이 처한 상황에 적용할 만한 것이 있는가?

3. 당신의 동료 교사들이 학교에서 직면하는 문제와 압박감을 생각하며 그들을 위해 기도하라.

4. 성구 사전에서 '오래 참음'이란 단어를 찾아, 이 11장에서 인용한 말씀에 사용된 것과 비교해 보라. 당신이 그 단어를 이해하는 데, 어떤 실제적이고 새로운 통찰력을 더해 주는가?

제 12 장

변혁을 위한 교육

학교에서 또 한 해가 저물어 가고 있었다. 내 친구인 한 그리스도인 교사는 학년말 성적을 매기는 문제로 고전하고 있었다. 한 학생이 그녀의 마음을 많이 아프게 했던 것이다. 그 학생이 '수'를 기대했으리라는 것을 그 여교사는 잘 알았다. 그 학생이 일자리를 구하려면 '수'가 필요하다는 것도 알았다. 그는 아주 유능한 학생이었지만 그녀의 수업 시간에는 나태했고 비협조적이었다. 그는 '양'을 받을 만했다. 그래서 그 여교사는 그에게 '양'을 주었다.

그 학생은 자기 점수를 알고 매우 화가 났다. 격렬하게 이의를 제기하며 그녀에게 욕을 퍼부었다. 그는 파괴적이었다. 그래서 그 여교사는 결국 그를 교장 선생님에게 보냈고, 교장 선생님은 그에게 3일 동안 보충 수업(점수에는 아무 변동을 가져오지 않을 수업)을 받든지 매를 맞든지 선택하라고 했다. 그는 매를 선택했고, 교사에게 가서 용서를 빌라는 명령을 들었다. 그는 마지못해 그렇게 했고, 그 후 학교를 졸업했다.

2년 후에, 그녀는 그가 자기를 만나러 학교에 올 것이라는 그의 여동생의 말을 들었다. 그는 그 교사와 아직 끝내지 못한 일이 있다고 했다. 내 친구는 그 때 마지막 일을 생각하면서 어떤 일이 일어날지 몰라 약간 겁이 났다고 했다. 자연히 그 문제를 놓고 기도하며 기다렸다.

어느 날 수업이 끝날 무렵 그가 교무실 문 앞에 나타났다. 그는 그녀가 앉아 있는 책상까지 걸어왔다. 그리고는 그녀 옆에 우뚝 서서 말하기 시작했다. "2년 전에 선생님 때문에 매를 맞았던 일 기억하세요? 또 억지로 선생님께 용서를 구해야 했었지요. 그 때 매도 맞고 싶지 않았고, 사과도 하고 싶지 않았어요. 단지 그렇게 해야 했기 때문에 겨우 한 것이에요." 그리고 그는 잠깐 말을 멈추더니 심호흡을 했다.

"이제 다시 용서를 빌러 왔어요. 이번에는 정말 그런 마음이 들었기 때문이에요. 선생님은 항상 엄격하지만 공평하셨어요. 우리에게 늘 좋은 기준을 설정해 주셨어요. 제가 잘못했고 선생님이 옳았어요. 그 때 그것을 알았지만, 제가 바라던 직업을 포기해야 했기 때문에 선생님께 몹시 화를 냈던 거예요. 선생님은 그리스도인이기 때문에 옳은 일을 한다는 것을 알았어요. 이제 저도 그래요. 최근에 그리스도인이 되었어요. 선생님을 생각하면서, 선생님과 저 사이에 잘못된 것을 고치고 싶었어요. 그래서 선생님을 뵈러 다시 왔어요."

내 친구는 내게 이렇게 덧붙였다. "나는 그 학생을 안아 주고 싶었어요." 나는 이 이야기를 좋아한다. 당신도 그러면 좋겠다. 이것은 하나님의 능력과 사랑이 한 사람을 경솔한 삶에서 책임 있는 삶으로 어떻게 변화시킬 수 있는지를 보여 준 한 예이다. 얼마나 놀라운 변화인가.

오호라, 애통하는 시대

우리 학교에 당장 필요한 것은 그러한 종류의 변화이다. 당신이 있는 학교는 현재 어떤지 모르지만, 우리 나라의 대부분의 학교는 확실히 좋지 않다. 언제부터 교사들의 사기가 그렇게 저하되었는지 잘 모르겠다. 솔직히 불만의 소리가 높다. 도처에서 그런 것 같다. 불평, 불평, 불평 소리가 어디서나 들린다.

오래 전에 그리스도인 교사 잡지인 '스펙트럼'(*Spectrum*)에 교육의 현재 상태에 관한 논문을 써낸 적이 있다. 그 때 제목을 '오호라! 교육'이라 붙였

는데, 가르침은 물론 교육 그 자체도 꿈을 잃은 것 같았기 때문이었다. 영광
이 떠나갔다. 애석하게도 그 이후로 교육의 질이 더 나빠졌다.

물론 좋은 가르침은 계속되고 있다. 많은 교사들이 아직도 매일 훌륭하게
일하고 있다. 그러나 사기가 저하될 때 열심을 낸다는 것은 얼마나 힘든 일
인지 모른다. 당신은 어떤 일을 성취하기 위해 훨씬 많은 노력을 기울여야
할 것이다. 특히 인기 없는 직업의 경우 기꺼운 도움의 손길도 없다.

그리스도인 교사들은 이런 분위기에 영향받기 쉽다. 당신이 유치원에서
어린이들을 가르치거나 중학생을 가르치거나 여기에서 벗어나지 못한다. 그
렇다면 무엇을 할 수 있는가? 긍휼의 하나님은 우리 나라 학교들에 대단히
많은 그리스도인 교사들을 보내 주셨다. 교직의 분위기가 부정적이며 수준이
떨어지고 있는 바로 이 때, 그들은 학교에 있다. 필요한 변화를 일으키기 위
해 하나님이 사용하시는 것은 그들의 기도로 가득 찬 증거 생활이다.

당신은 그것을 너무 큰 명령이라고 생각할지 모른다. 그러나 하나님이 엘
리야에게 상기시켰듯이 당신은 혼자가 아니다. 엘리야가 기도했을 때 어떤
일이 일어났는가 보라. 이제 당신은 그런 상황에서 무엇을 할 수 있는가?

내가 지금까지 쓴 내용이 이 질문의 답에 도움이 되기를 바란다. 교육 현
실에 실제 적용하지 못하는 단지 그럴 듯해 보이는 기독교 이론이 아니라,
실제 적합한 내용이라고 생각되면 좋겠다. 내가 쓴 내용은 교실, 즉 당신의
교실에서 그리스도를 증거하는 일에 관한 것이다. 그것이 오늘날 교육의 장
에 가장 필요하다. 신실하고 헌신된 단호한 그리스도인의 본이 있어야 한다.

그리스도인 교사, 당신의 동료와 학생들은 그 어느 때보다 지금 당신을
필요로 한다. 영국도, 다른 여러 나라도 마찬가지이다. 그러므로 우리가 이
책에서 살펴보았던 성경의 진리들을 당신의 학교와 당신의 교실에 적용하기
를 진심으로 촉구한다. 또 교사인 당신 자신에게도 적용하라.

당신의 책임은 거기서 끝나지 않는다. 당신도 변화될 필요가 있다. 앞에
서 말한 학생 같은 변화는 아니다. 그런 변화는 당신이 그리스도인이라면 이
미 경험한 것이다. 그러나 당신이 회심할 때 시작된 것이 계속되어야 한다.
"어떻게?" 당신은 내게 물을 것이다. "어떻게 그것을 나의 교사 생활과 연결

시켜야 할까요?"

이것이 이 마지막 장에서 큰 비중을 차지하는 질문이다. 나는 어떻게 이 책을 끝내며 어떤 성경 말씀을 남길까 많이 생각하고 기도했다. 만일 당신이 학교에서 낙심하고 만족스럽지 못한 상황에 있다면, 또 당신과 동료들에게서 (교육의) 영광이 떠났다면, 이 답에 대해서는 의심할 바가 없다. 바울이 쓴 로마서 두 구절에 당신의 관심을 모을 수 있겠는데, 나 자신도 그 말씀을 거듭 묵상한다. 다음은 그 말씀이다. 간단하게 함께 살펴보자.

> 그러므로 형제들아 내가 하나님의 모든 자비하심으로 너희를 권하노니 너희 몸을 하나님이 기뻐하시는 거룩한 산 제사로 드리라 이는 너희의 드릴 영적 예배니라 너희는 이 세대를 본받지 말고 오직 마음을 새롭게 함으로 변화를 받아 하나님의 선하시고 기뻐하시고 온전하신 뜻이 무엇인지 분별하도록 하라(롬 12:1-2)

2절 말씀을 집중적으로 보라. 그것은 당신이 받게 되는 도전을 아주 명확하게 제시한다. 본받든지, 변화를 받든지 둘 중 하나다. 달리 방법이 없다. 이 것을 하든지 저것을 하든지 해야 한다. 중간에 머물러 있을 수는 없다. 그것은 불가능하다. 그렇다면 어느 쪽이어야 하겠는가? 이 두 구절의 말씀을 묵상하면 할수록 당신의 답은 더 확실해진다.

본받는 문제

먼저 본받는다는 것이 무슨 뜻인지 생각해 보자. 우리는 본받는 시대에 살고 있다. 본받는다는 것은 어떤 사람이나 물건의 모습을 그대로 본뜬다는 뜻이다. 그것은 모든 사람과 보조를 맞추며, 우세한 편에 붙고, 형세에 따라 움직이며 다른 사람이 하는 대로 하는 것을 말한다. 바울이 사용한 헬라어 – '시스케마티조'(syschēmatizō)–는 문자적으로 '똑같은 모양을 낸다'는 뜻이다. 우리는 오늘날 생활의 모든 영역에서 어쩔 수 없는 유행의 힘을 너무 잘 알고 있다.

오늘날 본받으라는 압력은 정말 강력하다. 로마서 12:2에서 강조하는 말씀은 당신의 본받는 문제임을 유의해 보았는가? 토기장이가 흙으로 그릇을 빚듯이 누군가가 당신을 빚어 내는 문제가 아니다. 바로 당신이 본받는 행위를 하고 있다. 그리고 이 말씀은 청년이나 노인이나 누구에게나 똑같이 적용된다.

나는 10대들을 대상으로 많은 조사를 해 보았다. 특별히 나는 그들의 도덕적 태도 발달에 관심을 가졌다. 거짓말, 이기심, 미움, 탐심, 혼외 정사, 부모와 법에 대한 불순종 같은 문제들에 대한 그들의 견해와 행동에서 가장 공통적인 변명은 '자연스러울 따름이다' '누구나 다 그렇게 한다'이다. 그들은 친구들의 인정을 받기 위해 따라하는 일이 옳으며 필수적이라고 믿고 있다.

어른들은 어떠한가? 그들도 똑같이 나쁘다. 그들은 이웃에게 지지 않으려고 허세를 부리거나, 여러 사람의 생각이나 사회 풍습을 따라간다. 그렇게 하지 않으면 결국 이웃 사람들이 어떻게 생각하겠는가? 그리스도인이라고 해서 이런 데서 면역되어 있는 것은 아니다. 어떤 교회에서는 찬양할 때 손을 들면 매우 우스운 모양이 된다. 그리고 어떤 교회에서는 손을 들지 않으면 똑같이 우습게 된다.

그리스도인 교사들은 어떠한가? 내가 알고 있는 미국과 영국의 많은 그리스도인 교사들은 로마서 12:1-2은 교육에 적용되지는 않지만, 그리스도인으로서 그들의 삶에 적용된다고 쉽게 말한다. 그러나 당신이 그들에게 도전해 보면, 실제로 말은 그렇게 하지 않지만 행동은 그렇다. 무슨 뜻인가? 간단하다. 그들은 그리스도인으로 살면서 세상을 본받지 않으려고 노력한다. 그러나 교육에 관해서는 그들은 어디로 교훈을 얻으러 가는가? 성경? 그리스도인 저술가? 천만에. 그들은 교육 전문가에게 갈 뿐이다. 그리고 그들 대부분은 세속적인 인본주의자들이다. 그런데도 그리스도인들은 교사의 일을 하기 위해 바로 그들의 전문 지식, 생각, 이론, 전략을 배운다.

틀림없이 그들은 고도의 지식을 지닌 교육 철학자와 심리학자들이 교사에게 필요한 모든 답을 갖고 있다고 믿는 것 같다. 결국 그들이 모든 조사를 하지 않았는가? 그들이 이 모든 학문 서적과 논문들을 쓰지 않았는가? 대부분 교사들은 조사하고 준비할 시간이 없어 그들이 교과서와 수업 자료들을 만들지 않는가? 그러므로 그들이 가장 잘 알고 있어야 한다.

나는 많은 그리스도인 교사들이 교육을 기독교적으로 생각하지 않기 때문에 세상을 본받는다는 것을 알았다. 그들이 가르치는 방법, 학생들의 본성과 필요에 대해서도 마찬가지이다.

그러나 바울은 단호하게 말한다. '더 이상 이 세상의 모습을 본받지 말라!' 세상의 학자들이 교육과 아동에 대해 유익하고 통찰력 있는 의견을 말하지 않는 것은 아니다. 그러나 그들의 기본 전제는 무신론이며 이 세상에 속한 것이다. 그리스도인들은 이런 점에서 그들에게 도전해야 한다. 그리스도인들이 교실에서 믿음으로 살며, 학교에 기독교적 지식과 행동 양식을 가져옴으로써 그러한 일을 가장 잘할 수 있다.

이 세상의 모습

이 시대의 모습은 어떠한가? 대중 의견의 시대라는 것을 알고 있으리라. 사회에서 말하는 내용, 국가가 결정하는 것, 이 세상의 가치와 기준, 조직화된 인간, 광고업자, 합리적인 세상 사람, 모두가 다 그럴 듯하다. 모두가 다 알지 못하는 사이에 우리 사고에 잠입한다. 모두가 다 매우 설득력 있다. 또 보통 아주 합리적이다. 예를 들어 관대할 필요가 있는 경우를 생각해 보자. 점점 교사들은 너무 독단적이 되면 안 된다는 말을 듣는다. 누구나 자기 견해를 가질 권리가 있기 때문에 어린이나 청소년들이 다른 사람에게 관대하도록 그들을 격려하라는 소리를 듣는다.

성실의 중요성에 대해서는 어떠한가? 오늘날 어떤 사람의 특성을 가장 잘 알아볼 수 있는 것은 말과 행동에서 그가 신실한가 하는 점이다. 신실하다면 그는 틀림없이 진실하다. 그것이면 된다. 그가 옳든지 그르든지, 그의 믿음이 진실이든지 거짓된 것이든지 그것은 중요하지 않은 듯하다. 결국 우리는 너무 준엄해서는 안 된다. 그는 생각이야 좋은 사람이다. 그것으로 충분하다.

물론 교사들은 교육의 조류를 따라야 한다. 어떤 새로운 교육 이론이 인기를 얻거나, 어떤 조사 연구가 퇴보할 때 학교는 다음 단계가 나올 때까지 그것을 채택해야 한다. 어린이들에게 '안돼'라고 말하는 것은 그들의 '성장을 저해'하기 때문에 훈련은 완화된다. 혹은 모든 학생들은 자기 나름의 견해를 가질 수 있는 민주적 권리가 있기 때문에 토론이라는 방법만을 사용한다. 걱정하지 말라. 한두 해가 지나면 어떤 학문 이론은 흔들린다. 그러면 우리 모두는 그런 생각에 적응될 것이다.

이런 것들을 비판하기는 쉬울지 모르지만 저항하기는 어렵다. 한 개인이 잘못된 견해나 모호한 교육 방법에 대해 어떻게 대항할 수 있는가? 바울이 그 답을 갖고 있다. 로마서 12:2로 돌아가 보라. 부정적인 면은 없어졌다. 본받지 말라. 이제 긍정적인 면을 살펴보자.

변혁으로 부르심

마음을 새롭게 함으로 변화를 받으라. 무슨 뜻인가? 헬라어로 '메타모르포'(*metamorphoō*)인데, 이는 '다른 모양으로 변하다'란 뜻이다. 이것은 두 가지 중요한 면에서 본받는 것과 다르다. 잠깐 동안 다시 본받는 문제로 돌아가 보자. 당신은 배우가 분장하는 것을 본 적이 있는가? 혹은 광대가 서커스 공연을 준비하는 것을 보았는가? 그들은 배우용 화장품을 바르고 가발을 쓰고 가짜 코를 달고 솜으로 누빈 옷을 입는다. 그러면 그들은 그 역할로 나오는 사람으로 보인다. 그러나 속은 똑같은 사람이다. 변화는 외형적이다. 그들은 효과적인 변신을 했다.

이 세상의 모습을 본받는다는 것은 이보다 훨씬 더 깊은 것임을 당신은 알고 있다. 그러나 당신이 원하는 모양이 될 때까지 퍼티(유리 접합체)나 점토를 주무르듯이 사람을 원하는 모습으로 형성하는 것은 대개 외부의 영향과 압력이다. 각 사람들은 외형의 모습이 내면의 생각, 인격과 하나가 될 때까지 대부분 이런 과정을 기꺼운 마음으로 협조해 나간다. 그것은 배우들이 오랫동안 역을 맡아서 더 이상 자기 자신의 본래 모습을 찾을 수 없는 것과 같다. 그들에게는 인생이 하나의 긴 연극이 된다.

변화는 바로 이와 반대이다. 그것은 내면으로 들어가는 외형의 변화가 아니라, 밖으로 표출되는 내면의 변화이다. 당신이 변화되면, 당신의 본질적인 그리스도인의 성품은 점점 밖으로 그 모습을 드러낸다.

재미 버킹검(Jamie Buckingham)이 「위험한 삶」(*Risky Living*[Logos International, 1976] 3장)이란 책에서 말한 좋은 예화가 생각난다. 그는 자신을, 표면은 부드럽고 잔잔하지만 바닥은 진흙 투성이인 호수로 묘사했다. 어떤 식으로든 비난받거나 공격을 당하거나 감정이 상하면 진흙이 표면으로 솟아오른다. 그래서 그는 내면이 치유되고 깨끗해져야 함을 강조하며, 그 결과 투명한 그리스도인이 되면 내면의 순결이 겉으로 나타나는 표면과 잘 조화된다. 그는 본성의 내면적 실재가 때때로 과거의 모습을 나타내는 정도의 변화에 대해서는 말하지 않았다. 그러나 그 견해는 적절한 것이다.

바울이 언급한 변화는, 그러한 내면의 깨끗함으로 인해, 모든 그리스도인 안에 성령으로 거하시는 거룩하신 하나님이 그리스도인이 된 새 피조물을 통해 드러나시는 것을 포함한다. 거듭난 신자의 진정한 내적 자아는 이 모든 사랑 안에서 자신의 모습을 나타낸다. 재미 버킹검의 문제는 사람들이 자기를 멋있고 훌륭한 사람으로 생각하지만 실제 자신은 전혀 그런 사람이 아니라는 데 있었다. 그것은 우리 모두가 안고 있는 문제이다. 그러나 바울은 성령이 모든 신자에게 주신 새로운 그리스도의 형상이 우리에게 영향을 미쳐서 우리의 모든 말과 행동에서 그 형상이 드러나기를 바란다.

가장 재미있는 예를 알고 싶은가? 이미 예상했을 것이다. 바로 주 예수 그리스도 그 분이시다. 예수님이 네 명의 제자들을 데리고 산에 오르셔서 그들 앞에서 어떤 모습으로 변화되셨는지 기억하는가?(마 17장, 막 9장, 눅 9장에 찾아볼 수 있다) 그 분의 진정한 내면의 모습이 나타났다—그리고 그들은 예수님의 순수함과 영광의 빛에 앞이 보이지 않았다. 바울은 우리에게 그렇게 되라고 말하고 있다. 변화되라. 변화를 받아라. 당신에 대한 배려이다.

나는 앞에서 본받는다는 것은 두 가지 면에서 변화를 받는 것과 다르다고 말한 바 있다. 로마서 12:2을 다시 살펴보면, 두 번째가 무엇인지 알게 될

것이다. 본받지 말고 변화를 받아라. 차이가 보이는가? 당신은 본받는 일을
한다—그것은 당신이 원하지 않으면 하지 않아도 된다는 말이다. 그러나 당
신은 변화받는 일은 하고 있지 않다. 성경에는 변화를 받으라고 쓰여 있다.
당신 스스로 그 일을 할 수 없다. 하나님이 모든 그리스도인을 변화시키신
다. 하나님은 당신을 아들의 형상으로 만들어 나가실 것이다. 그럼에도 불구
하고 당신이 해야 할 역할이 있다. 자비의 하나님은 당신이 하나님과 협력하
도록 도우신다. 그 분은 결코 자신의 공장에서 그리스도인들을 대량 생산하
지 않으신다. 그들은 모두 개별적인 피조물이다.

변형 과정

당신은 마음을 바꿈으로—새롭게 함으로—변화를 받을 것이다. 이것은
매일의 과정이 되어야 한다. 이 말은 매일 그리스도께서 주님이심을 인정하
며 그 분께 나아가 그 분이 당신의 마음과 뜻('노우스'[nous]란 단어는 마음
과 뜻을 포함한다)을 변화시키도록 허용한다는 뜻이다. 당신도 잘 알듯이 마
음과 뜻은 매일 새롭게 될 필요가 있다.

이것이 교사에게 얼마나 중요한지 당신은 잘 알 것이다. 물론 모든 그리
스도인에게도 매우 중요하다. 그러나 그리스도인 교사들은 어린이들에게 매
일 그 마음을 드러내고 있다. 더 나은 변화를 일으키는 일은, 말과 행동으로
하나님의 진리, 사랑, 의를 공개적으로 드러내는 새로운 마음으로만 가능
하다.

성경에서는 매일 마음을 새롭게 함으로 당신에게 어떤 유익이 있다고 말
하는가? 하나님이 당신의 삶에 영향을 주는 변화의 결과는 무엇인가? 2절 말
씀을 다시 보라. "하나님의 선하시고 기뻐하시고 온전하신 뜻이 무엇인지 분
별하도록 하라(분별할 수 있게 될 것이다)."

바로 이것이 답이다. 당신—평범하고 보잘것없고 약하고 소심하며 자신
이 없는 당신과 나는 매일 우리를 향하신 하나님의 뜻을 확신하게 될 것이
다. 그 뜻을 알고 행동으로 분별할 수 있게 된다. 너무 엄청나지 않은가?

하나님은 당신이 예수님처럼 되기를 원하신다. 하나님은 당신이 어떤 사람인지 정확히 아시며, 당신을 특별하다고 생각하신다. 당신은 그 분에게 매우 소중한 사람이다. 그 분은 당신에게 이미 그리스도의 마음을 주셨다(고전 2:16). 그 분은 당신을 통해 매일 자신의 생각이 나타나기를 바라신다. 그 분은 학생들을 위해서, 하나님의 영광을 위해서 당신이 매일 변화되기를 바라신다.

교육의 변화

세상 사람들은 교육이, 그렇게 많은 사람들이 고대하는 유토피아를 건설하는 데 필요한 변화를 가져올 수 있다고 믿는다. 수백 년 동안 학자, 작가, 철학자, 정치가들은 교육의 향상이 세상의 문제에 대한 해답이라고 주장해 왔다. 사람들이 이해를 잘하면, 잘 알고 있다면, 그들은 좀더 책임 있게, 좀더 동정어린 마음으로 행동할 것이다. 이것이 바로 많은 사람들이 순수하게 믿고 있는 바이다. 당신에게는 10대들의 비행이 문제가 되는가? 그들에게 도덕 교육을 더 많이 하라. 마약 문제가 있는가? 그 결과를 알 수 있도록 사람들을 교육하라. 부모들에게 문제가 있는가? 기회가 될 때 커서 더 좋은 부모가 되는 방법을 어린이들에게 가르치라.

너무 슬픈 일이 아닌가? 그러나 그리스도인은 더 잘 알고 있다. 교육이 도움을 줄 수 있다는 것을 안다. 인류가 땅을 정복하고 모든 생축을 다스리라는 창조 명령에 순종하는 것은 매우 중요하다. 기독교 진리와 생활 방식을 준비하는 데 도움이 될 수도 있다. 그러나 교육 그 자체는 세상이 기대하는 것을 할 능력이 부족하다. 오직 그리스도만이 그 능력을 공급하실 수 있다. 그리스도는 그리스도인 교사들을 중요한 통로로 사용하시면서—그들이 화해의 그리스도를 증거함으로써—성령을 통해 그 일을 하신다.

그렇다면 교육의 변화는 어떻게 일어날 수 있는가? 당신의 가르침이 결정적이라고 재삼 강조하고 싶다. 당신은 학생들을 참되며, 경건하며, 옳으며, 정결하며, 사랑할 만하며, 칭찬할 만한 모든 것들로 둘러싸이게 할 필요가 있다. 그들이 '이것들을' 생각하고 묵상하고 탐구하도록 도와줌으로, 당신은 그들의 마음을 준비시키고 영혼을 보호해야 한다.

당신이 사용하는 방법 또한 하나님 중심적인 것이 되어야 한다. 변화는 자발성을 필요로 한다. 당신 스스로 변화받고 싶은 마음이 들어야 하고 이 일에 대해 하나님을 향해 열려 있어야 한다. 이것은 자기 부인, 자발성, 확신을 의미한다. 그리고 학생들을 위해서 이런 자질들을 계발하고, 학생들이 자발적으로 배우고 변화받도록 훈련의 성경적 원리를 적용하는 것을 말한다. 이렇게 하면서 당신은 가르치는 내용 이상으로 그들에게 열린 마음을 준비시키고 있음을 알게 된다. 그들은 주님을 위해서 준비되고 있다.

학생들이 당신이 가르치는 지식과 기술을 믿고 받아들일 때, 어떤 도전이 오더라도 그들은 그리스도께 헌신할 필요를 더 느낄 수 있게 된다.

결론

"그러므로 하나님의 모든 자비하심으로 너희를 권하노니 너희 몸을 하나님이 기뻐하시는 거룩한 산 제사로 드리라 이는 너희의 드릴 영적 예배니라." 이는 당신과 내가 매일 해야 할 일이다. 만일 내일이나 모레쯤 교실에서 그리스도를 증거하려는데 당신 안에 조금이라도 의심의 그림자가 남아 있다면 바울이 디모데에게 했던 말씀을 기억하라. 디모데도 두려워하고 있었다. 그는 디모데에게 하나님은 준비시키지 않고 사람을 그냥 세상에 내보내면서 자신을 섬기도록 하시는 분이 아님을 깨우쳐 주었다.

당신도 매일 주님을 위하여 일할 수 있도록 디모데와 똑같은 도움과 똑같은 능력을 부여받았다. 디모데에게 하셨던 것처럼 하나님은 당신에게 두려워하는 마음이 아니라 능력과 사랑과 근신하는 마음을 주셨다(딤후 1:7). 당신은 당신이 해야 할 모든 일에 필요한 능력을 갖고 있다. 당신은 학생과 동료 교사들에게 나누어 줄 사랑을 갖고 있다. 당신은 어떤 상황에서든지 자기 자신을 깨끗하게 하고 세상에 물들지 않으며, 매일 옳고 참된 것을 말하고 행할 수 있는 자제력을 지니고 있다.

당신은 이 책의 처음에 인용한 어느 그리스도인 교사의 말을 기억하는가? 그는 말했다 "우리는 우리가 주님을 학교에 모시고 간다고 생각했다." "이제는 하나님이 이미 그 곳에 계시다는 것과, 우리는 단지 그 곳에 계신 그 분을 따라가야 한다는 것을 알고 있다." 이 책을 끝내면서 또 다른 그리스도인 교사의 말을 인용하고 싶다. 그녀는 출판사로부터 이 책의 원고를 미리 읽어 보라는 부탁을 받았던 교사이다. 그녀의 이야기는 변혁을 위한 교육의 한 생생한 실례가 된다. 그녀는 이렇게 말했다.

그리스도는 그리스도인 교사 안에만 계시는 것이 아니다. 그 분의 아름다움은 이미 지저분한 교실 어딘가에, 더러운 연습장 더미 속에, 술 냄새 풍기는 동료 교사 안에, 풍기문란한 학생 안에 존재한다. 그것을 기억할 때, 가르치는 일은 우리의 모든 생활 영역에서 마땅히 해야 할 모험이자 매일 주님을 재발견하는 일이 된다.

그러므로 이 모든 것을 마음에 두고 끊임없이 기도하자. "우리 하나님이 너희를 그 부르심에 합당한 자로 여기시고 모든 선을 기뻐함과 믿음의 역사를 능력으로 이루게 하시고 우리 하나님과 주 예수 그리스도의 은혜대로 우리 주 예수의 이름이 너희 가운데서 영광을 얻으시고 너희로 그 안에서 영광을 얻게 하려 함이니라"(살후 1:11-12).

한국 기독 교사회(TCF:Teachers' Christian Fellowship) 소개

한국 기독 교사회는 한국 기독 학생회(IVF) 학사들의 전문 연구 운동 중 하나로 시작된 전국 초중고교의 그리스도인 교사 공동체로, 다음과 같은 목적을 가지고 활동하고 있다.

1. 그리스도인 교사로서 서로간의 성숙을 격려하며 매일 십자가를 지고 그 분을 좇아감
2. 그리스도께서 교육이라는 학문에서도 주인 되심을 인정하며 기독교적 교육관을 확립하고 실천함
3. 동료 교사와 제자 사이에서 빛과 소금이 됨으로 말과 행동으로 그리스도를 증거함
4. 여름과 겨울 방학에 세미나, 수련회를 개최함으로 하나님 나라를 확장해 감
5. 활발한 문서 활동(기독 교사 회보, 자료집, 소책자)을 통해 모든 그리스도인 교사를 영적으로 자극하고 참다운 교육을 실현함

모임 소개

서울, 대구에서 학기마다 정기적인 모임이 있다.
서울　1. 전체 모임
　　　　일시: 매월 1,3주 토요일 2:30
　　　　장소: 사랑의 교회
　　　　내용: 기독교적 교육관 확립을 위한 강의 및 성경 공부
　　　2. 소모임
　　　　회보팀, 교육 연구팀, 양육팀
　　　3. 연락처: 서울 중앙우체국 사서함 1960 기독 교사회
　　　　전화 558-1728(IVF), 521-6987(정애숙)
대구　1. 정기 모임
　　　　일시: 매주 목요일 6:00
　　　　장소: 삼덕 교회
　　　　내용: 성경 공부, 찬양, 기도
　　　2. 리더 모임
　　　3. 연락처: 전화 053-628-2804(대구 IVF 사무실), 053-764-8837(이용세)

지은이 소개

필립 메이(Philip R. May)는 오랫동안 교사 생활을 했으며,
현재는 영국의 더럼 대학(University of Durham)에서
교육학을 가르치고 있다.
저서로는「그리스도인의 교사 생활」(한국 IVP 역간),
Which Way to Teach?(「어떻게 가르칠 것인가?」
한국 IVP 역간 예정) 등이 있다.

옮긴이 소개

정애숙은 서울대 사대 영어 교육과를 졸업하였으며,
수년간 영어 교사로 재직하였고,
현재는 TCF(기독 교사회) 협동 간사로 섬기고 있다.
역서로는「빛으로 소금으로」(한국 IVP 역간)가 있다.

어떤 교사가 될 것인가?

초판 인쇄 1992. 12. 26
초판 발행 1992. 12. 31

지은이 필립 메이
옮긴이 정애숙
발행처 한국기독학생회출판부
판권 ⓒ한국기독학생회출판부 1992

등록 제 9-93호 (1978. 6. 1)
100-619 · 서울 중앙우체국 사서함 1960
전화 323-3768~9(영업), 325-3968(편집) · 팩스 325-3969

값 3,500 원

ISBN 89-328-3004-5